95598 业务全流程标准化指南

国网安徽省电力有限公司营销服务中心　编

合肥工业大学出版社

图书在版编目(CIP)数据

95598业务全流程标准化指南/国网安徽省电力有限公司营销服务中心编．—合肥：合肥工业大学出版社，2021.2

ISBN 978-7-5650-5225-5

Ⅰ.①9… Ⅱ.①国… Ⅲ.①电力工业—销售服务—标准化—中国—指南 Ⅳ.①F426.61-62

中国版本图书馆CIP数据核字(2020)第263336号

95598业务全流程标准化指南

95598 YEWU QUANLIUCHENG BIAOZHUNHUA ZHINAN

国网安徽省电力有限公司营销服务中心　编

责任编辑　张择瑞
责任校对　疏利民
出版发行　合肥工业大学出版社
地　　址　(230009)合肥市屯溪路193号
网　　址　www.hfutpress.com.cn
电　　话　理工出版中心：0551-62903204
　　　　　　市场营销中心：0551-62903198
开　　本　889毫米×1194毫米　1/16
印　　张　11.25
字　　数　348千字
版　　次　2021年2月第1版
印　　次　2021年2月第1次印刷
印　　刷　安徽昶颉包装印务有限责任公司
书　　号　ISBN 978-7-5650-5225-5
定　　价　48.00元

如果有影响阅读的印装质量问题，请与出版社市场营销部联系调换。

《95598 业务全流程标准化指南》
编委会

主　　任： 陈晓亮

委　　员： 卢金滇　吕　斌　徐晓耘　疏奇奇　赵　骞

编写组

组　　长： 袁加梅

成　　员： 韩　号　张莉莉　张　颖　李红艳　宋颖冬
胡　婧　齐红涛　倪妍妍　常　丽　陈　涛
卜　云　汪宝琢　杨　琦　程晓君　汪　维
赵　虹　丁　蕾　何良珍　马　瑶　陶　珊
张　弛　金　耀　李　直　吴玲玲　黄华胜
王　品　汤　旭　孙伟红　夏则举　吴　前

审查人员： 杨媛媛　刘　露　白云龙　汤俊珺　郑晓然
周旭芬　刘　捷

前　言

打造现代能源服务的根本是实现“服务品质化”，它是践行国家电网有限公司“人民电业为人民”企业宗旨的重要实施路径。要实现品质化服务，需要持续关注供电服务的质量和效率，以便对其进行监测、评价和指导，95598 客户服务业务就是为达到上述目的而制定和实施的服务闭环管控型业务。

加强 95598 服务管控是提升供电服务质量和水平的有效途径，在实际的服务管理中，需要不断理清管理界面，明确工作职责，优化业务流程，确保 95598 服务体系高效运转。基于上述原因，我们组织编写了这本《95598 业务全流程标准化指南》，以 95598 业务为主线，提炼出覆盖各类工单时限要求、工单回复模板、投诉业务规范、停电信息操作技巧、重要服务事项报备指导手册等关键知识点和业务难点，旨在固化经验并为基层服务人员提供业务指导，持续为实现品质化服务目标蓄力赋能。

本书共分为上、下两篇，上篇的“95598 业务指南”主要包括投诉场景和分类标准、投诉压降策略、95598 工单处理规范和热点问题解析等内容，旨在从业务上对从事 95598 客户服务业务的人员以系统化的指导。下篇的“95598 流程指南”主要包括目前 95598 业务处理系统和辅助支撑系统的具体操作流程和界面展示，旨在从实操上给从事 95598 客户服务业务的人员以全面、高效的引导。本书注重理论与实践的深度结合，选取的案例都是在 95598 客户服务的过程中积累和凝练出来的，具有非常强的实际指导意义。

在编写过程中，白云龙、汤俊珺、郑晓然、周旭芬、刘捷等省内电力营销服务专家对全书内容进行了认真地审核并提出了诸多宝贵意见。在此，向他们表示衷心的感谢！

在实现“服务品质化”的变革提升进程中，95598 的业务内容和服务流程更新较快，加之时间仓促和编写者水平有限，书中疏漏之处在所难免，恳请读者批评指正。

编　者

2020 年 11 月于合肥市蜀山区

目　录

上篇　95598 业务指南

下篇　95598 流程指南

上　篇

95598 业务指南

第一章　投诉场景和分类标准

本章节对投诉业务涉及的场景进行提炼，包括“十项承诺”和员工服务“十个不准”业务场景展示、红线投诉场景、漠视群众利益问题分类标准介绍。

第一节　投诉定义及分类

供电服务投诉是指公司经营区域内(含控股、代管营业区)的电力客户，在供电服务、营业业务、停送电、供电质量、电网建设等方面，对由于供电企业责任导致其权益受损表达不满，在法定诉讼时效期限内，要求维护其权益而提出的诉求业务(以下简称“客户投诉”)。

客户投诉包括服务投诉、营业投诉、停送电投诉、供电质量投诉、电网建设投诉五类。

第二节　“十项承诺”和员工服务“十个不准”业务场景展示

一、国家电网有限公司供电服务“十项承诺”

第一条　电力供应安全可靠。城市电网平均供电可靠率达到99.9%，居民客户端平均电压合格率达到98.5%；农村电网平均供电可靠率达到99.8%，居民客户端平均电压合格率达到97.5%；特殊边远地区电网平均供电可靠率和居民客户端平均电压合格率符合国家有关监管要求。

业务场景及对应投诉类型

1. 非红线场景：客户来电反映，多户长期(超过1个月)出现电压不稳，电器无法启动、灯暗、工厂设备无法使用等现象，或客户已向供电公司反映过相关问题，但电压质量再次出现异常。对应投诉类型：供电质量—电压质量—电压质量长时间异常。

2. 非红线场景：客户反映供电公司产权区域经常停电，近两个月内停电次数达到3次及以上。对应投诉类型：供电质量—供电可靠性—频繁停电。

第二条　停电限电及时告知。供电设施计划检修停电，提前通知用户或进行公告。临时检修停电，提前通知重要用户。故障停电，及时发布信息。当电力供应不足，不能保证连续供电时，严格按照政府批准的有序用电方案实施错避峰、停限电。

业务场景及对应投诉类型

红线场景：客户从知识库中明确的对外发布渠道获知计划停电信息，未提前7天向社会公告且95598系统未查询到停电信息。涉及投诉类型：停送电投诉—停送电信息公告—送电信息公告规范性。

第三条　快速抢修及时复电。提供24小时电力故障报修服务，供电抢修人员到达现场的平均时间一般为：城区范围45分钟，农村地区90分钟，特殊边远地区2小时。到达现场后恢复供电平均时间一般为：城区范围3小时，农村地区4小时。

业务场景及对应投诉类型

1. 红线场景:客户向供电公司报修后,抢修人员未在承诺时限范围内到达故障现场,或抢修人员联系客户重新约定到达现场时间,但仍未到达。涉及投诉类型:停送电投诉—抢修服务—超时限。

2. 红线场景:抢修人员在工作中(含电话服务)存在对客户诉求表现不耐烦,对客户诉求不回应、不搭理,对客户冷言冷语,使用不礼貌、不文明用语回复客户,服务中存在搪塞、推诿行为,威胁、侮辱客户,与客户争吵、谩骂等。涉及投诉类型:停送电投诉—抢修服务—抢修人员服务行为。

第四条 价费政策公开透明。严格执行价格主管部门制定的电价和收费政策,及时在供电营业场所、网上国网 App(微信公众号)、95598 网站等渠道公开电价、收费标准和服务程序。

业务场景及对应投诉类型

1. 红线场景:客户反映供电公司在收取业务费用中存在未按照业务收费标准收取费用。涉及投诉类型:营业投诉—业务收费—收费规则。

2. 红线场景:客户反映电动汽车公司或供电公司在收取充电服务费等业务费用中存在未按照收费标准收取费用问题。涉及投诉类型:营业投诉—业务收费—充电业务收费规则。

3. 红线场景:客户反映供电公司未按照相关标准收取电费。涉及投诉类型:营业投诉—电价电费—电费。

4. 红线场景:客户反映供电公司在执行电价过程中未按照当地物价部门批复的电价目录表执行电价,且未及时更正。涉及投诉类型:营业投诉—电价电费—电价。

5. 红线场景:客户反映农网改造过程中,供电企业违规收取费用。如施工人员在现场为客户批量更换计量装置时,告知计量装置更换是有偿服务。涉及投诉类型:电网建设—供电设施—农网改造。

6. 非红线场景:客户反映交纳业务费用后供电公司未向客户提供正规完整票据。涉及投诉类型:营业投诉—业务收费—收费项目。

7. 非红线场景:客户反映交纳业务费用后电动汽车公司或供电企业未向客户提供正规完整票据。涉及投诉类型:营业投诉—业务收费—充电业务收费项目。

第五条 渠道服务丰富便捷。通过供电营业场所、95598 电话(网站)、网上国网 App(微信公众号)等渠道,提供咨询、办电、交费、报修、节能、电动汽车、新能源并网等服务,实现线上一网通办、线下一站式服务。

业务场景及对应投诉类型

1. 非红线场景:省公司自主运营的电子渠道服务平台对外公示的服务项目、服务时间与实际提供的不符。涉及投诉类型:服务投诉—服务渠道—电子渠道服务。

2. 非红线场景:电动汽车公司运营的电子渠道服务平台对提供的服务项目、服务时间与实际不符,且造成客户损失的情况。涉及投诉类型:服务投诉—服务渠道—车联网电子渠道服务。

第六条 获得电力快捷高效。低压客户平均接电时间:居民客户 5 个工作日,非居民客户 15 个工作日。高压客户供电方案答复期限:单电源供电 15 个工作日,双电源供电 30 个工作日。高压客户装表接电期限:受电工程检验合格并办结相关手续后 5 个工作日。

业务场景及对应投诉类型

1. 红线场景:客户反映通过营业厅、95598 网站、网上国网、现场服务等供电公司渠道申请高压新装增容业务。客户按规定向供电公司递交齐全、有效的申请资料后,供电公司一直未答复供电方案。涉及投诉类型:营业投诉—业扩报装—业扩报装超时限。

2. 红线场景:客户反映通过营业厅、95598 网站、网上国网、现场服务等供电公司渠道申请高压新装增容业务。其受电工程已验收合格且按规定提交了齐全资料,供电公司未按照规定日期装表送电。涉及投诉类型:营业投诉—业扩报装—业扩报装超时限。

3. 非红线场景：客户反映通过营业厅、95598网站、网上国网申请居民新装、非居民新装、居民增容、非居民增容业务。在咨询答复、现场勘察、设计审查、中间检查、竣工验收环节供电公司未按规定时限办理、答复，客户表示强烈不满。涉及投诉类型：营业投诉—业扩报装—业扩报装超时限。

第七条 电表异常快速响应。受理客户计费电能表校验申请后，5个工作日内出具检测结果。客户提出电表数据异常后5个工作日内核实并答复。

业务场景及对应投诉类型

1. 红线场景：客户反映提出抄表数据异常后，供电公司未在5个工作日内核实并答复。涉及投诉类型：营业投诉—抄表催费—抄表。

2. 红线场景：客户反映供电公司受理其校验电表申请后，未在5个工作日内出具检测报告，答复校验结果。涉及投诉类型：营业投诉—电能计量—验表。

第八条 电费服务温馨便利。通过短信、线上渠道信息推送等方式，告知客户电费发生及余额变化情况，提醒客户及时交费；通过邮箱订阅、线上渠道下载等方式，为客户提供电子发票、电子账单，推进客户电费交纳“一次都不跑”。

业务场景及对应投诉类型

红线场景：非智能交费客户反映欠费停电前未按规定通知客户。涉及投诉类型：营业投诉—抄表催费—欠费停复电。

第九条 服务投诉快速处理。95598电话（网站）、网上国网App（微信公众号）等渠道受理客户投诉后，24小时内联系客户，5个工作日内答复处理意见。

业务场景及对应投诉类型

1. 红线场景：营业厅人员在服务过程中（含电话服务）未履行一次告知制和首问负责制；营业窗口人员擅自离岗或工作期间聊天、打私人电话、玩手机等干与工作无关的事，工作时间饮酒及酒后上岗、泄露客户信息、投诉工单未在24小时内联系客户。涉及投诉类型：服务投诉—服务行为—营业厅人员服务行为。

2. 红线场景：抄催人员在抄表催费工作时间饮酒及酒后上岗、不执行首问负责制、泄露客户信息、投诉工单未在24小时内联系客户。涉及投诉类型：服务投诉—服务行为—抄催人员服务行为。

3. 红线场景：计量人员在安装电能计量装置工作时间（含电话服务）饮酒及酒后上岗、不执行首问负责制、泄露客户信息、投诉工单未在24小时内联系客户。涉及投诉类型：服务投诉—服务行为—计量人员服务行为。

4. 红线场景：用电检查人员在工作时间（含电话服务）饮酒及酒后上岗，不执行首问负责制、泄露客户信息、投诉工单未在24小时内联系客户。涉及投诉类型：服务投诉—服务行为—用电检查人员服务行为。

5. 红线场景：勘测人员在工作时间（含电话服务）饮酒及酒后上岗，不执行首问负责制、泄露客户信息、投诉工单未在24小时内联系客户。涉及投诉类型：服务投诉—服务行为—勘测人员服务行为。

6. 红线场景：充电抢修人员在抢修工作时间（含电话服务）饮酒及酒后上岗，不执行首问负责制、泄露客户信息、投诉工单未在24小时内联系客户。涉及投诉类型：服务投诉—服务行为—车联网运维人员服务行为。

7. 红线场景：客户反映抢修人员（含电话服务）酒后上岗，不执行首问负责制、泄露客户信息、投诉工单未在24小时内联系客户。涉及投诉类型：停送电投诉—抢修服务—抢修人员服务行为。

第十条 保底服务尽职履责。公开公平地向售电主体及其用户提供报装、计量、抄表、结算、维修等各类供电服务，并按约定履行保底供应商义务。

二、国家电网有限公司员工服务“十个不准”

第一条 不准违规停电、无故拖延检修抢修和延迟送电。

业务场景及对应投诉类型

1. 红线场景：客户被供电公司实施停电，表示自身不存在欠费停电、窃电、违约用电以及违规转供电等问题，也未接到任何通知。涉及投诉类型：停送电投诉—停电问题—无故停电。

2. 红线场景：客户向供电企业报修后，抢修人员联系客户告知停电原因为欠费停电。涉及投诉类型：停送电投诉—停电问题—无故停电。

3. 红线场景：客户反映供电公司工作人员，因垫付电费，给其做欠费停电处理导致客户不满。涉及投诉类型：停送电投诉—停电问题—无故停电。

4. 红线场景：非智能交费客户反映欠费停电前未按规定通知客户。涉及投诉类型：营业投诉—抄表催费—欠费停复电。

5. 非红线场景：客户反映供电公司未严格按照停电计划停送电，出现提前停电或延后送电。涉及投诉类型：停送电投诉—停电问题—未按停电计划停送电。

6. 非红线场景：供电公司因特殊原因临时调整停电计划，未将变更后的计划停电信息告知重要客户。涉及投诉类型：停送电投诉—停电问题—未按停电计划停送电。

第二条 不准违反政府部门批准的收费项目和标准向客户收费。

业务场景及对应投诉类型

1. 红线场景：客户反映供电公司在收取业务费用中存在未按照业务收费标准收取费用的情况。涉及投诉类型：营业投诉—业务收费—收费规则。

2. 红线场景：客户反映电动汽车公司或供电公司在收取充电服务费等业务费用中存在未按照收费标准收取费用的情况。涉及投诉类型：营业投诉—业务收费—充电业务收费规则。

3. 红线场景：客户反映农网改造过程中，供电企业违规收取费用。如施工人员在现场为客户批量更换计量装置时，告知计量装置更换是有偿服务。涉及投诉类型：电网建设—供电设施—农网改造。

第三条 不准无故拒绝或拖延客户用电申请、增加办理条件环节。

业务场景及对应投诉类型

1. 红线场景：客户反映通过营业厅、95598 网站、网上国网申请居民新装、非居民新装、居民增容、非居民增容业务，供电公司在受理、勘察、验收、装表、接电等环节存在所需材料或验收结果未一次性告知，造成客户重复往返的情况。涉及投诉类型：营业投诉—业扩报装—环节处理不当。

2. 红线场景：客户反映通过营业厅、95598 网站、网上国网申请、现场服务等供电公司渠道办理减容、暂停、暂换、迁址、移表、暂拆、过户、分户、并户、销户、改压、改类业务，供电公司在受理、勘察、图纸审核、中间检查及验收环节、装表(拆表)、接电等环节存在所需材料或验收结果未一次性告知，造成客户重复往返的情况。涉及投诉类型：营业投诉—业扩报装—环节处理问题。

3. 非红线场景：客户反映通过营业厅、95598 网站、网上国网申请居民新装、非居民新装、居民增容、非居民增容业务，供电公司在受理、勘察、验收、装表、接电等环节存在客户资料齐全、有效但拒绝受理或者无故拖延、勘察不到位导致多次修改供电方案的情况。涉及投诉类型：营业投诉—业扩报装—环节处理不当。

4. 非红线场景：客户反映通过营业厅、95598 网站、网上国网申请减容、暂停、暂换、迁址、移表、暂拆、过户、分户、并户、销户、改压、改类业务，供电公司在受理、勘察、图纸审核、中间检查及验收环节、装表(拆表)、接电等环节存在客户资料齐全、有效但拒绝受理，且勘察不到位、未按相关标准执行的情况。涉及投诉类型：营业投诉—业扩报装—环节处理问题。

第四条 不准为客户工程指定设计、施工、供货单位。

业务场景及对应投诉类型

红线场景：客户反映通过营业厅、95598 网站、网上国网申请、现场服务等供电公司渠道办理居民新装、非居民新装、居民增容、非居民增容业务，供电公司为其指定受电工程的设计、施工或供货单位。涉及投诉类型：营业投诉—业扩报装—环节处理不当。

第五条 不准擅自变更客户用电信息、对外泄露客户的个人信息及商业秘密。

业务场景及对应投诉类型

1. 红线场景：营业厅人员在服务过程中（含电话服务）未履行一次告知制和首问负责制；营业窗口人员擅自离岗或工作期间聊天、打私人电话、玩手机等干与工作无关的事，工作时间饮酒及酒后上岗、泄露客户信息、投诉工单未在 24 小时内联系客户。涉及投诉类型：服务投诉—服务行为—营业厅人员服务行为。

2. 红线场景：抄催人员在抄表催费工作时间饮酒及酒后上岗、不执行首问负责制、泄露客户信息、投诉工单未在 24 小时内联系客户。涉及投诉类型：服务投诉—服务行为—抄催人员服务行为。

3. 红线场景：计量人员安装电能计量装置时间（含电话服务）饮酒及酒后上岗、不执行首问负责制、泄露客户信息、投诉工单未在 24 小时内联系客户。涉及投诉类型：服务投诉—服务行为—计量人员服务行为。

4. 红线场景：用电检查人员（含电话服务）饮酒及酒后上岗、不执行首问负责制、泄露客户信息、投诉工单未在 24 小时内联系客户。涉及投诉类型：服务投诉—服务行为—用电检查人员服务行为。

5. 红线场景：勘测人员在工作时间（含电话服务）饮酒及酒后上岗、不执行首问负责制、泄露客户信息、投诉工单未在 24 小时内联系客户。涉及投诉类型：服务投诉—服务行为—勘测人员服务行为。

6. 红线场景：充电抢修人员在抢修工作时间（含电话服务）饮酒及酒后上岗、不执行首问负责制、泄露客户信息、投诉工单未在 24 小时内联系客户。涉及投诉类型：服务投诉—服务行为—车联网运维人员服务行为。

第六条 不准漠视客户合理用电诉求、推诿搪塞怠慢客户。

业务场景及对应投诉类型

1. 红线场景：客户反映到营业厅办理业务时（含电话服务），营业厅人员服务态度涉及言语、肢体行为，对客户诉求表现不耐烦，对客户诉求不回应、不搭理，对客户冷言冷语，使用不礼貌、不文明用语回复客户，服务中存在搪塞、推诿行为，威胁、侮辱客户，与客户争吵、谩骂等。涉及投诉类型：服务投诉—服务行为—营业厅人员服务行为。

2. 红线场景：抄催人员在抄表催费、智能交费业务办理和运营服务工作中（含电话服务）服务态度涉及言语、肢体行为，对客户诉求表现不耐烦，对客户诉求不回应、不搭理，对客户冷言冷语，使用不礼貌、不文明用语回复客户，服务中存在搪塞、推诿行为，威胁、侮辱客户，与客户争吵、谩骂等。涉及投诉类型：服务投诉—服务行为—抄催人员服务行为。

3. 红线场景：计量人员在装表接电工作中（含电话服务）服务态度涉及言语、肢体行为，对客户诉求表现不耐烦，对客户诉求不回应、不搭理，对客户冷言冷语，使用不礼貌、不文明用语回复客户，服务中存在搪塞、推诿行为，威胁、侮辱客户，与客户争吵、谩骂等。涉及投诉类型：服务投诉—服务行为—计量人员服务行为。

4. 红线场景：用电检查人员在工作中（含电话服务）服务态度涉及言语、肢体行为，对客户诉求表现不耐烦，对客户诉求不回应、不搭理，对客户冷言冷语，使用不礼貌、不文明用语回复客户，服务中存在搪塞、推诿行为，威胁、侮辱客户，与客户争吵、谩骂等。涉及投诉类型：服务投诉—服务行为—用电检查人员服务行为。

5. 红线场景：勘测人员在用电检查工作时间（含电话服务）服务态度涉及言语、肢体行为，对客户诉求表现不耐烦，对客户诉求不回应、不搭理，对客户冷言冷语，使用不礼貌、不文明用语回复客户，服务中存在搪塞、推诿行为，威胁、侮辱客户，与客户争吵、谩骂等。涉及投诉类型：服务投诉—服务行为—勘测人员服务行为。

6. 红线场景：充电抢修人员在抢修工作时间，服务态度涉及言语、肢体行为，对客户诉求表现不耐烦，对客户诉求不回应、不搭理，对客户冷言冷语，使用不礼貌、不文明用语回复客户，服务中存在搪塞、推诿行为，威胁、侮辱客户，与客户争吵、谩骂等。涉及投诉类型：服务投诉—服务行为—车联网运维人员服务行为。

7. 红线场景：充电业务其他服务人员在服务过程中，服务态度涉及言语、肢体行为，对客户诉求表现不耐烦，对客户诉求不回应、不搭理，对客户冷言冷语，使用不礼貌、不文明用语回复客户，服务中存在搪塞、推诿行为，威胁、侮辱客户，与客户争吵、谩骂等。涉及投诉类型：服务投诉—服务行为—车联网其他人员服务行为。

8. 红线场景：客户反映通过营业厅、95598 网站、网上国网、现场服务等供电公司渠道申请减容、暂停、暂换、迁址、移表、暂拆、过户(更名)、分户、并户、销户、改压、改类业务，供电公司在受理、勘察、图纸审核、中间检查及验收环节、装表(拆表)、接电等环节存在所需材料或验收结果未一次性告知，造成客户重复往返的情况。涉及投诉类型：营业投诉—用电变更—环节处理问题。

9. 红线场景：客户反映通过营业厅、95598 网站、网上国网现场服务等供电公司渠道办理申请居民新装、非居民新装、居民增容、非居民增容业务，供电公司在受理、勘察、验收、装表、接电等环节存在所需材料或验收结果未一次性告知，造成客户重复往返的情况。涉及投诉类型：营业投诉—业扩报装—环节处理不当。

10. 红线场景：抢修人员在工作中(含电话服务)存在对客户诉求表现不耐烦，对客户诉求不回应、不搭理，对客户冷言冷语，使用不礼貌、不文明用语回复客户，服务中存在搪塞、推诿行为，威胁、侮辱客户，与客户争吵、谩骂。涉及投诉类型：停送电投诉—抢修服务—抢修人员服务态度。

第七条 不准阻塞客户投诉举报渠道。

第八条 不准营业窗口擅自离岗或做与工作无关的事。

业务场景及对应投诉类型

红线场景：营业厅人员在服务过程中(含电话服务)未履行一次告知制和首问负责制；营业窗口人员擅自离岗或工作期间聊天、打私人电话、玩手机等干与工作无关的事，工作时间饮酒及酒后上岗、泄露客户信息、投诉工单未在 24 小时内联系客户。涉及投诉类型：服务投诉—服务行为—营业厅人员服务行为。

第九条 不准接受客户吃请和收受礼品、礼金、有价证券等。

业务场景及对应举报类型

1. 客户反映供电公司工作人员接受可能影响公正执行公务的宴请或者旅游、健身、娱乐等活动安排；本人、亲属或指定代理人接受可能影响公正执行公务的礼品、礼金、消费卡的问题。涉及举报类型：行风问题线索移交—违反廉洁纪律—收受礼品礼金、接受吃请。

2. 客户反映供电公司工作人员在供电服务中存在刁难客户、吃拿卡要的情况，有些涉及金额较大、造成不良社会影响甚至引发舆情风险的问题。涉及举报类型：行风问题线索移交—违反群众纪律—客户利益损害。

第十条 不准利用岗位与工作便利侵害客户利益、为个人及亲友谋取不正当利益。

业务场景及对应举报类型

客户反映存在供电公司工作人员利用职务便利，通过同业经营或关联交易，为本人或特定关系人谋取利益、为亲友从事经营活动提供便利条件的情况。涉及举报类型：行风问题线索移交—违反廉洁纪律—以权谋私。

第三节 红线投诉场景

投诉红线场景详见表1-1。

表1-1 投诉红线场景汇总

序号	一级分类	二级分类	三级分类	业务场景
1	服务投诉	服务行为	营业厅人员服务行为	红线： 客户反映到营业厅办理业务时(含电话服务)，营业厅人员服务态度涉及言语、肢体行为，对客户诉求表现不耐烦，对客户诉求不回应、不搭理，对客户冷言冷语，使用不礼貌、不文明用语回复客户，服务中存在搪塞、推诿行为，威胁、侮辱客户，与客户争吵、谩骂等
2	服务投诉	服务行为	营业厅人员服务行为	红线： 营业厅人员在服务过程中(含电话服务)未履行一次告知制和首问负责制；营业窗口人员擅自离岗或工作期间聊天、打私人电话、玩手机等干与工作无关的事，工作时间饮酒及酒后上岗、泄露客户信息、投诉工单未在24小时内联系客户
3	服务投诉	服务行为	抄催人员服务行为	红线： 抄催人员在抄表催费、智能交费业务办理和运营服务工作中(含电话服务)服务态度涉及言语、肢体行为，对客户诉求表现不耐烦，对客户诉求不回应、不搭理，对客户冷言冷语，使用不礼貌、不文明用语回复客户，服务中存在搪塞、推诿行为，威胁、侮辱客户，与客户争吵、谩骂等
4	服务投诉	服务行为	抄催人员服务行为	红线： 抄催人员在抄表催费工作时间饮酒及酒后上岗、不执行首问负责制、泄露客户信息、投诉工单未在24小时内联系客户
5	服务投诉	服务行为	计量人员服务行为	红线： 计量人员在装表接电工作中(含电话服务)服务态度涉及言语、肢体行为，对客户诉求表现不耐烦，对客户诉求不回应、不搭理，对客户冷言冷语，使用不礼貌、不文明用语回复客户，服务中存在搪塞、推诿行为，威胁、侮辱客户，与客户争吵、谩骂等
6	服务投诉	服务行为	计量人员服务行为	红线： 计量人员在安装电能计量装置工作时间(含电话服务)饮酒及酒后上岗、不执行首问负责制、泄露客户信息、投诉工单未在24小时内联系客户
7	服务投诉	服务行为	用电检查人员服务行为	红线： 用电检查人员在工作中(含电话服务)服务态度涉及言语、肢体行为，对客户诉求表现不耐烦，对客户诉求不回应、不搭理，对客户冷言冷语，使用不礼貌、不文明用语回复客户，服务中存在搪塞、推诿行为，威胁、侮辱客户，与客户争吵、谩骂等
8	服务投诉	服务行为	用电检查人员服务行为	红线： 用电检查人员在工作时间(含电话服务)饮酒及酒后上岗、不执行首问负责制、泄露客户信息、投诉工单未在24小时内联系客户
9	服务投诉	服务行为	勘测人员服务行为	红线： 勘测人员在用电检查工作时间(含电话服务)服务态度涉及言语、肢体行为，对客户诉求表现不耐烦，对客户诉求不回应、不搭理，对客户冷言冷语，使用不礼貌、不文明用语回复客户，服务中存在搪塞、推诿行为，威胁、侮辱客户，与客户争吵、谩骂等

（续表）

序号	一级分类	二级分类	三级分类	业务场景
10	服务投诉	服务行为	勘测人员服务行为	红线： 勘测人员在工作时间（含电话服务）饮酒及酒后上岗、不执行首问负责制、泄露客户信息、投诉工单未在 24 小时内联系客户
11	营业投诉	业扩报装	业扩报装超时限	红线： 客户反映通过营业厅、95598 网站、网上国网、现场服务等供电公司渠道申请高压新装增容业务。客户按规定向供电公司递交齐全、有效的申请资料后，供电公司一直未答复供电方案
12	营业投诉	业扩报装	业扩报装超时限	红线： 客户反映通过营业厅、95598 网站、网上国网、现场服务等供电公司渠道申请高压新装增容业务。其受电工程已验收合格且按规定提交了齐全资料，供电公司未按照规定日期装表送电
13	营业投诉	业扩报装	业扩报装超时限	红线： 客户反映通过营业厅、95598 网站、网上国网、现场服务等供电公司渠道办理申请居民新装、非居民新装、居民增容、非居民增容业务。其平均接电时间超过事项承诺规定时限
14	营业投诉	业扩报装	环节处理不当	红线： 客户反映通过营业厅、95598 网站、网上国网、现场服务等供电公司渠道办理申请居民新装、非居民新装、居民增容、非居民增容业务，供电公司为其指定受电工程的设计、施工或供货单位
15	营业投诉	业扩报装	环节处理不当	红线： 客户反映通过营业厅、95598 网站、网上国网、现场服务等供电公司渠道办理申请居民新装、非居民新装、居民增容、非居民增容业务，供电公司在受理、勘察、验收、装表、接电等环节存在所需材料或验收结果未一次性告知，造成客户重复往返的情况
16	营业投诉	用电变更	环节处理问题	红线： 客户反映通过营业厅、95598 网站、网上国网、现场服务等供电公司渠道办理申请减容、暂停、暂换、迁址、移表、暂拆、过户（更名）、分户、并户、销户、改压、改类业务，供电公司在受理、勘察、图纸审核、中间检查及验收、装表（拆表）、接电等环节存在所需材料或验收结果未一次性告知，造成客户重复往返的情况
17	营业投诉	抄表催费	抄表	红线： 客户反映提出抄表数据异常后，供电公司未在 5 个工作日内核实并答复
18	营业投诉	抄表催费	欠费停复电	红线： 非智能交费客户反映欠费停电前未按规定通知客户
19	营业投诉	抄表催费	欠费停复电	红线： 客户反映欠费被停电，在被停电后交纳了电费，但供电公司未在 24 小时内给客户恢复供电
20	营业投诉	电价电费	车联网充电电价电费	客户反映电动汽车公司在执行电价过程中存在未按照当地物价部门批复的电价目录表执行电价或违规篡改电价标准及电价

（续表）

序号	一级分类	二级分类	三级分类	业务场景
21	营业投诉	电能计量	验表	红线： 客户反映供电公司受理其校验电表申请后，未在 5 个工作日内出具检测报告，答复校验结果
22	营业投诉	业务收费	收费规则	红线： 客户反映供电公司在收取业务费用中未按照业务收费标准收取费用
23	营业投诉	业务收费	充电业务收费规则	红线： 客户反映电动汽车公司或供电公司在收取充电服务费等业务费用中未按照收费标准收取费用
24	营业投诉	业务收费	充电业务收费规则	红线： 客户反映供电公司在收取充电业务费过程中未按照当地物价部门批复的业务费用目录表执行
25	停送电投诉	停送电信息公告	送电信息公告规范性	红线： 客户从对外发布渠道获知计划停电信息，但供电公司未提前 7 天向社会公告，且 95598 系统未查询到停电信息
26	停送电投诉	停电问题	无故停电	红线： 客户被供电公司实施停电，表示自身不存在欠费停电、窃电、违约用电以及违规转供电等问题，也未接到任何通知
27	停送电投诉	停电问题	无故停电	红线： 客户向供电公司报修后，抢修人员联系客户告知停电原因为欠费停电
28	停送电投诉	停电问题	无故停电	红线： 客户反映供电公司工作人员，因垫付电费，给其做欠费停电处理导致客户不满
29	停送电投诉	抢修服务	超时限	红线： 客户向供电公司报修后，抢修人员未在承诺时限范围内到达故障现场，或抢修人员联系客户重新约定到达现场时间，但仍未到达
30	停送电投诉	抢修服务	抢修人员服务行为	红线： 抢修人员在工作中（含电话服务）存在对客户诉求表现不耐烦，对客户诉求不回应、不搭理，对客户冷言冷语，使用不礼貌、不文明用语回复客户，服务中存在搪塞、推诿行为，威胁、侮辱客户，与客户争吵、谩骂等
31	停送电投诉	抢修服务	抢修人员服务行为	红线： 客户反映抢修人员（含电话服务）酒后上岗、不执行首问负责制、泄露客户信息、投诉工单未在 24 小时内联系客户
32	电网建设	供电设施	农网改造	红线： 客户反映在农网改造过程中，供电公司有违规收取费用行为。如施工人员在现场为客户批量更换计量装置时，告知计量装置更换是有偿服务
33	电网建设	电力施工	施工人员服务行为	红线： 施工人员在工作中（含电话服务）存在对客户诉求表现不耐烦，对客户诉求不回应、不搭理，对客户冷言冷语，使用不礼貌、不文明用语回复客户，服务中存在搪塞、推诿行为，威胁、侮辱客户，与客户争吵、谩骂等
34	电网建设	电力施工	施工人员服务行为	红线： 施工人员工作时间酒后上岗、泄露客户信息、投诉工单未在 24 小时内联系客户

第四节　漠视群众利益问题分类标准

漠视群众利益问题分类标准详见表1-2。

表1-2　漠视群众利益问题分类标准

序号	问题大类	问题小类	分类标准
1	供电质量	受电端电压不达标	1. 客户反映低电压、电压不稳等现象存在2年及以上，供电企业未及时采取措施解决的； 2. 工单回复弄虚作假，规避供电企业责任的
		频繁停电	1. 客户反映频繁停电1年内达到10次及以上的； 2. 客户在半年内发生2次以上频繁停电投诉的； 3. 同一台区频繁停电现象连续存在2年及以上，未得到明显改善的； 4. 工单回复弄虚作假，规避供电企业责任的
		停电计划安排不合理	1. 同一地区10kV停电计划安排频次过密，达到2个月3次及以上的； 2. 在重要节假日(春节、国庆)期间安排计划停电，对居民生活造成较大影响的； 3. 计划停电未按要求提前向社会公告，或未按公告时间停电及无故推迟送电的(已提前履行停电变更手续而未在公告时间内停送电的除外)； 4. 工单回复弄虚作假，规避供电企业责任的； 5. 出现自然灾害，需配合政府应急等特殊安排计划停电的情况除外
2	设备运维	供配电设施维护不到位	1. 供配电设施维护不到位，对客户造成人身伤害或财产损失的； 2. 工单回复弄虚作假，规避供电企业责任的
3	抢修服务	故障抢修不及时	1. 抵达现场时间超出承诺时间一倍及以上的； 2. 未连续组织抢修，造成客户报修后超过24小时仍未恢复供电的； 3. 工单回复弄虚作假，规避供电企业责任的； 4. 特殊灾害天气等不可抗力因素除外
		抢修质量差	1. 故障抢修维护不彻底，在同一故障地点因同一故障原因，客户24小时内重复报修3次及以上的； 2. 工单回复弄虚作假，规避供电企业责任的
		抢修服务不规范	1. 在抢修过程中违规收取客户费用的； 2. 工单回复弄虚作假，规避供电企业责任的
4	业扩报装	三指定	1. 为客户指定或变相指定设计、施工、供货单位的； 2. 工单回复弄虚作假，规避供电企业责任的
		报装接电超时限	1. 由于供电企业原因，业扩报装环节超出供电企业对外承诺时限的； 2. 存在"体外循环"问题，严重影响客户感知的； 3. 工单回复弄虚作假，规避供电企业责任的
		业扩报装受限	1. 以无表等理由，无故拒绝或拖延受理客户用电申请的； 2. 违反公司《业扩报装管理规则》及政府部门相关规定，超范围收取客户资料的； 3. 违反低压业扩容量开放政策的； 4. 工单回复弄虚作假，规避供电企业责任的
		乱收费	1. 擅自设立收费项目和收费标准的； 2. 违反业扩配套政策，造成客户多投资的； 3. 工单回复弄虚作假，规避供电企业责任的

（续表）

序号	问题大类	问题小类	分类标准
5	抄表收费	电费抄核收差错	1. 因工作人员责任导致电费差错，给客户造成 1 万元及以上经济损失，且未在下一个抄表周期内妥善处理； 2. 工单回复弄虚作假，规避供电企业责任的
		占用客户资金	1. 工作人员私自截留电费，给客户用电造成影响的； 2. 客户申请销户后，1 个月内未将结表电费退还客户的； 3. 工单回复弄虚作假，规避供电企业责任的
		交费渠道受限	1. 营业场所拒收现金的（无人营业厅除外）； 2. 工单回复弄虚作假，规避供电企业责任的
		计量准确性	1. 无故拒绝受理客户验表申请的； 2. 超过 2 个电费发行周期，未及时进行表计超差退补的； 3. 工单回复弄虚作假，规避供电企业责任的
6	行风廉政	行风廉政	1. 利用工作之便接受客户吃请，收受或向客户索取礼品、礼金或有价证券的； 2. 利用工作之便谋取不正当私利的
7	其他	其他	群众反映强烈、社会舆论关注的其他问题，及客户 3 月内致电 95598 3 次以上反映同一诉求的情况（已报备重要服务事项或出具最终答复的除外）

第二章　投诉压降策略

除规范供电服务过程中的各环节流程外，还可以通过重要服务事项报备、最终答复、申诉、报送停电信息等业务的开展，降低供电服务中的客户投诉风险。其中重要服务事项报备、报送停电信息为事前防控措施，最终答复、申诉为事件发生以后的处理方式。

第一节　重要服务事项报备管理

一、重要服务事项报备定义

重要服务事项是指在供用电过程中，因不可抗力、配合政府工作、系统改造升级、新业务推广等原因，可能给客户用电带来影响的事项，或因客户不合理诉求可能给供电服务工作造成影响的事项。

二、重要服务事项报备范围

（一）配合政府停限电

1. 定义

配合军事机构、司法机关、县级及以上政府机构工作，需要采取停限电或限制接电等措施影响供电服务的事项。

2. 适用场景

安全维稳、拆迁改造、污染治理、产业结构调整、非法生产治理、紧急避险以及地市级及以上政府批准执行的有序用电限电等。

3. 注意事项

(1)安全维稳、拆迁改造、污染治理、产业结构调整、非法生产治理、紧急避险停电、有序用电限电

① 需要军事机构、司法机关和县级及以上政府机构要求采取停限电或限制接电的函。

② 函件可以是县级人民政府、县级及以上人民政府电力管理部门，县级及以上人民政府安全生产监督管理部门，法律法规规定的其他行政主体。

③ 政府停电可以是纸质或电子公文形式配合停电通知、决定、函等。特殊紧急情况下，可以是停电决定主体通知的电话录音、短信、微信等证据，但事后需补发书面停电通知或出具书面情况说明，并在1个工作日内在系统中补录。

④ 军事机构、司法机关、县级及以上政府机构提供的配合停电的盖章决定、通知、函等需有停电对象的名称（姓名）、用电地址、停电时间或期限、停电的事由和规范性依据；停电决定主体的名称、印章和落款日期。

⑤ 除紧急避险外，影响范围需录入客户明细（户名、户号、地址）。

⑥ 来函内容要素

停电对象的名称、用电地址；停电时间或期限；停电的事由和规范性依据；停电决定主体名称、印章和落款日期；停电决定主体联系人和联系方式；作出配合停电的相关依据。

⑦ 政府停电通知中的停电对象和实际用电人与合同约定人不一致，供电公司应及时向停电主体反应，明确停电对象。

(2)有序用电限电

① 来函通知须是地市级及以上政府部门。

② 提供地市级及以上政府对供电公司有序用电方案批复盖章件、地市级供电单位营销部发布的开始实施有序用电的通知、供电公司有序用电方案和受影响客户明细（非居民客户的户名、户号、地址，重要客户除外）。

(二)系统升级改造

1. 定义

因系统升级、改造无法为客户提供正常服务，对供电服务造成较大影响的事项。

2. 适用场景

营销业务应用系统、"网上国网"、网上营业厅、充电设施大面积离线、"e 充电"App 异常等面向客户服务的平台及第三方支付平台。

3. 注意事项

(1)系统故障检修及系统升级改造后出现的故障，不在此范围。

(2)省公司及以上的系统升级或改造。

(3)每月不超过 2 次。

(三)恶劣天气

1. 定义

因地震、泥石流、洪水灾害、龙卷风、山体滑坡，以及经地市级及以上气象台、地市级政府机关部门发布的，或经县级气象台转载国家级气象网站发布的有关本县区域内符合应用级别的预警恶劣天气造成较大范围停电、供电营业厅或第三方服务网点等服务中断，对供电服务有较大影响的事项。

2. 适用场景

恶劣天气运用场景表详见表 2－1。

表 2－1　恶劣天气运用场景表

序号	气象灾害类型	预警等级		重要服务事项报备应用等级	重要服务事项报备应用时限	预警发布平台
		橙色	红色			
1	台风	12 小时内可能或已经受热带气旋影响，沿海或陆地平均风力达 10 级以上，或者阵风 12 级以上并可能持续	6 小时内可能或已经受热带气旋影响，沿海或陆地平均风力达 12 级以上，或者阵风达 14 级以上并可能持续	橙色及以上	3 天	
2	暴雨	3 小时内降雨量将达 50 毫米以上，或者已达 50 毫米以上且降雨可能持续	3 小时内降雨量将达 100 毫米以上，或者已达 100 毫米以上且降雨可能持续	橙色及以上	橙色 24 小时；红色 3 天	

（续表）

序号	气象灾害类型	预警等级		重要服务事项报备应用等级	重要服务事项报备应用时限	预警发布平台
		橙色	红色			
3	暴雪	6 小时内降雪量将达 10 毫米以上，或者已达 10 毫米以上且降雪持续，可能或已经对交通或农牧业产生较大影响	6 小时内降雪量将达 15 毫米以上，或者已达 15 毫米以上且降雪持续，可能或已经对交通或农牧业有较大影响	橙色及以上	橙色 24 小时；红色 3 天	地市级及以上气象台、地市级政府部门或县级气象台转载国家气象网站
4	寒潮		24 小时内最低气温将要下降 16℃以上，最低气温小于或等于 0℃，陆地平均风力可达 6 级以上；或者已经下降 16℃以上，最低气温小于等于 0℃，平均风力达 6 级以上并可能持续	红色	3 天	
5	大风	6 小时内可能受大风影响，平均风力可达 10 级以上或阵风 11 级以上；或者已经受大风影响，平均风力为 10～11级或阵风 11～12 级并可能持续	6 小时内可能受大风影响，平均风力可达 12 级以上或阵风 13 级以上；或者已经受大风影响，平均风力为 12 级以上或阵风 13 级以上并可能持续	橙色及以上	橙色 24 小时；红色 3 天	
6	沙尘暴		6 小时内可能出现特强沙尘暴天气（能见度小于 50 米），或者已经出现特强沙尘暴天气并可能持续	红色	24 小时	地市级及以上气象台、地市级政府部门或县级气象台转载国家气象网
7	高温		24 小时内最高气温将升至 40℃以上	红色	24 小时	
8	雷电	3 小时内可能发生较强雷电活动，并伴有 9 级以上短时大风，或短时强降水，或冰雹，或出现雷电和大风灾害的可能性很大	3 小时内可能发生强烈雷电活动，并伴有 10 级以上短时大风，或短时强降水，或冰雹，或出现雷电和大风灾害的可能性非常大	橙色	橙色 24 小时；红色 3 天	

（四）个体重要服务事项（最终答复）

1. 定义

供电公司确已按相关规定答复处理，但客户诉求仍超出国家有关规定的，对供电服务有较大影响的个体重要服务事项。

2. 适用场景

（1）青苗赔偿（含占地赔偿、线下树苗砍伐）、停电损失、家电赔偿、建筑物（构筑物）损坏引发经济纠纷，或充电过程中发生的车辆及财物赔偿。

（2）因触电、电力施工、电力设施安全隐患等引发的伤残或死亡事件。

（3）因醉酒、精神异常、限制民事行为能力的人提出无理要求。

（4）因供电公司电力设施（如杆塔、线路、变压器、计量装置、分支箱、充电桩等）的安装位置、安全距离、噪音、计量装置校验结果和电磁辐射引发纠纷，非供电公司产权设备引发纠纷。

3. 注意事项

个体重要事项服务表注意事项表详见表 2－2。

表 2－2　个体重要事项服务表注意事项表

类别	报备事项	紧急程度	材料提供单位级别	材料要求
第四类报备	青苗赔偿(含占地赔偿、线下树苗砍伐)、停电损失、家电赔偿、建筑物(构筑物)损坏引发经济纠纷，充电过程中发生的车辆及财物赔偿	一般	村委会、街道办及以上政府机构，保险公司，有资质的鉴定机构	需提供受影响客户明细(户名、户号、地址)
	因触电、电力施工、电力设施安全隐患等引发的伤残或死亡事件	一般	有资质的鉴定机构	需提供受影响客户明细(户名、户号、地址)
	因醉酒、精神异常、限制民事行为能力的人提出无理要求	一般	村委会、街道办、医疗机构	需提供受影响客户明细(户名、户号、地址)
	因供电公司电力设施(如杆塔、线路、变压器、计量装置、分支箱、充电桩等)的安装位置、安全距离、计量装置校验结果引发纠纷，非供电公司产权设备引发纠纷	一般		需提供受影响客户明细(户名、户号、地址)
	因供电公司电力设施噪音、电磁辐射引发纠纷	一般	有资质的第三方鉴定机构	

(五)恶意投诉

1. 定义

因私人问题引起的经济纠纷、个人恩怨、违约用电及窃电用户不满处罚结果，来电反映服务态度和规范可能引起的恶意投诉事项。

2. 适用场景

(1)私人问题引起经济纠纷、个人恩怨、个人作风。

(2)违约用电及窃电用户不满处罚结果。

3. 注意事项

(1)违约用电、窃电

① 违约用电和窃电用户现场处理结果应当天录入系统，发起违约流程，系统会自动生成特殊客户标签。

② 违约用电和窃电需提供现场照片、用电检查通知书、录音、视频、系统窃电流程截图等。

③ 需提供受影响客户明细(户名、户号、地址)。

(2)经济纠纷、个人恩怨、个人作风

经济纠纷需提供转账记录、借款合同、通话录音；照片；派出所出警记录、问询笔录；法院判决书；仲裁书。

(3)材料真实、可靠；照片清晰、完整；相关公章清晰、完整。

(六)新业务推广

1. 定义

因推广“煤改电”“三供一业”“光伏扶贫”等新业务或其他国网公司、省政府统推项目和重点工作，可能引起的供电服务投诉事项。

2. 适用场景

“三供一业”、HPLC 批量换表等。

3. 注意事项

(1)需提供国网公司、省政府相关文件。

(2)针对“三供一业”已接收、未改造，不能具体到户号的情况，报备时要标注改造时间、具体街道、小区等详细信息。改造完成后，需提供受影响客户明细(户名、户号、地址)。

(3)批量换表不可对同一用户重复多批次报备。

三、重要服务事项报备流程

主要事项报备流程详见图 2-1。

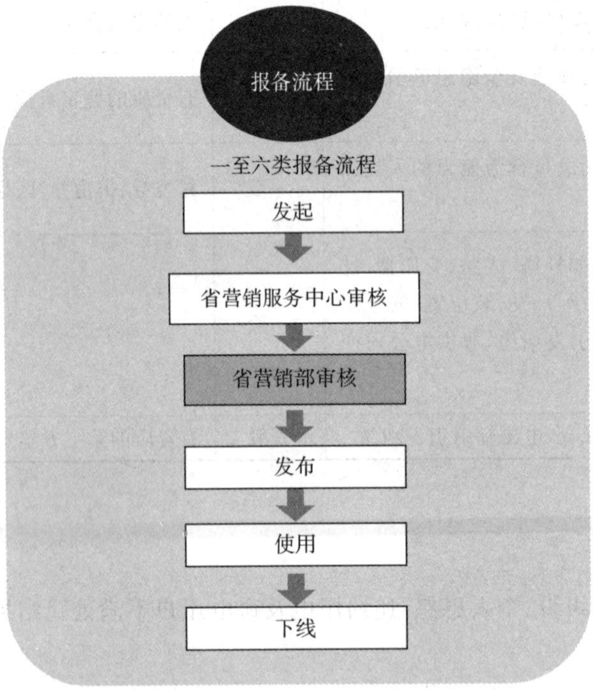

图 2-1　主要事项报备流程

四、签字盖章注意事项

1. 地市、县公司范围内的报备由地市公司责任部门分管副主任或以上领导审核签字，加盖部门(单位)公章，签字盖章单位和姓名需与报备表格中的内容一致。

2. 个体重要服务事项报备(第四、五类)需提交省公司相关责任部门分管副主任或以上领导审核签字并加盖部门(单位)公章。

五、重要服务事项报备表(模板)

重要服务事项报备表(模板)详见附表 1。

六、典型案例

(一)配合政府停限电

1. 报备必要的要素

(1)标题必备要素：责任单位(省、市、县级)。关键字：配合政府安全维稳、拆迁改造、污染治理、产业结构调整、非法生产治理、紧急避险和限制用电，明确停电实施对象。

(2)其他要素：事件过程(起因、事件过程、联系客户处理结果)、工作建议、影响范围(受到影响的客户户号、户名、电话、用电地址)、影响时间(××年××月××日××时××分××秒至××年××月××日××时××分××秒，与开始时间、结束时间一致，不超过 90 天，以秒计算)、相关联的工单号逐一罗列。

(3)应答话术:将此事件客户可能询问的问题逐一列出,并给出答复建议。

(4)支撑材料:政府来函(停电对象的名称、用电地址,停电时间或期限;停电的事由和规范性依据;停电决定的主体名称、印章和落款日期;停电决定主体联系人和联系方式;作出配合停电的相关依据)、受影响客户的明细表(户号、户名、地址和电话)。

(5)责任单位:市、县级营销部,分管领导签字,部门单位公章。

(6)补充材料:现场照片、现场视频、通话录音等。

2. 报备成功案例

配合政府停限电报备成功的相关案例详见附表 2～附表 8。

3. 报备不合格案例

配合政府停电报备不合格的案例详见附表 9。主要问题:

(1)来函部门"石料加工和煤矸石砖瓦窑厂环保督查整改工作领导小组"不属于报备规定中要求的政府常设部门。

(2)事件过程中"环境隐患"停电事件不属于配合政府停电的报备范围,同时"联系客户处理结果"中未说明以何种方式告知用户以及用户对处理情况的态度。

(3)"审核单位及其联系人"填写错误,该类报备应填写地市公司相关部门。

(4)"工作建议"和"统一答复口径"未明确可能影响的投诉场景和业务子类。

问题:重点建设项目征收工作指挥部、环境污染防治攻坚战指挥部不属于合法的停电通知主体。

(二)系统升级改造

1. 适用范围

省级系统改造和升级。

2. 必备要素

事件经过、影响范围、工作建议等同统一模板。

3. 支撑材料

系统改造、升级通知,系统改造、升级公告等。

4. 报备成功案例

相关报备成功案例可参照附表 10。

5. 报备不合格案例

报备不合格案例可参照附表 11。

主要问题:

(1)该报备附件涉及系统检修,不属于报备范围。

(2)"事件过程""影响范围""责任单位联系人""审核单位联系人"填写不规范、不符合要求。

(三)恶劣天气

1. 必备要素

(1)其他要素:事件过程(起因、事件过程、联系客户处理结果)、工作建议、影响范围(受到影响的客户户号、户名、电话、用电地址)、影响时间(××年××月××日××时××分××秒至××年××月××日××时××分××秒,与开始时间、结束时间一致,不超过 90 天,以秒计算)、相关联的工单号逐一罗列。

(2)应答话术:将此事件客户可能会询问的问题逐一列出,并给出答复建议。

地震、泥石流、洪水灾害、龙卷风、山体滑坡等自然灾害也纳入第三类报备范围。

2. 报备成功案例

相关报备成功案例可参照附表 12。

3. 报备不合格案例

相关报备不合格案例详见附表 13、附表 14。

(1)案例主要问题

① “事件过程”表述的与国家预警信息发布中心的有误，与“支撑材料”中国天气网预警截图不一致。

② 统一答复口径中的表述与该报备类型不一致，“大风”与“暴雨”属于两种不同预警天气，需要区别注意。

③ “影响范围”中对于“××市区”需要写明该市区包括哪些市辖区。

④ 支撑材料未提供附件“重要服务事项报备影响范围信息”。

⑤ “工作建议”未明确可能影响的投诉场景和业务子类。

(2)主要问题

① “支撑材料”与“事件过程”气象平台不一致。

② “开始时间”“影响时间”填写错误，开始时间应为预警天气出现后的24小时内任意一个时间。

③ 支撑材料未提供附件“重要服务事项报备影响范围信息”。

④ “工作建议”未明确可能影响的投诉场景和业务子类。

(四)个体重要服务事项(最终答复)

1. 报备必要的要素

(1)标题必备要素：责任单位(省、市、县级)供电公司，明确到乡镇、村、客户名称，停电实施对象。

(2)其他要素：事件过程(起因、事件过程、联系客户处理结果)、工作建议、影响范围(受到影响的客户户号、户名、电话、用电地址)、影响时间(××年××月××日××时××分××秒至××年××月××日××时××分××秒)/(与开始时间、结束时间一致，不超过3个月，以秒计算)、相关联的工单号逐一罗列。

(3)应答话术：将此事件客户可能会询问的问题逐一列出，并给出答复建议。

(4)支撑材料：法律法规相关依据、行业规范、标准等，政府文件或通知，保险公司、医院、村委等机构的取证材料(事前或事中)，受影响的客户明细表。

(5)责任单位：市级营销或运检部的副主任及以上领导签字，市公司部门单位公章。

(6)补充材料：现场照片、现场视频、通话录音等。

2. 报备模板

(1)占地赔偿报备标准模板

占地赔偿报备标准模板标准详见附表15。

(2)青苗赔偿报备标准模板

青苗赔偿报备标准模板详见附表16。

(3)停电损失报备标准模板

停电损失报备标准模板详见附表17。

(4)家电赔偿报备标准模板

相关家电赔偿报备标准模板详见附表18。

(5)触电赔偿报备标准模板

相关触电赔偿报备标准模板详见附表19。

(6)电力施工赔偿报备标准模板

相关电力施工赔偿报备标准模板详见附表20。

(7)醉酒客户无理诉求报备标准模板

相关醉酒客户无理诉求报备标准模板详见附表21。

(8)精神异常客户无理诉求报备标准模板

相关精神异常客户无理诉求报备标准模板详见附表22。

(9)设备安装位置报备标准模板

相关设备安装位置报备标准模板详见附表23。

(10)噪音报备标准模板

相关噪音报备标准模板详见附表24。

(11)校表结果报备标准模板

相关校表结果报备标准模板详见附表25。

(12)电磁辐射报备标准模板

相关电磁辐射报备标准模板详见附表26。

3. 报备成功案例

(1)变电站建设位置

相关变电站建设位置报备成功案例详见附表27。

(2)变压器安装位置

相关变压器安装位置报备成功案例详见附表28和附表29。

(五)恶意投诉重要服务事项报备

1. 经济纠纷、个人恩怨报备必要的要素

(1)标题必备要素:责任单位(省、市、县级),明确到客户名称,关键字"个人经济纠纷、恩怨"。

(2)其他要素:事件过程(起因、事件过程、联系客户处理结果)、工作建议、影响范围(受到影响的客户户号、户名、电话、用电地址)、影响时间(××年××月××日××时××分××秒至××年××月××日××时××分××秒,与开始时间、结束时间一致,不超过90天,以秒计算)、相关联的工单号逐一罗列。

(3)应答话术:将此事件客户可能会询问的问题(同步需包含可能会投诉的场景和业务子类)逐一列出,并给出答复建议。

(4)支撑材料:银行转账记录、借款合同;通话录音;照片;派出所出警记录、问询笔录;法院判决书;仲裁书;受影响客户明细表(户号、户名、地址和电话)。

(5)材料真实、可靠,照片清晰、完整,相关公章清晰、完整。

(6)责任单位:市级营销或运检部副主任及以上领导签字,部门单位公章。

(7)补充材料:现场照片、现场视频、通话录音等。

2. 标准模板与典型案例

(1)经济纠纷报备标准模板

相关经济纠纷报备标准模板详见附表30。

(2)个人恩怨报备标准模板

相关个人恩怨报备标准模板详见附表31。

(3)报备成功案例

个人恩怨、相关报备成功案例详见附表32。

3. 违约用电、窃电报备必要的要素

(1)标题必备要素:责任单位(省、市、县级),明确到乡镇村的客户名称,关键字"不满违约用电处罚""不满窃用电处罚"。

(2)标签生成:违约用电和窃电用户现场处理结果应当天录入系统,发起违约流程,系统会自动生成特殊客户标签。

(3)支撑材料:违约用电和窃电需提供现场照片、用电检查通知书、录音、视频、系统窃电流程截图等,报备影响范围明细。

4. 标准模板

(1)违约用电处罚报备标准模板

相关违约用电、窃电处罚报备标准模板详见附表33、附表34。

(2)窃电处罚报备标准模板

(六)新业务重要服务事项报备

1. 标准模板

(1)煤改电报备标准模板

相关煤改电报备标准模板详见附表35。

(2)三供一业报备标准模板

相关三供一业报备标准模板详见附表36。

(3)光伏发电报备标准模板

相关光伏发电报备标准模板详见附表37。

(4)智能表更换报备标准模板

相关智能表更换报备标准模板详见附表38。

(5)水电供区移交报备标准模板

相关水电供区移交报备标准模板见附表39。

2. 报备成功案例

水电供区移交。相关水电供区移交报备成功案例可参照附表40。

第二节　95598“最终答复”业务管理

一、95598“最终答复”业务使用范围

1. 因青苗赔偿(含占地赔偿、线下树苗砍伐)、停电损失、家电赔偿、建筑物(构筑物)损坏引发经济纠纷,或充电过程中发生的车辆及财物赔偿,供电企业确已按相关规定处理,但客户诉求仍超出国家有关规定的。

2. 因触电、电力施工、电力设施安全隐患等引发的伤残或死亡事件,供电企业确已按相关规定答复处理,但客户诉求仍超出国家有关规定的。

3. 因醉酒、精神异常、限制民事行为能力的人提出无理要求,供电企业确已按相关规定答复处理,但客户诉求仍超出国家有关规定的。

4. 因供电企业电力设施(如杆塔、线路、变压器、计量装置、分支箱、充电桩等)的安装位置、安全距离、噪音、计量装置校验结果和电磁辐射引发纠纷,非供电公司产权设备引发纠纷,供电企业确已按相关规定答复处理,但客户诉求仍超出国家或行业有关规定的。

二、95598“最终答复”业务使用条件

1. 符合正常工单填写规范和回复要求。

2. 客户诉求超出政策法规和优质服务的范畴。

3. 已向客户耐心解释,但客户仍不满意、不接受或坚持提出不合理诉求。

4. 经省公司责任部门分管副主任或以上领导签字确认、加盖部门(单位)公章。

5. 提供处理录音(录像)、相关文件和产权分界证明材料等必要的证据。

三、处理流程

(一)工单处理

1. 采用最终答复方式回复工单时“最终答复”字段必须选择“是”(默认为否),并上传附件,包括领导签字、盖章扫描件及相关证据等。

2.“最终答复”工单回复内容包括:事件发生的时间、地点、人物、起因、经过;事件处理的时间、处理部门、班组、处理人员、事件处理过程、依据的政策法规和文件(注明发文单位、文件号及执行日期)、事件总体

属实情况、相关部门领导联系方式以及客户对处理结果的态度以及提出其他诉求情况。

3.“最终答复”工单由地市公司有关责任部门分管副主任及以上领导审核签字、加盖部门(单位)公章后,提交省有关责任部门分管副主任及以上领导审核签字、加盖部门(单位)公章后,方可提交国网客服中心。

4. 回复“最终答复”工单时,应同时提供处理录音(录像)、相关文件和产权分界证明材料等必要的证据,包括事件处理过程中的照片、录音、录像等影像资料,依据的法律法规、政策依据,第三方提供的相关证明材料,“最终答复”审核人员的书面签字和部门(单位)盖章材料扫描件。

(二)回单审核

省营销服务中心在工单回单确认环节,对地市提交的“最终答复”工单不满足使用条件的,应回退至属地单位重新调查处理。

(三)回复(回访)

1. 国网客服中心对以下情况应详细填写原因后回退省营销服务中心、国网电动汽车公司:回复结果未对客户诉求逐一答复,对客户提出异议解释不到位,违反有关政策法规,未上传经主管领导签字审核、盖部门(单位)公章的扫描件,未提供必要的证据等。

2. 回复(回访)后直接办结工单,对客户仍然坚持向有关部门(单位)或媒体反映的,客服专员应做好上报工作。

3.“最终答复”工单仅回复客户处理结果,不进行满意度调查,处理满意度按“不评价”处理。

(四)95598“最终答复”业务处理流程图

95598“最终答复”业务处理流程图可参照图 2-2。

四、95598“最终答复”业务处理模板

(一)不属实模板

关于工单×××申请最终答复的报告如下。

1. 用户基本信息

用户名称:×××

联系电话:×××

用户地址:×××

用户号:×××

2. 工单内容

×××

3. 调查情况

【最终答复】××月××日××:××(首日联系时间),经×××部门(班组)×××工作人员核实,客户反映情况不属实。不属实认定条件为:①供电企业已按相关政策法规、制度、标准及服务承诺执行;②客户反映问题无相关政策法规规定;③客户反映问题与实际情况不符;④客户提供的线索不全,无法进行追溯或调查核实;⑤明显存在歪曲、捏造事实(五项中任选一项)。

客户反映问题为×××。

现场实际情况为×××(请在最后总结性的写明客户诉求、对处理结果的态度以及供电公司的态度)。

已于××月××日向客户解释(联系电话),但客户表示不接受。

该情况已向市公司×××部门领导汇报,经×××领导(联系电话)同意此为最终答复;该情况已向省公司×××部门领导汇报,经×××领导(联系电话)同意此为最终答复。

处理单位:×××供电公司

处理时间:××年××月××日

附件：需提供处理过程中的录音、照相或影像资料，依据的法律法规、政策、文件（注明发文单位、文件号以及执行日期），第三方出具的支撑材料等。

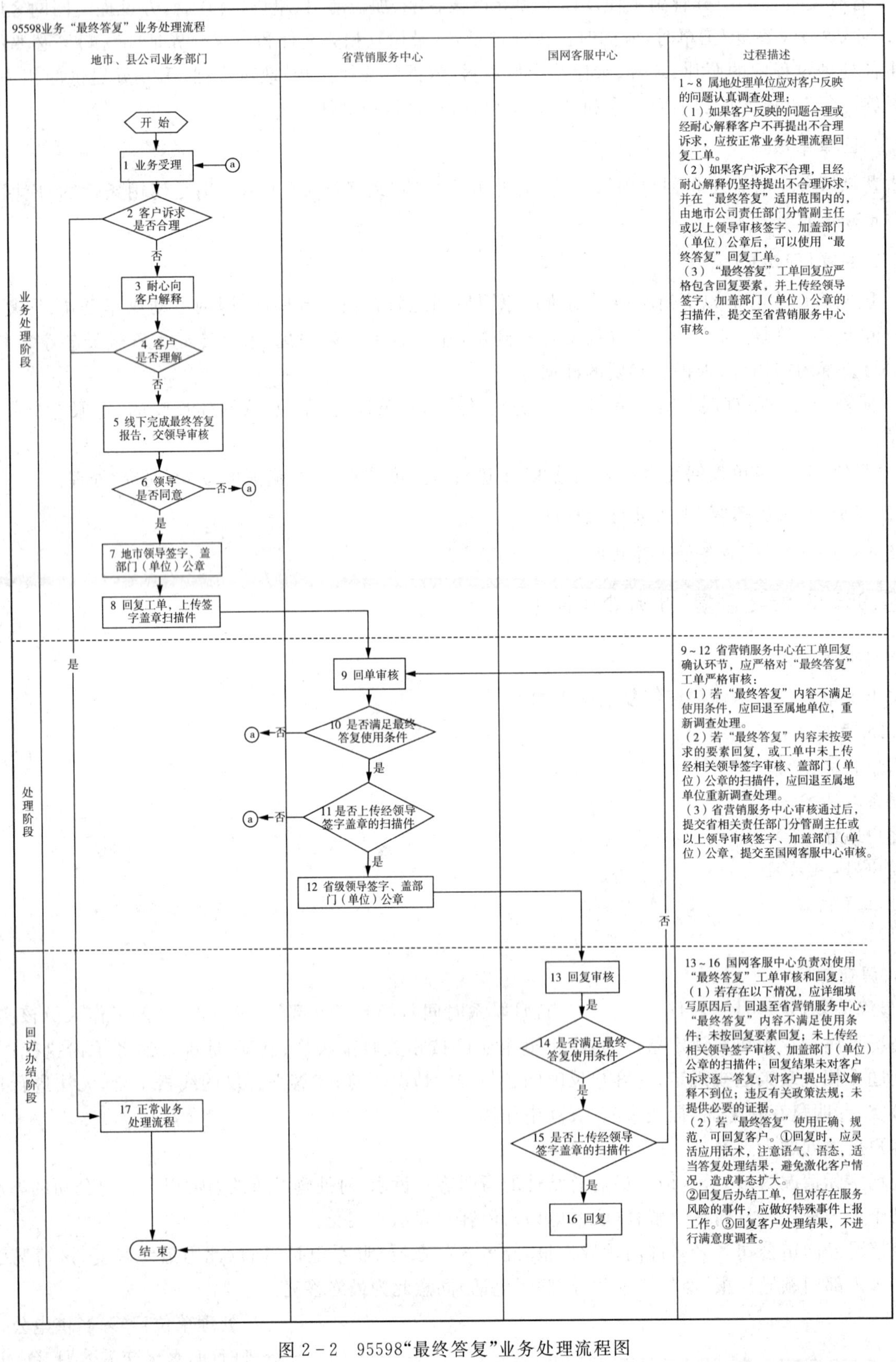

图 2-2 95598“最终答复”业务处理流程图

(二)属实模板

关于工单×××申请最终答复的报告如下。

1. 用户基本信息

用户名称:×××

联系电话:×××

用户地址:×××

用户号:×××

2. 工单内容

×××

3. 调查情况

【最终答复】××月××日××:××(首日联系时间),经×××部门(班组)×××工作人员核实,客户反映情况确实存在。

现场调查情况为×××。目前已采取×××措施,解决客户问题,并于××月××日将处理结果告知客户(联系电话),但客户表示不接受。

现客户提出×××不合理诉求,不符合×××政策法规。

该情况已向市公司×××部门领导汇报,经×××领导(联系电话)同意此为最终答复;该情况已向省公司×××部门领导汇报,经×××领导(联系电话)同意此为最终答复。

处理单位:×××供电公司

处理时间:××年××月××日

附件:需提供处理过程中的录音、照相或影像资料,依据的法律法规、政策、文件(注明发文单位、文件号以及执行日期),第三方出具的支撑材料等。

五、典型案例

(一)家电赔偿类"最终答复"

案例1

受理内容:【电器损坏核损】客户来电反映,2月27日因突然停电等原因,造成家中电器设备损坏。具体电器设备包括:1台热水器、1台油烟机、1台电视机、1台电冰箱、1台路由器。现申请对损坏电器进行现场核损,请相关工作人员核实处理。

处理情况:【最终答复】2月28日17:00,经营业及电费室台区电检一班郭×佳工作人员核实,客户反映情况确实存在,现场调查情况为:2月27日滨湖×园33栋14层电表箱零线端子排被烧断,电压升高,从而导致13～15层共12户用户部分家用电器被烧坏。次日电检员和英大财险工作人员对各户被烧坏家电进行了登记,并告知用户可以选择以下任何一种赔偿方式:①所有被烧坏的家电由保险公司安排专业人员修复;②用户可自行找售后服务对被烧坏家电进行修理,修理费用由保险公司承担。但是,用户对以上两种处理方式都不认可,并一致要求按所有被烧坏的家电,赔偿同型号的全新电器,否则以后将拒交用电电费。英大财险则表示:根据《居民家用电器损坏赔偿办法》第八、第九及第十条规定,客户不符合赔偿全新家电的条件,只能对客户的受损家电进行修复。目前已采取由保险公司负责维修或客户自行维修,保险公司承担维修费的措施,解决客户问题,并于3月3日将处理结果告知客户(联系电话15155101××3),但客户表示不接受。现客户提出按所有被烧坏的家电,赔偿同型号的全新电器,否则以后将拒交用电电费不合理诉求,不符合《居民家用电器损坏赔偿办法》规定。该情况已向市公司领导汇报,经×××领导(联系电话×××)同意此为最终答复。该情况已向省公司营销部门领导汇报,经×××领导(联系电话×××)同意此为最终答复。

家电赔偿类工单最终答复报告写作模式如图2-3,图2-4为工单处理意见写作模式,图2-5为用户清单统计汇总情况。

关于工单[redacted]申请最终答复的报告

一、用户基本信息

用户名称：郑[redacted]

联系电话：1515510[redacted]

用户编号：512022[redacted]

用户地址：[redacted]33#单元 13 层 1301

二、工单内容

【电器损坏核损】客户来电反映，2 月 27 日因突然停电等原因，造成家中电器设备损坏。具体电器设备包括：1 台热水器、1 台油烟机、1 台电视机、1 台冰箱、1 台路由器。现申请对损坏电器进行现场核损，请相关工作人员核实处理。（未查询到关联工单）

三、调查情况

【最终答复】2 月 28 日 17：00，经营业及电费室台区电检一班郭[redacted]工作人员核实，客户反映情况确实存在，现场调查情况为 2 月 27 日滨湖[redacted]33#栋 14 层电表箱零线端子排被烧断，电压升高，从而导致 13、14、15 层共 12 户用户部分家用电器被烧坏。次日电检员和英大财险工作人员对各户被烧坏家电进行了登记，并告知用户可以选择以下任何一种赔偿方式：1、所有被烧坏的家电由保险公司安排专业人员修复；2、用户可自行找售后服务对被烧坏家电进行修理，修理费用由保险公司承担。但是，用户对以上两种处理方式都不认可，并一致要求按所有被烧坏的家电，赔偿同型号的全新电器，否则以后将拒交用电电费。英大财险则表示：根据《居民家用电器损坏赔偿办法》第八、第九及第十条规定，客户不符合赔偿全新家电的条件，只能对客户的受损家电进行修复。

目前已采取由保险公司负责维修或客户自行维修，保险公司承担维修费的措施，解决客户问题，并于 3 月 3 日将处理结果告知客户（联系电话 1515510[redacted]），但客户表示不接受。现客户提出按所有被烧坏的家电，赔偿同型号的全新电器，否则以后将拒交用电电费不合理诉求，不符合《居民家用电器损坏赔偿办法》规定。

该情况已向市公司领导汇报，经高维信领导（联系电话 0551-6388[redacted]）同意此为最终答复。

该情况已向省公司营销部门领导汇报，经李崇涛领导（联系电话 0551-6360[redacted]）同意此为最终答复。

国网[redacted]供电公司

2016 年 3 月 3 日

同意。

图 2－3 工单最终答复报告写作模式

关于滨湖[redacted]33 栋 12 户客户家电损坏赔偿的处理意见

2016 年 2 月 27 日，接[redacted]供电公司台区电检一班报险，滨湖[redacted]33 栋居民楼内电表箱零线端子烧断，导致客户家电过压损坏。

2016 年 2 月 29 日，我公司安排技术人员随供电公司电检人员到现场了解情况。经现场核实，确是因为电表箱内零线端子烧断，电压升高，导致客户家电过电压损坏。经勘查，所有受损家电均可进行维修，我公司将根据《居民家用电器损坏赔偿办法》第八、第九条规定，承担相应维修责任。对于该 12 户客户提出的按被损坏的家电，赔偿同型号全新电器的要求，根据《居民家用电器损坏赔偿办法》第十条，我公司无法满足。

特此说明。

附：滨湖[redacted]因电表箱内零线端子烧断导致家电损坏客户清单

图 2－4　工单处理意见写作模式

滨湖[redacted]因电表箱内零线端子烧坏导致家电损坏用户清单

序号	客户编号	地址
1	512022[redacted]	滨湖[redacted]33#单元 13 层 1301
2	512022[redacted]	滨湖[redacted]33#单元 13 层 1302
3	512022[redacted]	滨湖[redacted]33#单元 13 层 1303
4	512022[redacted]	滨湖[redacted]33#单元 13 层 1304
5	512022[redacted]	滨湖[redacted]33#单元 14 层 1401
6	512022[redacted]	滨湖[redacted]33#单元 14 层 1402
7	512022[redacted]	滨湖[redacted]33#单元 14 层 1403
8	512022[redacted]	滨湖[redacted]33#单元 14 层 1404
9	512022[redacted]	滨湖[redacted]33#单元 15 层 1501
10	512022[redacted]	滨湖[redacted]33#单元 15 层 1502
11	512022[redacted]	滨湖[redacted]33#单元 15 层 1503
12	512022[redacted]	滨湖[redacted]33#单元 15 层 1504

图 2-5　用户清单统计汇总情况

案例2

受理内容:【电器损坏核损】客户来电反映,2月20日14时左右因电压不稳,造成家中电器设备损坏。具体电器设备包括:1台电饭煲,1台微波炉、1台液化气灶、1台热水器、1台电冰箱、1组柜式中央空调、2个锚以及地暖。现申请对损坏电器进行现场核损,请相关工作人员核实处理。(无相关报修记录)

处理情况:【最终答复】2月21日14时45分,经抢修中心王×山到达现场进行核实,客户反映情况不属实。客户反映问题为:电压不稳造成家中电器设备损坏。现场实际情况为:抢修中心工作负责人王×山联系用户后于14时45分赶到现场处理,经现场检查配电设备、电表出线电压正常(见附件一),判断故障点在客户设备内部,抢修人员现场告知客户,内部线路属客户资产,非供电维护范围,需要客户自己联系小区物业或寻求家政电工维修。2月21日16时抢修人员离开现场即向值班人员汇报现场供电设备无异常,电压正常,故障为客户内部故障造成电器烧损,供电公司不负责赔偿维修。客户认为拨打95598后供电抢修人员就有义务负责检查到位,对内部故障没有找出明确故障点,不负责维修电器表示不理解。经配电工区相关班组彻查,供电资产分界点(计量装置)前端供电设施运行正常、供电电压无异常。电器烧损时,客户家中空气开关正确动作,故障点确定在客户内部线路上,供电公司对客户电器烧损的情况不承担任何责任。2月23日,按照客户要求,联系了第三方保险公司(安徽省英大保险)理赔定损人员上门现场鉴定,确认供电设备运行正常,电器烧损原因在客户内部线路,不属于供电赔偿范围。详见附件二。客户坚持要求供电公司对损坏的家用电器给予维修,但供电公司不能维修,无法满足客户的需求。供电公司已于2月23日向客户解释(联系电话×××),但客户表示不接受。该情况已向市公司营销部领导汇报,经×××(联系电话×××)同意此为最终答复;该情况已向省公司营销部部门领导汇报,经×××领导(联系电话×××)同意此为最终答复。

(二)青苗赔偿类"最终答复"

案例

受理内容:【青苗赔偿】客户来电反映2015年5月1日有供电公司工作人员在安徽省××市××县高寺镇向咀村洪塘队维修线路进行更换线路时砍伐了客户100棵树,给客户造成损失,现要求赔偿,请尽快核实处理。

处理情况:【最终答复】2015年8月31日,经运检部分管主任×××,高×供电所所长×××、配电班长×××、台区负责人×××等相关人员核实,客户反映问题为供电公司砍伐了客户100棵树,现要求赔偿。现场实际情况为:今年5月29日,为切实执行×××县人民政府办公室望政办秘〔2015〕56号"关于做好汛前电力线路通道树障专项清理工作"的通知精神,保障汛期供用电安全,在全县范围内开展汛期电力线路通道树障专项清理工作,对线路通道及沿边超高树、竹或高杆植物等可能危及电网运行的树障隐患进行清理,避免发生树障隐患,引发电网跳闸停电事故,对"线先树后"的树障不予经济补偿,对"线后树先"的树障给予一定经济补偿。为此,高×供电所联合高士镇政府、当地村两委人员对区域内进行了树障清理工作,胡×月先生树木是后于线路栽种,也就是"线先树后",不属补偿之列。对于"线后树先"的,供电所与镇、村两级政府达成协议,由村两委负责兑付补偿款。2015年8月31日8:20高×所配电班长常×海、吴×楼等相关人员与用户取得了联系,进行了沟通解释,客户表示理解。

(三)占地赔偿类"最终答复"

案例

受理内容:【施工现场恢复】客户来电反映在2015年1月中旬,有供电公司工作人员在此处施工进行电网改造,在未提前通知用户的情况下,占用客户田地,给客户造成损失。现要求供电公司工作人员尽快核实处理。

处理情况:【最终答复】3月2日16时30分,经×××供电所所长杨××、詹××等工作人员核实,客户反映情况不属实。客户反映问题为:供电公司工作人员在此处施工,在未提前通知用户的情况下,占用客户田地,给客户造成损失。现场实际情况为:该线路是一条新建低压线路,2016年1月中旬开工(非2015年1月中旬),施工单位为供电公司外委单位×××宏图公司,目前线路为在建状态,线路未带电。此线路施工过程中电杆、拉线的具体位置均由平坦村村委会负责协调确定。投诉人陈先生反映的线路占用的农田位置实际为村里的一块荒地，未耕种任何农作物(附现场图片)，更未给客户造成损失，在施工时已经过平坦村村委会同意(附村委会证明)。由于投诉人陈先生长年在江西九江工作，仅在节假日期间回乡短暂停留，回乡时他没有向村委会或当地供电所反映电力线路占用田地问题。春节后他就离家上班，且投诉时他本人也不在家。据了解是由于他本人在外面也承包电力工程，想得到一些占地补偿，于是他直接拨打 95598 投诉电话，目的就是想得到一些钱款。×××公司吕亭供电所已与平坦村村委会联系，村委会表示由村里协调解决，并将情况告知投诉人陈先生。由于施工时村委会认定该地为荒地，非陈先生家的田地，具体赔偿事宜请陈先生与村委会协商。但是陈先生不同意，坚持要求供电公司给予个人补偿，供电公司无法满足其个人的补偿要求。供电公司已于 3 月 3 日 14 时 30 分向客户解释(联系电话×××)，但客户表示不接受。该情况已向×××市公司营销部汇报，经分管(×××)领导(×××)同意此为最终答复。该情况已向省公司运检部汇报，经(×××)领导(×××)同意此为最终答复。

(四)供电设施位置不合理类“最终答复”

案例

受理内容:【设备位置】客户在 2017 年 2 月 26 日致电 95598 反映在 2016 年 10 月左右当地施工单位在客户门面房门口架设了 2 根电线杆和 1 台变压器，线路与门面房距离 2 米，距离过近。客户到当地供电所反映，所长已告知客户此业务不归其受理，需要找到施工单位协商，第三方施工单位承认线路位置不合理并承诺过后会给客户将设备移走。但供电公司答复为:经调查了解，第三方施工单位并没有承诺用户会对变压器进行迁移，同时高×家还向用户解释:架设变压器的电杆杆位距其房屋水平距离为 10.5 米，并且所立杆位是在街道人行道和机动车道间的公用土地上，对居民出行也没有影响，客户对此答复不认可，仍觉得供电公司设备位置不合理，请供电公司相关部门尽快核实并答复客户。

处理情况:【最终答复】3 月 19 日 11 时 30 分，经工程组高×家到达现场核实，客户反映情况不属实。不属实认定条件为:明显存在歪曲、捏造事实。

客户反映问题为:门面房门口架设了 2 根电线杆和 1 台变压器，线路与门面房距离 2 米，距离过近，同时第三方施工单位承认线路位置不合理并承诺过后会给客户将设备移走。

现场实际情况为:第三方施工单位并没有告知线路位置不合理并承诺用户会对变压器进行迁移，同时架设的变压器杆位距其房屋水平距离为 10.5 米，并且所立杆位是在街道人行道和机动车道间的公用土地上，未占用任何居民的土地，且对当地居民出行没有任何影响。

3 月 20 日 11 时 40 分工程组高×家再次电话联系王女士，向用户解释电网改造属于民生工程，是为了满足该地点迅速增长的用电负荷，改善居民的用电质量，也得到了当地政府大力支持，同时告知用户变压器架设的地点是严格按照用电负荷供电半径及线路通道来选定的，但客户坚持要求供电公司将变压器及电杆移走，不接受解释。

供电公司已于 3 月 20 日向客户解释(联系电话×××)，但客户表示不接受。

该情况已向×××市公司×××汇报，经分管(×××)领导(×××)同意此为最终答复。该情况已向省公司×××汇报，经(×××)领导(×××)同意此为最终答复。

(五)精神异常类“最终答复”

案例

受理内容:【催收电费】于 7 月 13 日回访，客户无投诉意愿。客户对之前答复的赔偿客户电费 300 元不认可，要求:①给客户电费发票;②赔偿经济损失 2000 元。请相关部门尽快核实处理。

处理情况:【最终答复】7 月 13 日 11:21(首日联系时间)(附件一为首日联系截图、附件二为首日联系客户并告知处理情况录音)，经×××公司散兵供电所所长陈××核实，客户反映情况不属实。不属实认定条件为:供电企业已按相关政策法规、制度、标准及服务承诺执行。

客户反映问题为对之前答复的赔偿客户电费 300 元不认可，要求:①给客户电费发票;②赔偿经济损失 2000 元。

现场实际情况为：6月28日，×××公司收到投诉工单，内容为客户贾女士表示因台区经理胡×玉催错费，导致她错交电费。经核实，胡×玉在第一次给错户号后，当月及时进行了更正，同时告知贾女士正确户号。因胡×玉存在一定工作失误，已对其进行处罚，月度考核扣发800元奖金。后期，贾女士自己在微信生活缴费中，自己两次输入错误户号，且不进行户主信息核对，导致继续错交电费。客户反映错交电费300元，前期已分别妥善处理（附件三：胡×玉将300元转入客户正确的用电户号证明），但客户贾女士始终不认可。贾女士要求供电所提供给她近五年的电费发票，×××公司散兵供电所，主动联系普华后台，导出历史发票（因县公司层面只能打出近1年内的发票），并打印好（附件四：打印好的客户历史发票），等待贾女士有时间来取或者客户在家时，由客户经理送达到客户家中。贾女士在约定的时间，突然说在家，或突然说不在家，致使供电所客户经理多次送发票，均未成功。客户要求赔偿经济损失2000元，并表示如果供电公司不赔偿，将会不停地打95598电话，坚决不会满意。鉴于以上事实，同时经散兵镇居委会证明，客户贾女士确因生意上曾受到打击，精神异常，有轻微的被害妄想，时常有打95598、10000号等服务电话行为，会提出各种不合理的诉求（附件五：村委会证明）。根据《中华人民共和国民事诉讼法》第六十四条：当事人对自己提出的主张，有责任提供证据（附件六：相关法律条款）。因客户诉求无任何依据，属不合理诉求，属于主观恶意诉求，×××公司散兵供电所无法满足客户此诉求。

供电公司已于7月13日向客户解释（联系电话×××）（同附件一），但客户表示不接受。

该情况已向市公司×××部门领导汇报，经×××领导（联系电话×××）同意此为最终答复；该情况已向省公司×××部门领导汇报，经×××领导（联系电话×××）同意此为最终答复。

第三节 95598申诉业务管理

一、95598申诉业务定义

95598业务申诉包括基层单位发起的数据修正诉求业务和国网营销部、国网客服中心发起的抽检修正工作。其中基层单位发起的申诉是指因客服专员责任、客户恶意投诉、系统原因、不可抗力等原因，造成基层单位95598业务处理不及时或差错，影响基层单位相关数据指标，由基层单位对上一级单位提出数据修正的诉求业务。国网营销部、国网客服中心发起的抽检修正是指在开展95598工单抽检、质检工作中，对业务分类错误的工单进行业务分类修正的工作。抽检修正属于申诉业务中业务分类错误的子类。

95598业务申诉分为初次申诉和最终申诉。初次申诉是指地市公司、省营销服务中心、国网电动汽车公司对95598业务发起的第一次申诉及国网客服中心发起的抽检修正工作；最终申诉是指省公司、国网电动汽车公司对国网客服中心审核未通过的申诉有不同意见，向国网营销部提出的第二次申诉，以及国网营销部发起的抽检修正工作。

二、95598申诉业务流程

1. 申诉工单根据申诉类型的不同由地市供电企业相关部门分别提出申诉。

2. 省营销服务中心在接到地市公司申诉申请后，审核通过的提交到国网客服中心处理，审核不通过的注明原因后将工单退回地市公司重新处理。

3. 国网客服中心在接到省公司申诉申请后，相关部门及人员根据各自职责进行认定、审核，审核通过的提交国网营销部，审核不通过的注明原因后将工单退回省公司。

4. 国网客服中心对质检发现的业务分类错误发起抽检修正流程，并进行内部认定、审核，审核通过的提交国网营销部，审核不通过的注明原因后退回抽检修正发起人。

5. 国网营销部在接到国网客服中心的认定结果后，进行审核并归档。

6. 95598业务申诉流程图如下，详见图2-6。

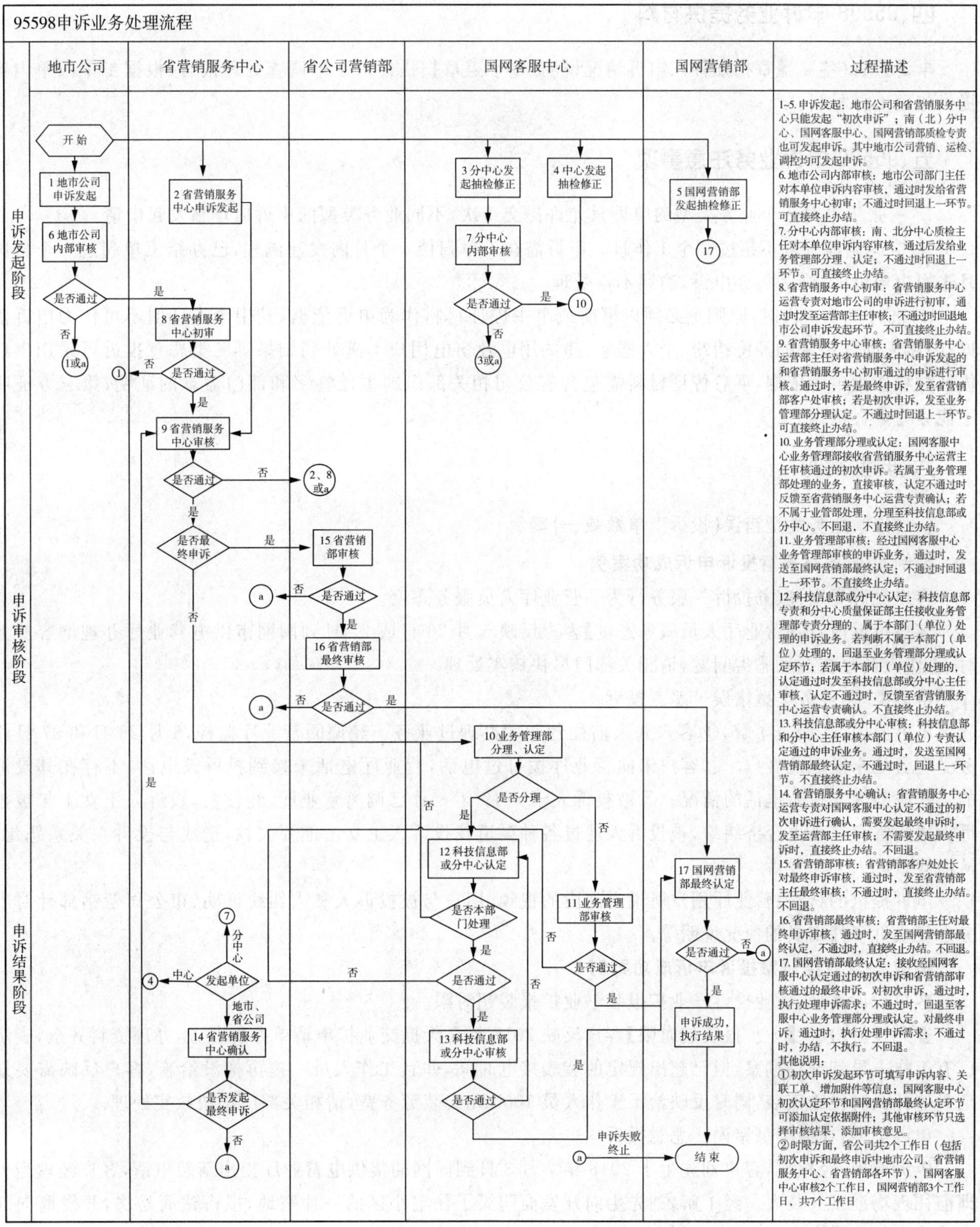

图 2-6　95598 业务申诉流程图

三、95598 申诉业务类别

95598 申诉业务的常见类型及判断依据见附表 41。

四、95598申诉业务提供材料

申诉报告(签字盖章扫描件)、申诉情况说明(签字盖章扫描件)、工单调查处理报告、根据工单回单内容提供相关支撑材料。

五、95598申诉业务注意事项

1. 一张工单对一个业务类型的申诉只允许提交1次,不同业务类型的申诉应单独发起申请。

2. 申诉流程一般不超过7个工作日。申诉需在工单归档1个月内发起流程,已办结工单超过1个日历月未提出申诉的,视为放弃申诉,逾期不再受理。

3. 进行工单申诉时,原则上必须以事前或事中佐证材料作为申诉依据,其中个人证明不可作为申诉依据;因私人问题引起的经济纠纷、个人恩怨、违约用电及窃电用户不满处罚结果等三类恶意投诉可采用事后佐证材料作为申诉依据,事后佐证材料需包含省公司相关部门副主任签字和部门盖章的证明;第三方证明不能作为申诉依据。

六、典型案例

(一)申请业务类型错误(投诉工单数减一)案例

案例1:服务类恶意投诉申诉成功案例

客户投诉类型:服务投诉—服务行为—营业厅人员服务态度。

客户投诉内容:【营业厅人员服务态度】客户反映5月26日或27日到国网市供电营业厅办理增容业务时,工作人员存在态度恶劣问题,请相关部门尽快核实处理。

申诉类型:业务类型错误—恶意投诉

申诉原因:经调查了解,①客户并未前往营业厅办理过业务。经调阅营业厅监控,5月26日和27日业务受理台均未发现此客户。②客户未向营业厅拨打过电话,营业厅电话未接到投诉人电话,不存在其投诉的工作时间无人接听电话的情况。③被投诉人于2019年3月已调离营业厅,经核实,投诉人王女士与被投诉人之间曾存在私人经济纠纷,被投诉人通过各种渠道找投诉人王女士催要欠款,造成与投诉人关系恶化,从而导致此人恶意投诉。

申诉提供的材料:营业厅用户所说时间段的视频、用户与被投诉人私人纠纷证明、市公司营销部针对服务态度投诉事件出具的情况说明等。

案例2:营业类恶意投诉申诉成功案例

客户投诉类型:营业投诉—业扩报装—业扩报装超时限。

客户投诉内容:【业扩报装超时限】客户反映2018年夏天提交业扩申请单办理业务,办理资料齐全,表示已有工作人员到现场勘察,但已超出规定的装表接电时间,并且工作人员一拖再拖没给装,客户反映需要知道具体什么时候给安装,同时反映给了工作人员1000元安装劳务费,请相关部门尽快核实处理。

申诉类型:业务类型错误—恶意投诉

申诉原因:经核实,客户刘先生于2018年7月3日到国网胡集供电营业厅提出新装申请,客户经理当天即前往现场勘察并装表。经了解,刘先生向开发商购买了住宅小区的一片空地,拟搭建简易房,开发商向刘先生索要前期投资的小区电力通道费,刘先生分两次打款给开发商1000元,因并未完全付清款项,因此开发商不允许刘先生架设表后线。刘先生投诉的真实想法是转移矛盾,以达到迫使供电公司出面帮助协调表后线路架设的目的。

申诉提供的材料:系统内该用户办理业扩报装流程截图、该用户已支付开发商的费用证明、市公司营销部出具的情况说明报告等。

(二)工单处理满意度错误(回访不满意工单数减一)申诉案例

案例1:工单处理满意度错误申诉成功案例

意见工单类型:供电服务—电器赔偿—家用电器损坏。

客户反映内容:【家用电器损坏】户号为×××的客户反映,3月27日因停电原因造成家中电器设备损坏。保险公司告知客户后期会给其赔偿,至今未赔偿,请供电公司尽快核实处理。

申诉类型:工单处理满意度错误—客服专员责任。

申诉原因:意见工单(工单编号×××)处理回单后,因客服专员原因造成回访时客户对处理结果表示非常满意,客服专员错误点选为不满意。现特申请回访不满意工单数减1件。

申诉提供的材料:回访客户表示非常满意截屏、回访信息填写不满意截屏、市公司出具的情况说明报告等。

(三)处理超时限(及时处理工单数加一)申诉案例

案例1:工单处理超时限申诉成功案例

服务申请工单类型:用电服务需求—欠费复电登记。

客户反映内容:【复电申请】客户来电反映,×××户号已结清电费,现申请对61×××2户号恢复供电,请相关工作人员核实处理。备用电话:×××。

申诉类型:处理超时限—主干网络原因

申诉原因:淮北公司在2017年2月28日上午11时29分接到95598工单后,寇××师傅于2017年2月28日19时56分已到现场送电成功,于2月28日19时58分告知客户已恢复供电。工单在2017年3月1日14时40分回复至省公司,且国网客服中心对该工单在2017年3月2日14时2分已回访结束,故并不存在工单处理超时情况。经查,导致超时的原因为SG186因系统故障存在无故掉线的情况。

省客服中心处理经过:经核实,信通公司出具的证明可以证明是由于系统故障导致时间错误。

申诉提供的材料:网络故障情况说明、系统截图、服务系统停送电信息。

第四节 停电信息报送业务管理

一、95598停送电信息定义

95598停送电信息(以下简称"停送电信息")是指因各类原因致使客户正常用电中断,需及时向国网客服中心报送的信息。停送电信息主要分为生产类停送电信息和营销类停送电信息。生产类停送电信息包括:计划停电、临时停电、电网故障停限电、超电网供电能力停限电、其他停电等。营销类停送电信息包括:违约停电、窃电停电、欠费停电、有序用电等。

二、停电信息报送业务案例解析

(一)未正确关联停电设备导致的频繁停电投诉工单频发

案例一:×××县蓝鼎中央城小区在3月20日发生了4件频繁停电类投诉,经核查该小区的用户在13:50:32拨打国网95598电话进行报修,反映多户无电(涉及故障工单编号:×××)后,地市公司于13:53在系统内上传了故障类停电信息×××,但该条停电信息在首次发布时勾选的停电影响设备仅为一个台区"三角洲×××公用变",用户报修及投诉的台区均不在该停电范围内,经与地市公司沟通,现场实际停电的台区不止一个,工作人员在系统内发布停电信息关联设备时,以为仅需勾选一个,并在停电范围内描述清楚具体停电小区即可,因而造成了此问题。上述问题见图2-7。

通过停电信息轨迹可以看出:首次上传时关联的停电影响设备台区仅一个,页面图参见图2-8所示。

16:41 在系统内进行了第二次变更，增加停电影响设备至 5 个台区，如图 2-9 所示。

图 2-7　频繁停电投诉工单页面图

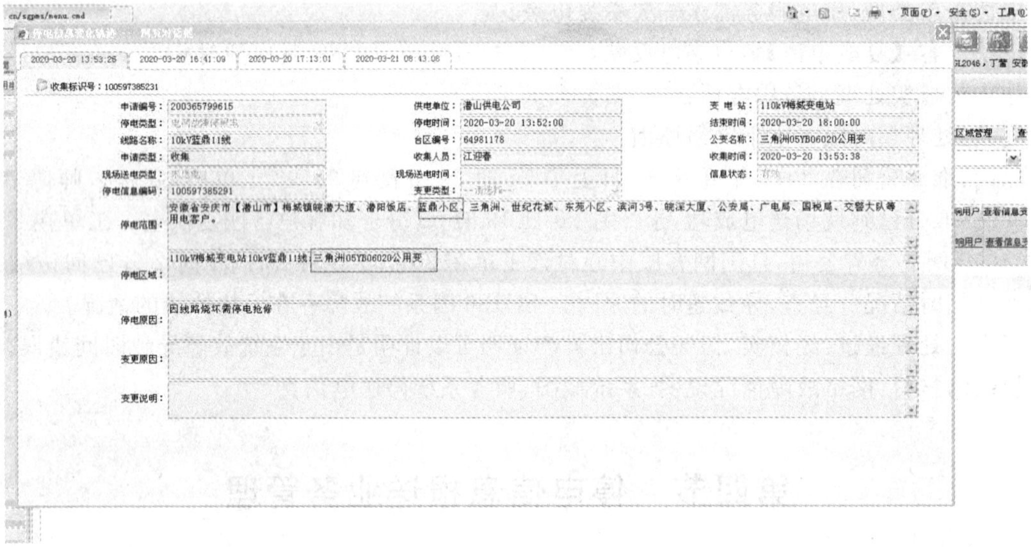

图 2-8　首次上传时的停电台区页面图

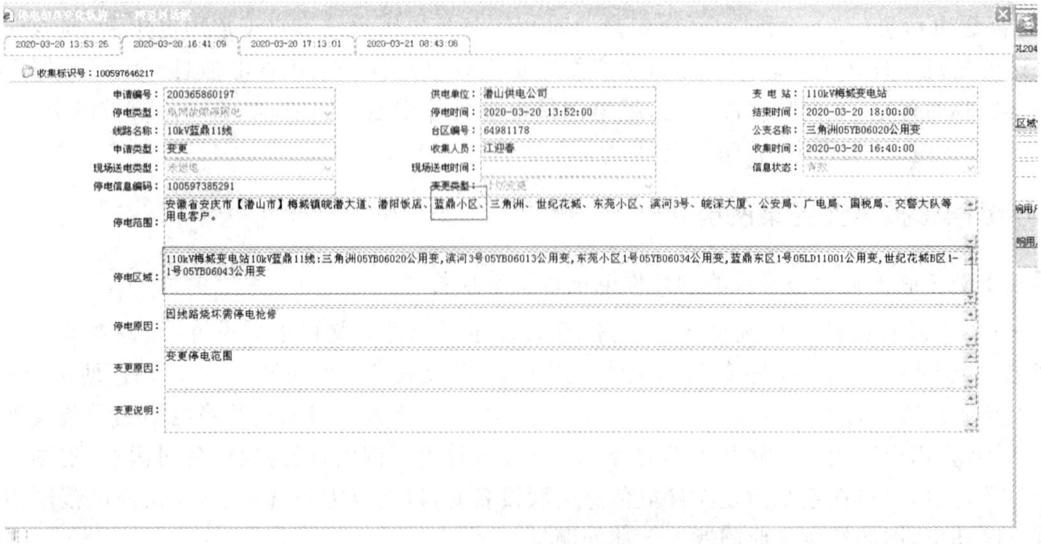

图 2-9　二次变更时的停电台区页面图

但通过投诉客户编号所在台区来看，仍然存在实际停电设备未添加完整的情况，如图 2-10 所示。3 月 20 日的 4 条投诉虽均属蓝鼎中央城小区，但并不在同一台区，若当日有同台区的另外一个用户要求投诉，则会导致该起投诉无法降级处理。

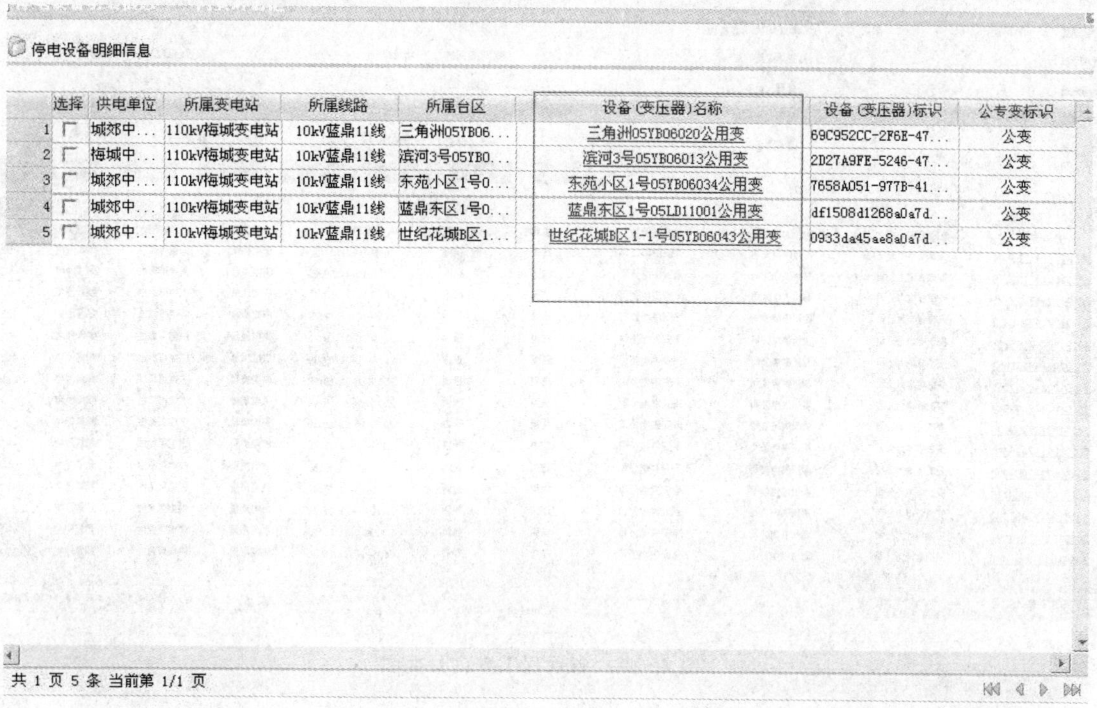

图 2-10　实际停电设备未添加完整

说明：各公司在“停电信息登记”页面下点选的“公变名称”字段并不是进行停电信息分析到户，以及辅助支撑频停类投诉降级的依据，如图 2-11 所示；国网业务支持系统中的“公变名称”字段取的是营销系统中的“停电设备信息”，页面下增加停电影响设备的“设备变压器名称”字段，即只有在该模块下勾选正确的停电设备进行停电用户分析后上传的停电信息，才会在同一台区的不同用户致电 95598 时系统出现弹框提醒，要求合并降级处理。

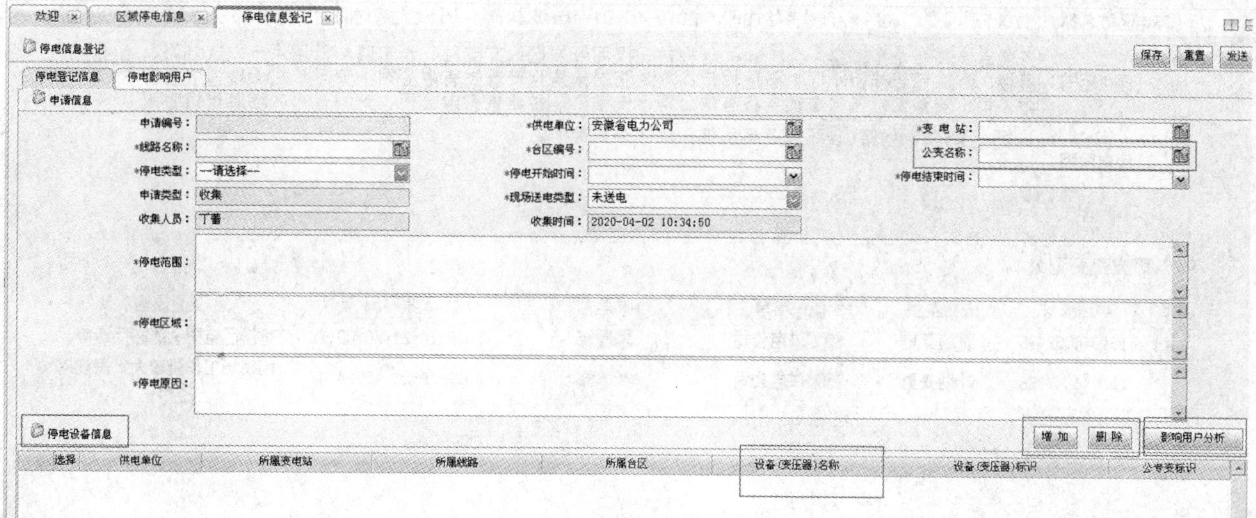

图 2-11　各公司停电信息登记页面图

案例二：×××县碧桂园小区在 2019 年 10 月 21 日共计下发了 20 件频繁停电工单，且均属于 10kV 万和 177 线供电，如图 2-12 所示。

工单列表

	申请编号	单位名称（省）	单位名称（地市）	供电单位	当前环节	业务类型	受理时间	一级类型	二级类型	三级类型	客户编号
1	2019102147123804	安徽省电力公司	滁州供电公司	来安供电公司	结束	投诉	2019-10-21 21:56	供电质量	供电可靠性	频繁停电	4927725741
2	2019102147109346	安徽省电力公司	滁州供电公司	来安供电公司	结束	投诉	2019-10-21 19:43	供电质量	供电可靠性	频繁停电	4928302619
3	2019102147109026	安徽省电力公司	滁州供电公司	来安供电公司	结束	投诉	2019-10-21 19:37	供电质量	供电可靠性	频繁停电	4928011878
4	2019102147108212	安徽省电力公司	滁州供电公司	来安供电公司	结束	投诉	2019-10-21 19:22	供电质量	供电可靠性	频繁停电	4927893064
5	2019102147105286	安徽省电力公司	滁州供电公司	来安供电公司	结束	投诉	2019-10-21 19:11	供电质量	供电可靠性	频繁停电	4928249116
6	2019102147105052	安徽省电力公司	滁州供电公司	来安供电公司	结束	投诉	2019-10-21 19:09	供电质量	供电可靠性	频繁停电	4927841946
7	2019102147102258	安徽省电力公司	滁州供电公司	来安供电公司	结束	投诉	2019-10-21 18:53	供电质量	供电可靠性	频繁停电	4928008038
8	2019102147099544	安徽省电力公司	滁州供电公司	来安供电公司	结束	投诉	2019-10-21 18:44	供电质量	供电可靠性	频繁停电	***
9	2019102147099994	安徽省电力公司	滁州供电公司	来安供电公司	结束	投诉	2019-10-21 18:39	供电质量	供电可靠性	频繁停电	
10	2019102147096940	安徽省电力公司	滁州供电公司	来安供电公司	结束	投诉	2019-10-21 18:29	供电质量	供电可靠性	频繁停电	4928021606
11	2019102147089800	安徽省电力公司	滁州供电公司	来安供电公司	结束	投诉	2019-10-21 17:52	供电质量	供电可靠性	频繁停电	
12	2019102147088766	安徽省电力公司	滁州供电公司	来安供电公司	结束	投诉	2019-10-21 17:37	供电质量	供电可靠性	频繁停电	4928313453
13	2019102147085982	安徽省电力公司	滁州供电公司	来安供电公司	结束	投诉	2019-10-21 17:26	供电质量	供电可靠性	频繁停电	
14	2019102147084186	安徽省电力公司	滁州供电公司	来安供电公司	结束	投诉	2019-10-21 17:05	供电质量	供电可靠性	频繁停电	4927668581
15	2019102147081388	安徽省电力公司	滁州供电公司	来安供电公司	结束	投诉	2019-10-21 16:56	供电质量	供电可靠性	频繁停电	4928434549

共 2 页 20 条 当前第 1/2 页

图 2-12 省远程工查询页面图

经查询关联故障停电信息：×××，碧桂园小区在该条停电信息的停电范围内，停电信息登记表页面图详见图2-13。

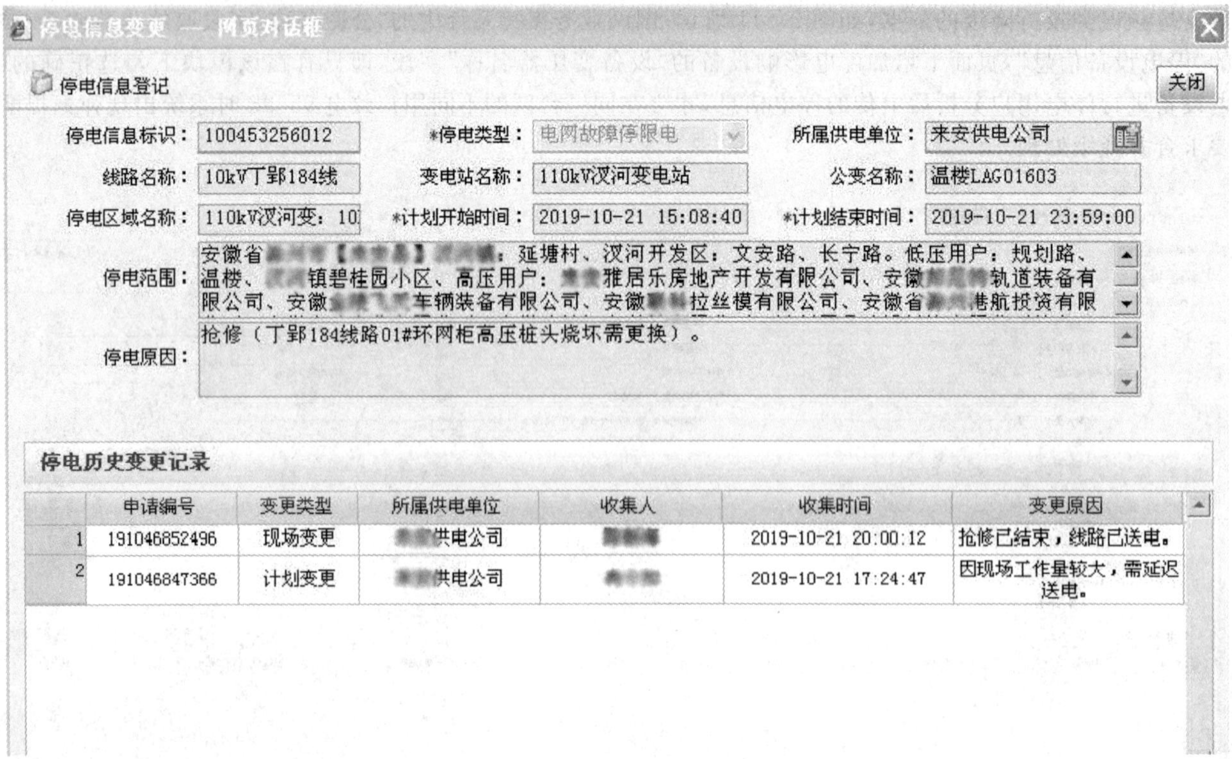

图 2-13 停电信息登记表页面图

通过停电影响的设备及用户情况来看,该条停电信息上传时关联的停电设备有 2 台,并不涉及投诉用户所在的“碧桂园海棠苑二号配电房一号变 LAG01394 配电变压器”台区,如图 2-14 所示。

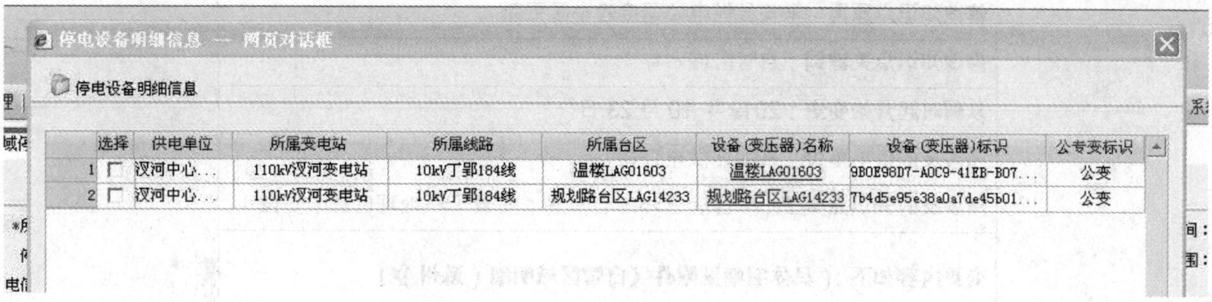

图 2-14 停电设备明细信息页面图

且根据停电信息所属线路来看,碧桂园小区属 10kV 丁郢 184 线供电,结合投诉工单回单内容:10 月 20 日 0:30 至 3:30,将碧桂园线路负荷由原 10kV 万和 177 线路调整至 10kV 丁郢 184 线路,但在客户基础档案信息中仍然显示为原线路供电,如图 2-15 所示。

图 2-15 投诉工单回单内容页面图

现场虽然实行了负荷调整,但是并未在系统中对客户档案信息进行及时维护,导致上传停电信息时若根据 10kV 丁郢 184 线路来发布,并无法选择至原 10kV 万和 177 线下所关联的“碧桂园海棠苑二号配电房一号变 LAG01394 配电变压器”台区,导致该小区的频繁停电投诉频发,无法合并降级处理。经核查该小区属抄表到户但资产未移交,在 10 月 21 日集中爆发了 20 件频繁停电投诉后,地市公司于 10 月 23 日向省营销服务中心申请了在知识库中增加自管小区明细的知识点,将此次投诉涉及的碧桂园小区进行了知识点更新维护,如图 2-16 所示。

目前知识库中登记的来安公司的自管小区共计 59 个,此次投诉的碧桂园小区也在登记范围内,如图 2-17所示。

标题：国网滁州供电公司自管区域明细知识点变更申请			
修改知识点原因：来安县供电公司自管小区更新			
修改知识点关键词：自管区域名称			
从何时起开始变更：2019 年 10 月 23 日			
所涉及的供电单位：来安县供电公司			
所涉及的知识点类型：综合信息>>综合信息（安徽）>>地理信息（安徽）			
变更内容如下：（具体明细见附件《自管区域明细（滁州）》）			
序号	供电单位	变更前内容	变更后内容
1	来安公司	原 17 个自管区域	变更至 25 个自管区域

图 2-16　知识点更新维护示意图

A	B	C	D	E	F	G	H
3	城区所	4927955564	宇通2#综合楼	北门 赛华建阳小区金冠健身房楼上	来安县赛华房地产开发有限公司	陈凤花13355508152	抄表到户，用户编号为自管户号
4	城区所	4957928598	泰鑫桂花苑	来安县家宁医院北面	来安县泰鑫置业有限公司	江国18955026766	抄表到户，用户编号为自管户号
5	城区所	4926300015	金禾安置房小区	金禾小区旁（对河桥边）	来安县城乡规划建设局	何主任15855023682	未移交，抄总表
6	新区所	无	泗阳小区	县经济开发区	安徽来安经济技术开发区管理委员会	19955023288	抄表到户，用户无自管户号
7	新区所	4928092316	德安未来城（一期）	来安新城大道南侧	滁州德安实业有限公司	15955007170	抄表到户，用户编号为自管户号
8	汊河所	4938248549	郁金苑小区	汊河新城碧桂园城市花园	来安碧桂园房地产开发有限公司	王敬春13218491555	抄表到户未移交，用户编号为自管户号
9	汊河所	无	蔷薇苑小区	汊河新城碧桂园城市花园	来安碧桂园房地产开发有限公司	王敬春13218491555	抄表到户未移交，用户无自管户号
10	汊河所	4928253685	丹桂园小区	碧桂园・城市花园（汊河）丹桂园	来安碧桂园房地产开发有限公司	王敬春13218491555	抄表到户未移交，用户编号为自管户号
11	汊河所	无	清河园小区	碧桂园・城市花园（汊河）清河园	来安碧桂园房地产开发有限公司	王敬春13218491555	抄表到户未移交，用户无自管户号
12	汊河所	无	八闽小区	国道104旁	来安万成置业开发有限公司	姜守安18365080880	抄表到户，用户无自管户号
13	汊河所	无	碧桂园项目商业中心	碧桂园・城市花园（汊河）项目商业中心	来安碧桂园房地产开发有限公司	王敬春13218491555	抄表到户未移交，用户无自管户号
14	汊河所	4927941848	芙蓉园小区	碧桂园・城市花园（汊河）芙蓉园	来安碧桂园房地产开发有限公司	王敬春13218491555	抄表到户未移交，用户编号为自管户号
15	汊河所	无	百合园小区	碧桂园・城市花园（汊河）百合园	来安碧桂园房地产开发有限公司	王敬春13218491555	抄表到户未移交，用户无自管户号
16	汊河所	无	紫金苑小区	碧桂园・城市花园（汊河）紫金苑	来安碧桂园房地产开发有限公司	王敬春13218491555	抄表到户未移交，用户无自管户号
17	汊河所	无	香鸢园小区	碧桂园・城市花园（汊河）香鸢园	来安碧桂园房地产开发有限公司	王敬春13218491555	抄表到户未移交，用户无自管户号
18	城区所	4939248540	德安星河城	新城大道西侧（孔圩队南）	滁州德安实业有限公司	陈广琴18726619373	抄表到户，用户编号为自管户号
19	城区所	4959103674	泰鑫香樟苑	西外环	来安县泰鑫置业有限公司	江国18955026766	抄表到户，用户编号为自管户号

图 2-17　知识库登记显示列表页面图

（二）正确规范上传停电信息支撑频繁停电投诉降级处理

案例一：投诉工单编号：×××，用户于 1 月 15 日 17:36:05 致电国网 95598 反映频繁停电事宜，如图 2-18所示。

图 2-18　投诉工单页面图

经核查，地市公司已于 16:07 在系统内发布了故障类停电信息(停电信息编号：×××)，如图 2-19 所示。

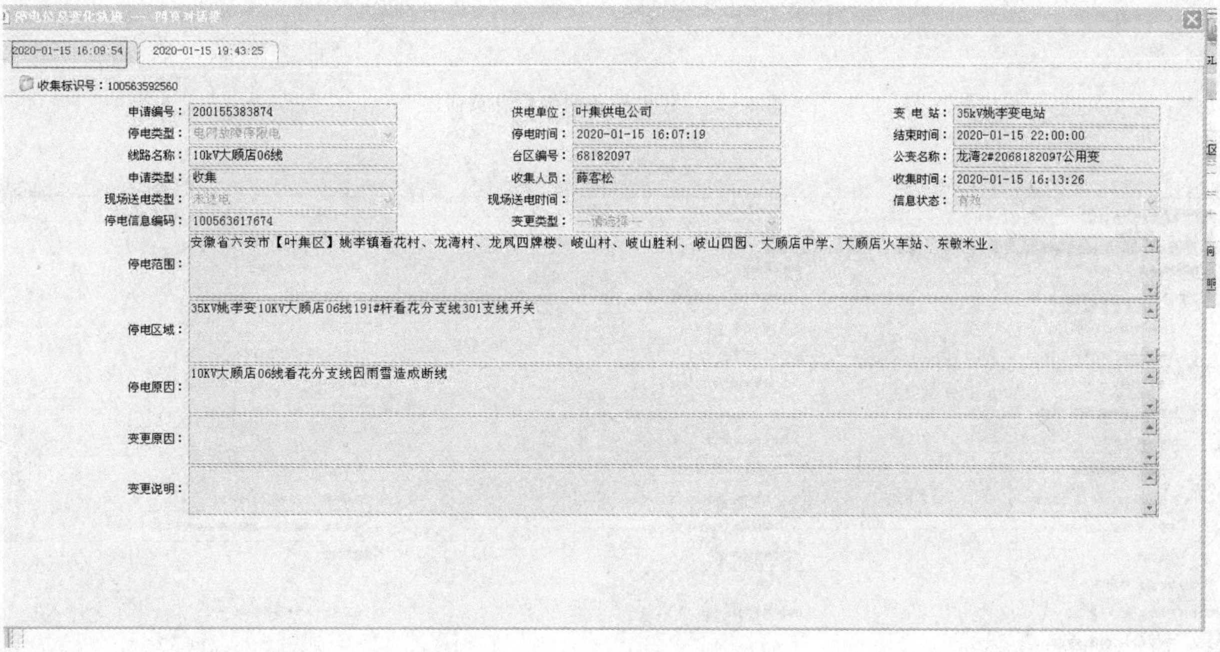

图 2-19　故障类停电信息页面图

且投诉用户所属的“龙凤村四排楼台区”也在关联的停电设备中，如图 2-20 所示。

18:24:36 该台区的另外一个用户致电 95598 反映所在地区频繁停电，因地市公司在上传停电信息时准确选择了停电设备，且该两个用户属同一台区，在该台区已经下发过投诉工单后，国网客服专员在受理第二个用户的诉求时则会根据系统弹框提醒，降级为意见工单派发(工单编号：×××)，成功减少了频停类投诉工单的派发，如图 2-21 所示。

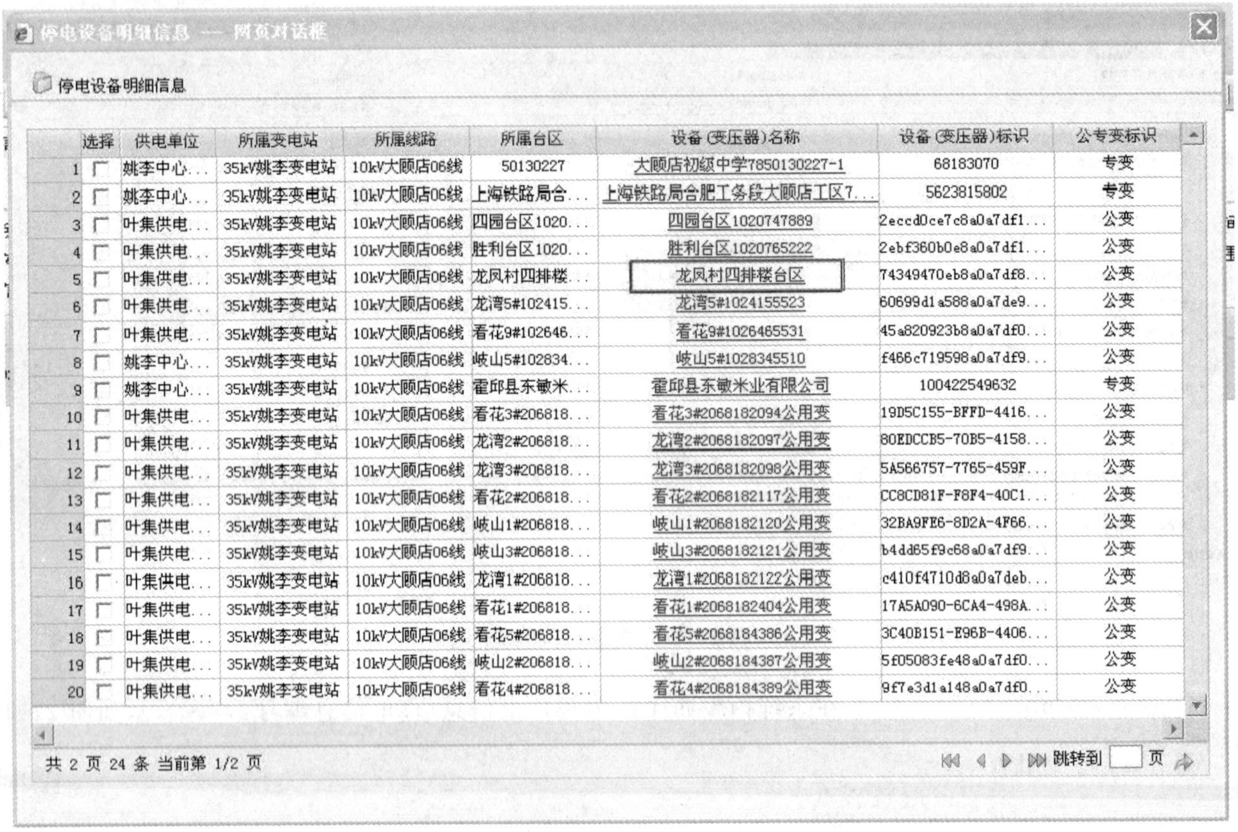

停电设备明细信息 — 网页对话框

停电设备明细信息

	选择	供电单位	所属变电站	所属线路	所属台区	设备(变压器)名称	设备(变压器)标识	公专变标识
1		姚李中心...	35kV姚李变电站	10kV大顾店06线	50130227	大顾店初级中学7850130227-1	68183070	专变
2		姚李中心...	35kV姚李变电站	10kV大顾店06线	上海铁路局合...	上海铁路局合肥工务段大顾店工区7...	5623815802	专变
3		叶集供电...	35kV姚李变电站	10kV大顾店06线	四园台区1020...	四园台区1020747889	2eccd0ce7c8a0a7df1...	公变
4		叶集供电...	35kV姚李变电站	10kV大顾店06线	胜利台区1020...	胜利台区1020765222	2ebf360b0e8a0a7df1...	公变
5		叶集供电...	35kV姚李变电站	10kV大顾店06线	龙凤村四排楼...	龙凤村四排楼台区	74349470eb8a0a7df8...	公变
6		叶集供电...	35kV姚李变电站	10kV大顾店06线	龙湾5#102415...	龙湾5#1024155523	60699d1a588a0a7de9...	公变
7		叶集供电...	35kV姚李变电站	10kV大顾店06线	看花9#102646...	看花9#1026465531	45a820923b8a0a7df0...	公变
8		姚李中心...	35kV姚李变电站	10kV大顾店06线	岐山5#102834...	岐山5#1028345510	f466c719598a0a7df9...	公变
9		姚李中心...	35kV姚李变电站	10kV大顾店06线	霍邱县东敏米...	霍邱县东敏米业有限公司	100422549632	专变
10		叶集供电...	35kV姚李变电站	10kV大顾店06线	看花3#206818...	看花3#2068182094公用变	19D5C155-BFFD-4416...	公变
11		叶集供电...	35kV姚李变电站	10kV大顾店06线	龙湾2#206818...	龙湾2#2068182097公用变	80EDCCB5-70B5-4158...	公变
12		叶集供电...	35kV姚李变电站	10kV大顾店06线	龙湾3#206818...	龙湾3#2068182098公用变	5A566757-7765-459F...	公变
13		叶集供电...	35kV姚李变电站	10kV大顾店06线	看花2#206818...	看花2#2068182117公用变	CC8CD81F-F8F4-40C1...	公变
14		叶集供电...	35kV姚李变电站	10kV大顾店06线	岐山1#206818...	岐山1#2068182120公用变	32BA9FE6-8D2A-4F66...	公变
15		叶集供电...	35kV姚李变电站	10kV大顾店06线	岐山3#206818...	岐山3#2068182121公用变	b4dd65f9c68a0a7df9...	公变
16		叶集供电...	35kV姚李变电站	10kV大顾店06线	龙湾1#206818...	龙湾1#2068182122公用变	c410f4710d8a0a7deb...	公变
17		叶集供电...	35kV姚李变电站	10kV大顾店06线	看花1#206818...	看花1#2068182404公用变	17A5A090-6CA4-498A...	公变
18		叶集供电...	35kV姚李变电站	10kV大顾店06线	看花5#206818...	看花5#2068184386公用变	3C40B151-E96B-4406...	公变
19		叶集供电...	35kV姚李变电站	10kV大顾店06线	岐山2#206818...	岐山2#2068184387公用变	5f05083fe48a0a7df0...	公变
20		叶集供电...	35kV姚李变电站	10kV大顾店06线	看花4#206818...	看花4#2068184389公用变	9f7e3d1a148a0a7df0...	公变

共 2 页 24 条 当前第 1/2 页 跳转到 页

图 2-20 停电设备明细信息页面图

图 2-21 意见工单页面图

案例二：投诉工单编号：×××，用户于 6 月 20 日 09:52 致电国网 95598 反映频繁停电事宜，如图2-22所示。

图 2－22　投诉工单页面图

经核查，地市公司已于 6 月 20 日 08:50 在系统内发布了故障类停电信息(停电信息编号：×××)，如图 2－23 所示。

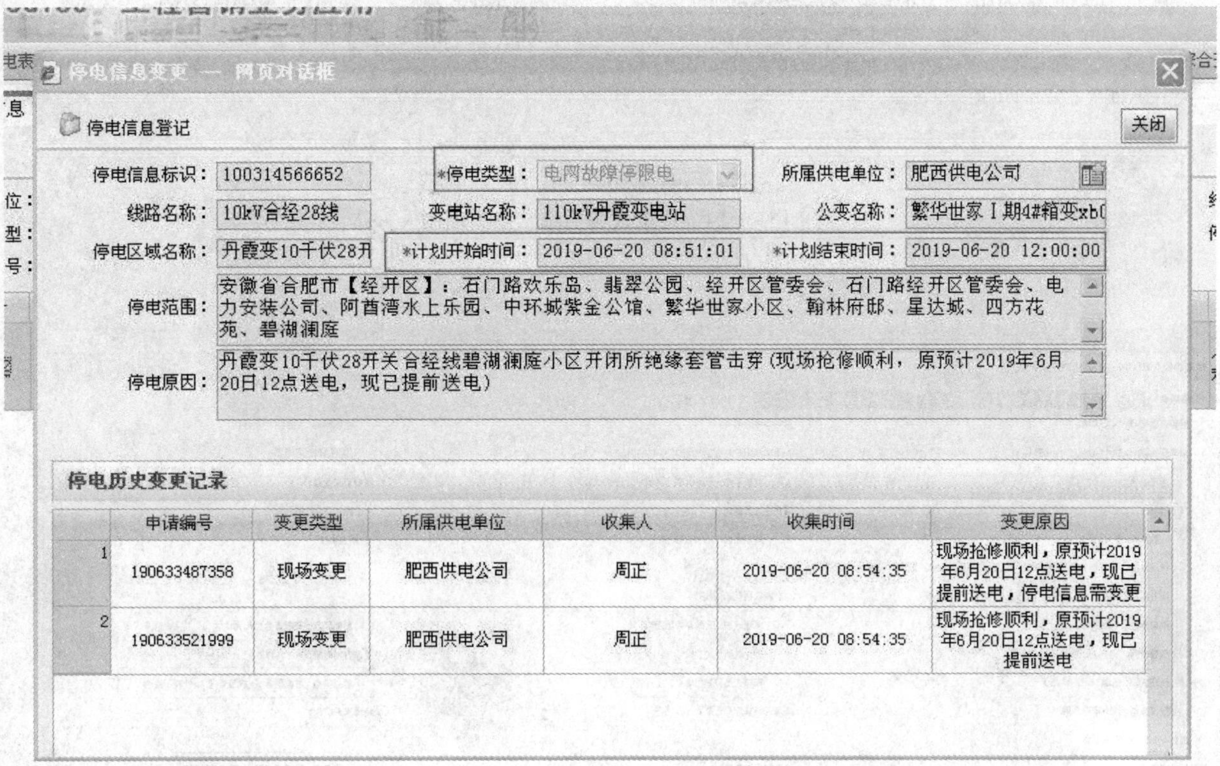

	申请编号	变更类型	所属供电单位	收集人	收集时间	变更原因
1	190633487358	现场变更	肥西供电公司	周正	2019-06-20 08:54:35	现场抢修顺利，原预计2019年6月20日12点送电，现已提前送电，停电信息需变更
2	190633521999	现场变更	肥西供电公司	周正	2019-06-20 08:54:35	现场抢修顺利，原预计2019年6月20日12点送电，现已提前送电

图 2－23　停电信息登记页面图

且该投诉用户所属的“碧湖蓝庭 2＃台区 pb030592”也在关联的停电设备中，如图 2－24 所示。

经核查，该小区在 6 月 20 日共计下发了 8 件处理不完善的意见类工单，其中用户有投诉意愿，但因为

24 小时内已经有该台区的频繁停电类投诉工单下派，故国网客服专员按照系统提示进行投诉合并降级处理，均以意见工单下发，如图 2-25 所示。

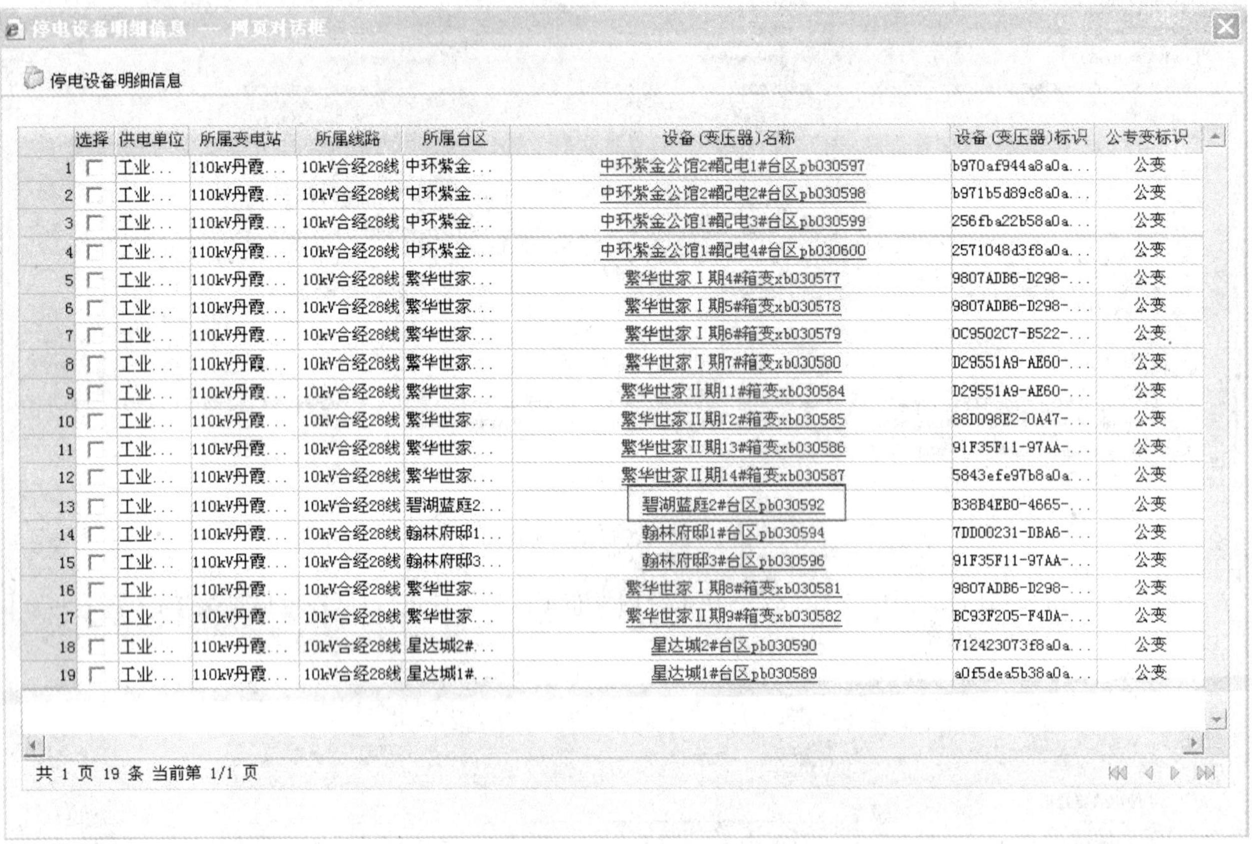

停电设备明细信息 —— 网页对话框

停电设备明细信息

	选择	供电单位	所属变电站	所属线路	所属台区	设备(变压器)名称	设备(变压器)标识	公专变标识
1		工业...	110kV丹霞...	10kV合经28线	中环紫金...	中环紫金公馆2#配电1#台区pb030597	b970af944a8a0a...	公变
2		工业...	110kV丹霞...	10kV合经28线	中环紫金...	中环紫金公馆2#配电2#台区pb030598	b971b5d89c8a0a...	公变
3		工业...	110kV丹霞...	10kV合经28线	中环紫金...	中环紫金公馆1#配电3#台区pb030599	256fba22b58a0a...	公变
4		工业...	110kV丹霞...	10kV合经28线	中环紫金...	中环紫金公馆1#配电4#台区pb030600	2571048d3f8a0a...	公变
5		工业...	110kV丹霞...	10kV合经28线	繁华世家...	繁华世家Ⅰ期4#箱变xb030577	9807ADB6-D298-...	公变
6		工业...	110kV丹霞...	10kV合经28线	繁华世家...	繁华世家Ⅰ期5#箱变xb030578	9807ADB6-D298-...	公变
7		工业...	110kV丹霞...	10kV合经28线	繁华世家...	繁华世家Ⅰ期6#箱变xb030579	0C9502C7-B522-...	公变
8		工业...	110kV丹霞...	10kV合经28线	繁华世家...	繁华世家Ⅰ期7#箱变xb030580	D29551A9-AE60-...	公变
9		工业...	110kV丹霞...	10kV合经28线	繁华世家...	繁华世家Ⅱ期11#箱变xb030584	D29551A9-AE60-...	公变
10		工业...	110kV丹霞...	10kV合经28线	繁华世家...	繁华世家Ⅱ期12#箱变xb030585	88D098E2-0A47-...	公变
11		工业...	110kV丹霞...	10kV合经28线	繁华世家...	繁华世家Ⅱ期13#箱变xb030586	91F35F11-97AA-...	公变
12		工业...	110kV丹霞...	10kV合经28线	繁华世家...	繁华世家Ⅱ期14#箱变xb030587	5843efe97b8a0a...	公变
13		工业...	110kV丹霞...	10kV合经28线	碧湖蓝庭2...	碧湖蓝庭2#台区pb030592	B38B4EB0-4665-...	公变
14		工业...	110kV丹霞...	10kV合经28线	翰林府邸1...	翰林府邸1#台区pb030594	7DD00231-DBA6-...	公变
15		工业...	110kV丹霞...	10kV合经28线	翰林府邸3...	翰林府邸3#台区pb030596	91F35F11-97AA-...	公变
16		工业...	110kV丹霞...	10kV合经28线	繁华世家...	繁华世家Ⅰ期8#箱变xb030581	9807ADB6-D298-...	公变
17		工业...	110kV丹霞...	10kV合经28线	繁华世家...	繁华世家Ⅱ期9#箱变xb030582	BC93F205-F4DA-...	公变
18		工业...	110kV丹霞...	10kV合经28线	星达城2#...	星达城2#台区pb030590	712423073f8a0a...	公变
19		工业...	110kV丹霞...	10kV合经28线	星达城1#...	星达城1#台区pb030589	a0f5dea5b38a0a...	公变

共 1 页 19 条 当前第 1/1 页

图 2-24 停电设备明细信息页面图

申请编号：2019062025837096(结束)

工单信息 | 服务历史信息 | 关联子工单 | 关联停电信息 | 关联重要服务事项 | 关联短信

服务请求来源:	人工电话	多媒体服务编号:		主叫号码:	15375470308
请求开始时间:	2019-06-20 17:03:49	请求结束时间:	2019-06-20 17:07:20	服务语种:	普通话
客户编号:	9851123129	客户名称:	安徽山清水秀置业发展有限公司	重要客户星级:	
现场地址:	A-安徽省合肥市蜀山区合经区碧湖蓝庭2#楼门面房104室	现场地址参照物:		用电类别:	商业用电
联系人:	孙女士	联系电话:	15375470308	联系电话2:	
联系地址:	A-安徽省合肥市蜀山区合经区碧湖蓝庭2#楼门面房104室				
城乡类别:	城区	城农网标志:	用电		
供电单位:	合肥供电公司	所属地市:	安徽省合肥市	所属区县:	安徽省合肥市蜀山区
受理时间:	2019-06-20 17:12:24	派发时间:	2019-06-20 17:20:18	业务处理办结时限:	2019-07-03 17:00:18
受理人员:	王璐5(106775)	审核人员:	李利华(101492)	意见类型:	供电服务>>故障处理>>处理不完善
按键类型:	投诉举报按键	是否特殊客户:	否	特殊客户类型:	
是否需要回访:	需要回复				
是否投诉退单改类:	否	改类前投诉类型:		台区名称:	碧湖蓝庭2#台区pb030592
关联工单:	2019062025752940				
受理内容:	#【频繁停电合并降级】客户为9851123129客户反映，该地点周围小区从4月20日至6月20日内，出现3次停电，经查询客户台区24小时内已有频繁停电投诉工单，关联投诉工单号：2019062025752940，影响居民正常生活，客户现在现场有电。请相关部门尽快核实处理。				
受理意见:					

处理信息

图 2-25 意见工单页面图

说明：频繁停电投诉合并降级处理的前提是用户提供的客户编号与之前投诉工单所属的台区一致，当日 8 件意见工单中有客户编号的 6 件，无客户编号的 2 件，即此处的 2 件意见工单中若用户有投诉意愿则会以投诉工单方式下派，图 2-26 为无编号工单图，图 2-27 为有编号工单图。

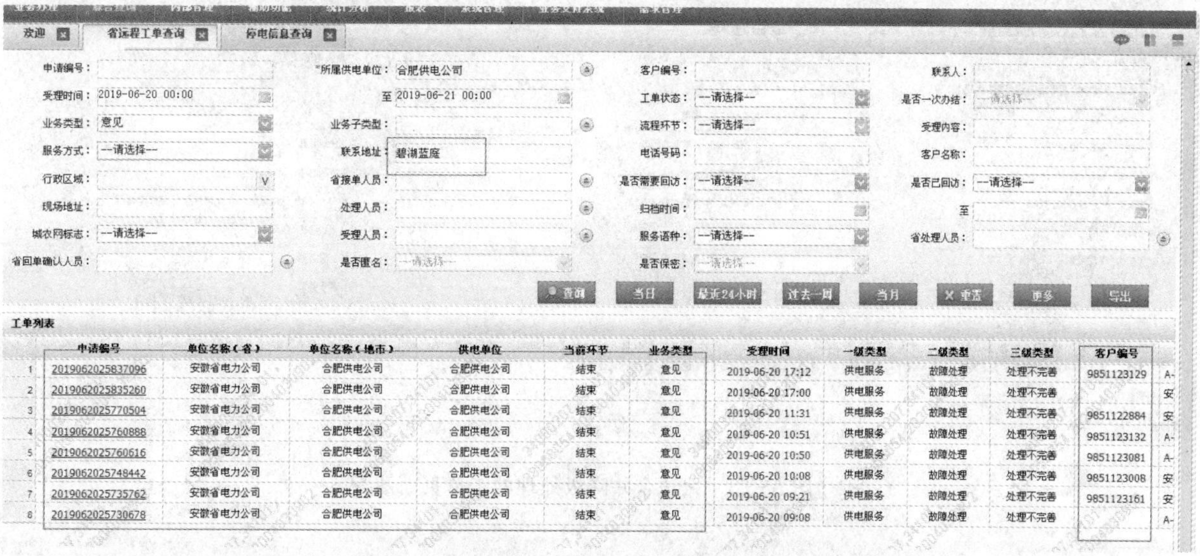

	申请编号	单位名称（省）	单位名称（地市）	供电单位	当前环节	业务类型	受理时间	一级类型	二级类型	三级类型	客户编号
1	2019062025837096	安徽省电力公司	合肥供电公司	合肥供电公司	结束	意见	2019-06-20 17:12	供电服务	故障处理	处理不完善	9851123129
2	2019062025835260	安徽省电力公司	合肥供电公司	合肥供电公司	结束	意见	2019-06-20 17:00	供电服务	故障处理	处理不完善	
3	2019062025770504	安徽省电力公司	合肥供电公司	合肥供电公司	结束	意见	2019-06-20 11:31	供电服务	故障处理	处理不完善	9851122884
4	2019062025760888	安徽省电力公司	合肥供电公司	合肥供电公司	结束	意见	2019-06-20 10:51	供电服务	故障处理	处理不完善	9851123132
5	2019062025760616	安徽省电力公司	合肥供电公司	合肥供电公司	结束	意见	2019-06-20 10:50	供电服务	故障处理	处理不完善	9851123081
6	2019062025748442	安徽省电力公司	合肥供电公司	合肥供电公司	结束	意见	2019-06-20 10:08	供电服务	故障处理	处理不完善	9851123008
7	2019062025735762	安徽省电力公司	合肥供电公司	合肥供电公司	结束	意见	2019-06-20 09:21	供电服务	故障处理	处理不完善	9851123161
8	2019062025730678	安徽省电力公司	合肥供电公司	合肥供电公司	结束	意见	2019-06-20 09:08	供电服务	故障处理	处理不完善	

图 2-26　无编号工单页面图

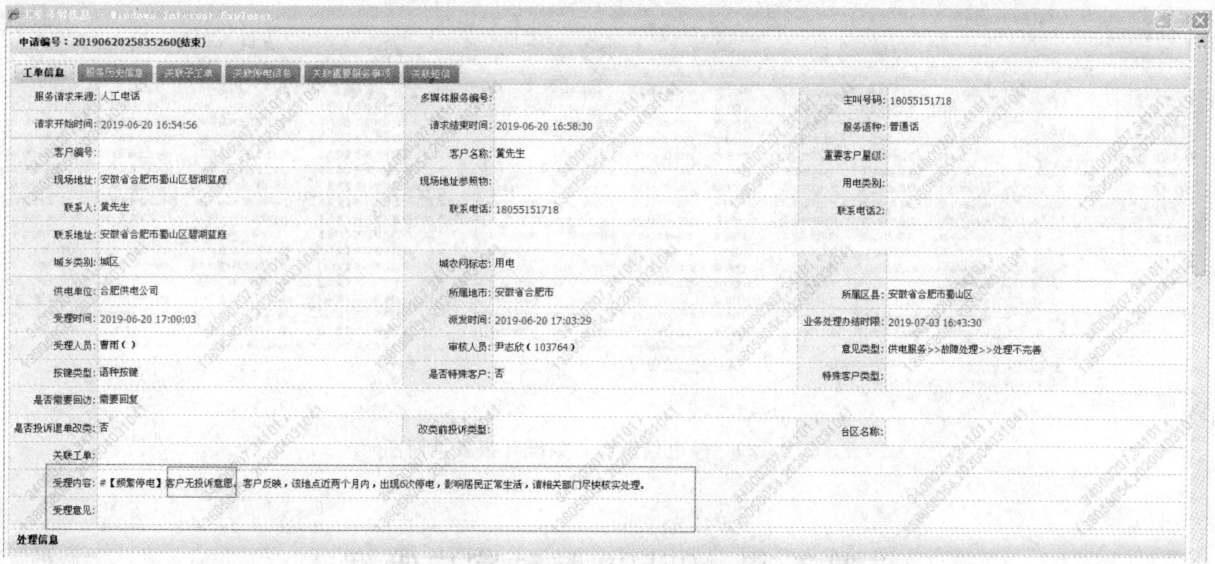

图 2-27　有编号工单页面图

经核查，当日此处停电共导致了 2 件该小区的投诉工单下发；另外 1 件，用户虽然于当日下午 15:03 拨打 95598 反映的频繁停电，但因为用户无法提供客户编号且有投诉意愿，导致该投诉工单无法合并降级处理，如图 2-28 所示。

以上案例均体现出停电信息报送的重要性，结合国网客服中心通报的停电设备次数、停电用户数及连续停电设备等情况，省营销服务中心通过积极与营销系统运维人员对接，在营销系统内新增了"停电设备数统计"报表。目前该报表功能已经实现，权限开放，便于各公司及时了解停电设备情况。具体查询路径如下：

"95598 业务处理"→"运营管理"→"停电信息管理"→"停电信息设备数统计"，相关页面如图 2-29。

图 2－28　无法合并降级处理的工单页面图

图 2－29　停电信息设备数统计报表页面图

第五节　95598 特殊客户管理

一、特殊客户定义

特殊客户是指因存在骚扰来电、疑似套取信息、恶意诉求、不合理诉求、窃电或违约用电、拖欠电费等行为记录而被列入差异服务范畴的客户。

二、特殊客户分类

1. 骚扰来电客户：屡次致电 95598 无故谩骂或骚扰客服专员的客户。
2. 疑似套取信息客户：频繁致电 95598 查询不同用户用电信息或基础档案信息的客户。

3. 恶意诉求客户:为达个人目的,隐瞒身份或捏造事实,向 95598 反映问题的客户。

4. 不合理诉求客户:供电公司已按相关规定处理并答复,但提出超出国家有关规定诉求的客户。

5. 窃电或违约用电客户:存在非法占用电能、危害供用电安全或扰乱正常供用电秩序行为的客户。

6. 拖欠电费客户:屡次发生逾期交费或不交费行为的客户。

三、认定标准

(一)骚扰来电客户

同一电话号码累计发生 2 次及以上骚扰来电的情况,经国网客服中心客服部审核通过立即生效,24 小时后自动恢复。

(二)疑似套取信息客户

30 天内累计同一电话查询涉及不同客户编号、地址、户名等客户用电信息 5 户及以上(公共服务设施用电信息批量查询除外),经国网客服中心审核通过立即生效,30 天后自动恢复。

(三)恶意诉求客户

已审批通过重要服务事项报备(五)范畴的客户,自生效之日起 90 天后自动恢复。

(四)不合理诉求客户

已归档最终答复的客户,自生效之日起 90 天后自动恢复。

(五)窃电或违约用电客户

365 天内营销系统中存在过窃电或违约用电记录的客户,自生效之日起 365 天后自动恢复。

(六)拖欠电费客户

180 天内执行过 2 次及以上欠费停电操作或有过 2 次及以上违约金记录的情况,自生效之日起 180 天后自动恢复。

四、案例展示

(一)窃电及违约用电特殊客户案例

客户编号:×××,通过查询营销业务应用系统(SG186),地市公司 1 月 2 日在系统内发起“违约用电窃电处理”流程,相关页面如图 2 - 30 所示。

一旦发起流程,该户在业务支持系统中“95598 特殊客户信息维护”模块的查询结果如图 2 - 31 所示。

用户拨打 95598 国网客服电话时,国网客服专员受理环节页面显示如图 2 - 32 所示。

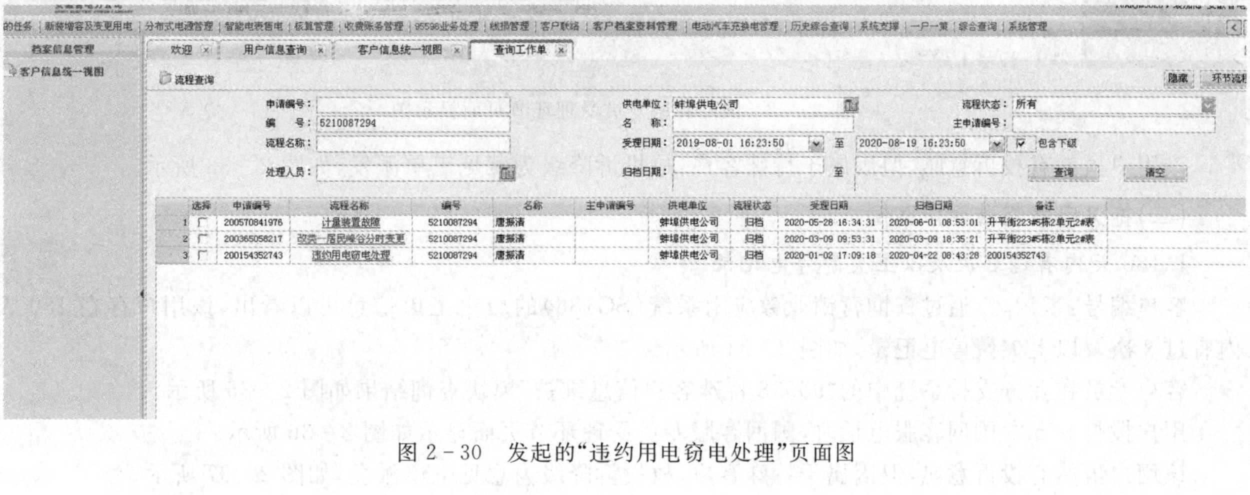

图 2 - 30 发起的“违约用电窃电处理”页面图

图 2－31 “95598 特殊客户信息维护”模块查询结果页面显示图

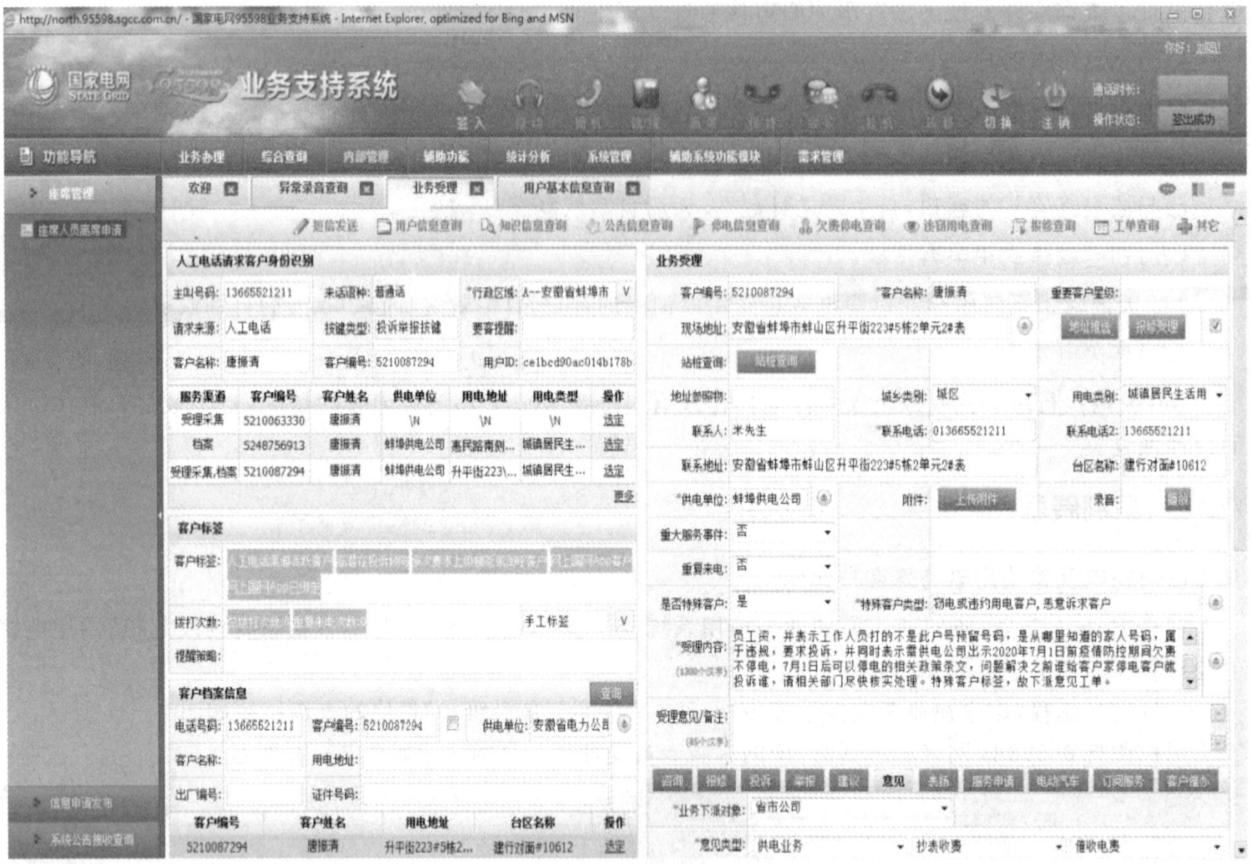

图 2－32 国网客服专员受理环节页面显示图

该用户虽然有投诉意愿，但因属于特殊客户，故投诉降级为意见工单派发，如图 2－33 所示。

（二）拖欠电费特殊客户案例

1．180 天内有过 2 次及以上欠费停电记录

客户编号：×××，通过查询营销业务应用系统（SG186）的历史工单信息可以看出，该用户存在 180 天内有过 2 次及以上欠费停电记录，如图 2－34 所示。

客户专员在业务支持系统中的“95598 特殊客户信息维护”模块查询结果如图 2－35 所示。

用户拨打 95598 国网客服电话时，国网客服专员受理环节页面显示如图 2－36 所示。

该用户虽然有投诉意愿，但因属于特殊客户，故投诉降级为意见工单派发，如图 2－37 所示。

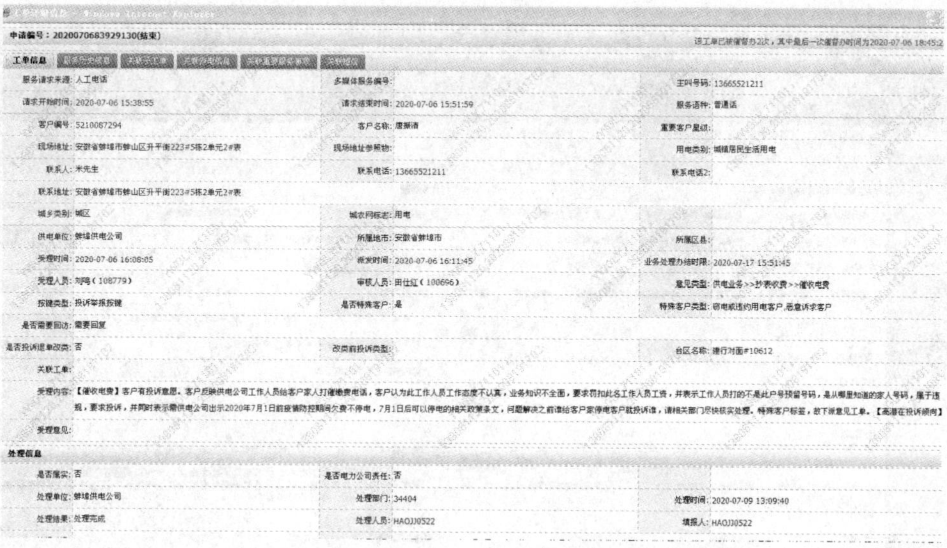

图2-33 降级意见工单派发页面显示图

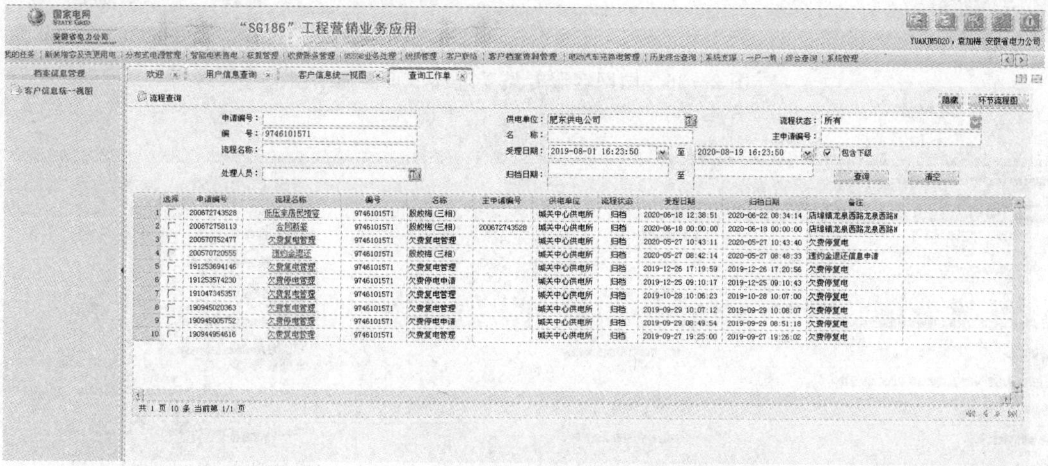

图2-34 用户欠费停电记录查询结果页面显示图

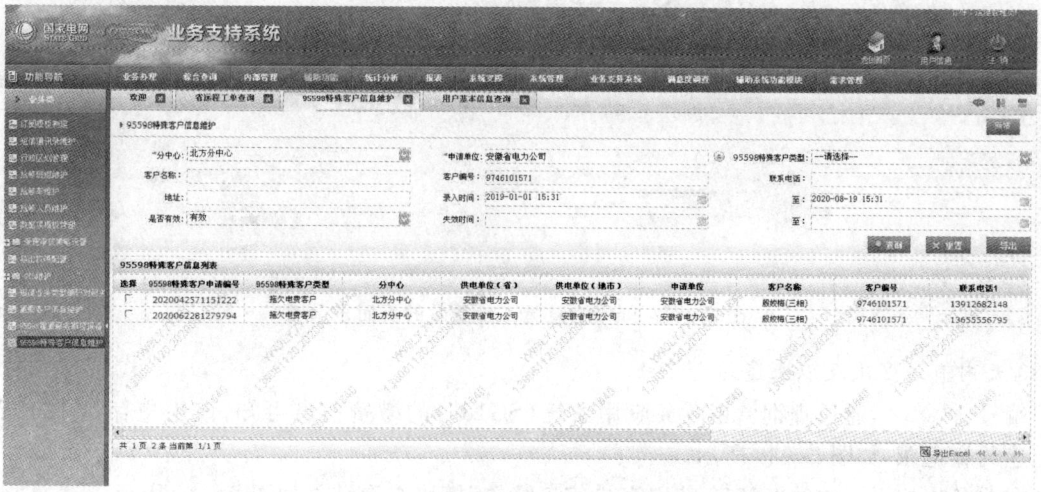

图2-35 “95598特殊客户信息维护”模块查询结果页面显示图

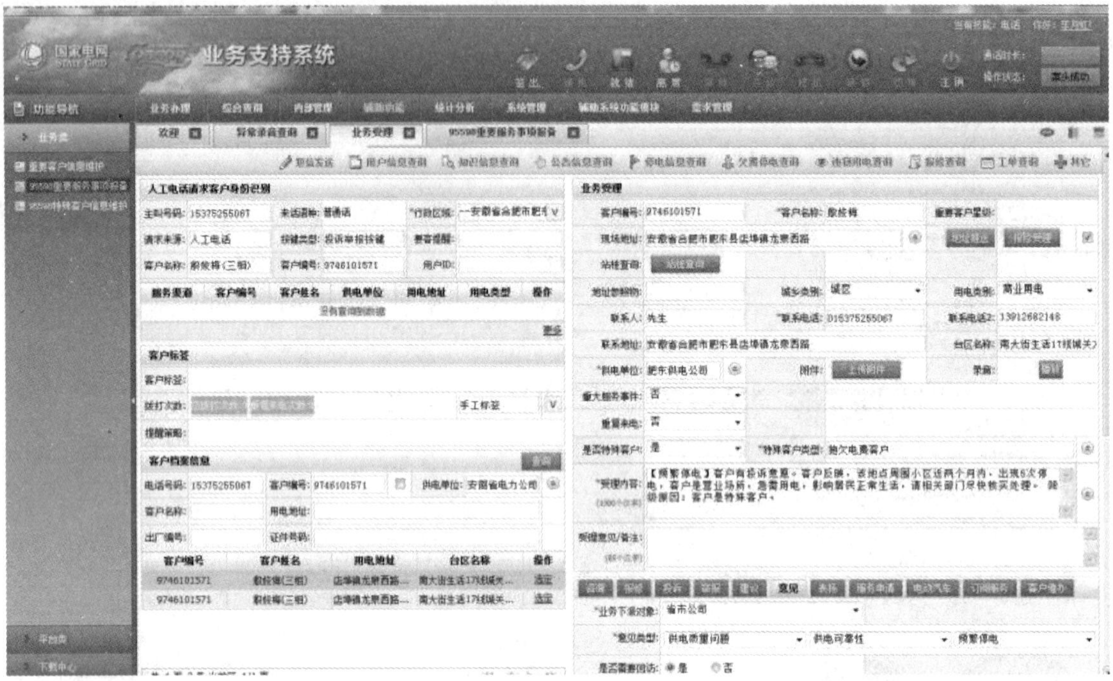

图 2－36　国网客服专员受理环节页面显示图

图 2－37　降级为意见工单派发的页面显示图

2.180 天内有过 2 次及以上违约金记录

客户编号：×××，通过查询营销业务应用系统（SG186）的缴费信息可知，该用户存在 180 天内有过 2 次及以上违约金记录，如图 2－38 所示。

该户在业务支持系统中的“95598 特殊客户信息维护”模块查询结果如图 2－39 所示。

用户拨打 95598 国网客服电话时，国网客服专员受理环节页面显示如图 2－40 所示。

图2-38 违约用户记录页面显示图

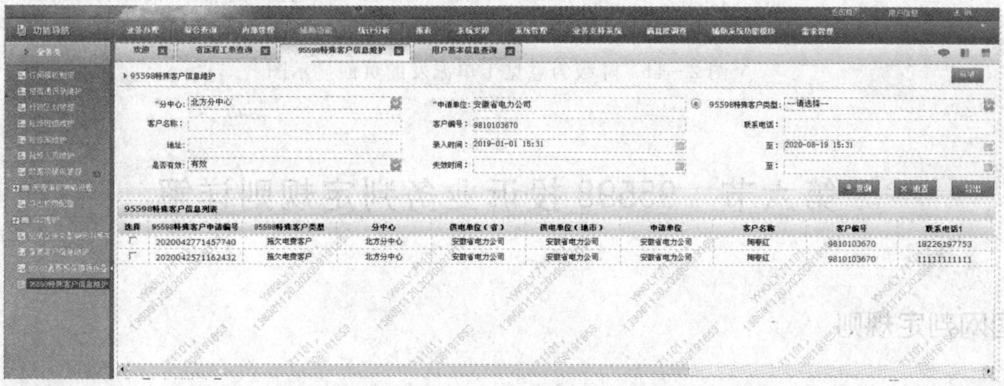

图2-39 “95598特殊客户信息维护”模块查询结果页面显示图

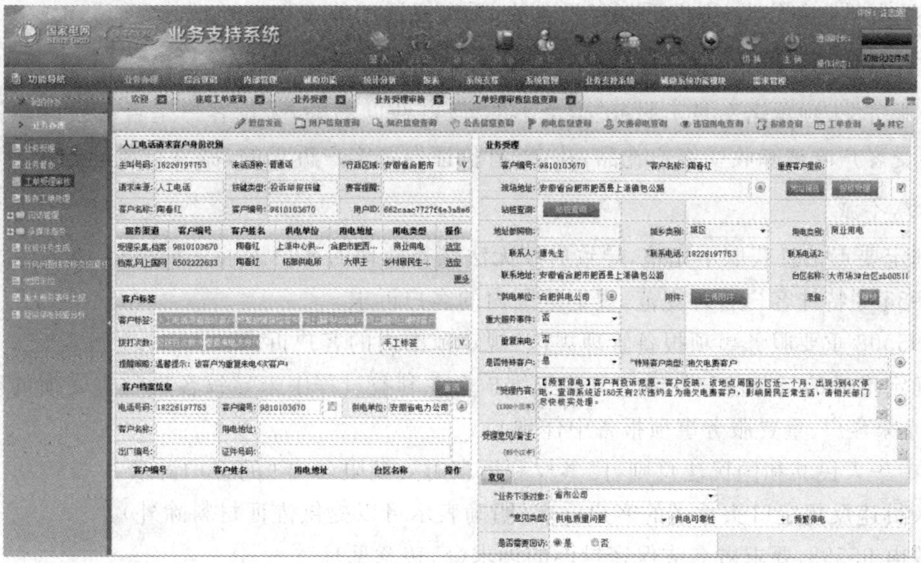

图2-40 国网客服受理环节页面显示图

故该用户虽然有投诉意愿，但因属于特殊客户，故投诉降级为意见工单派发，如图 2-41 所示。

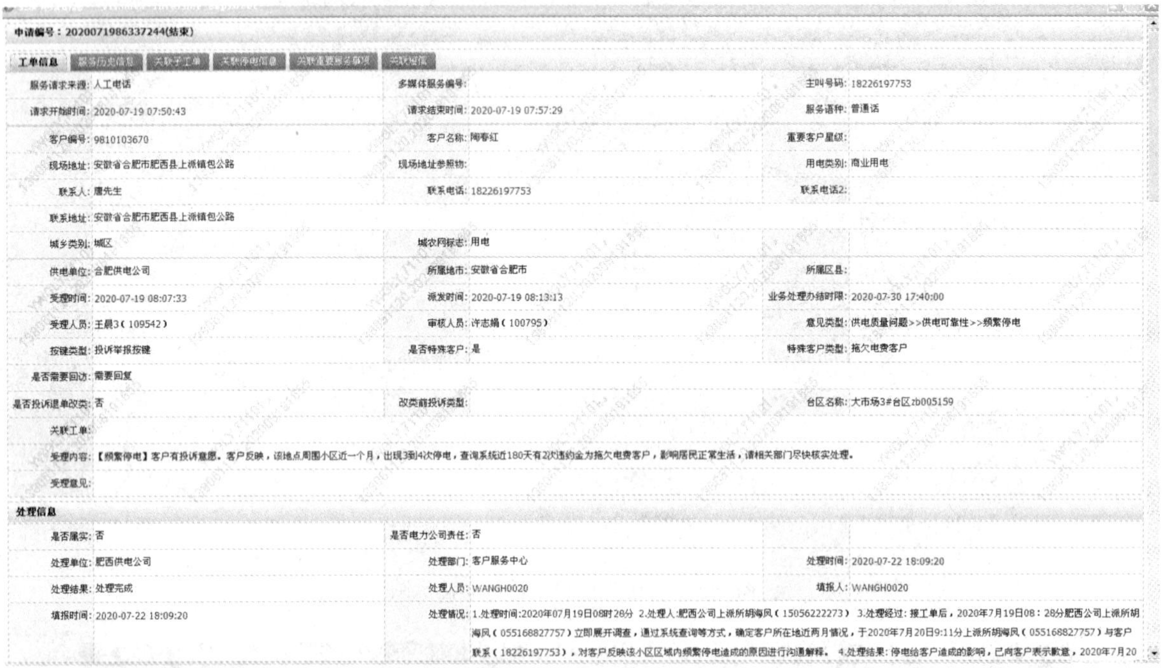

申请编号：2020071986337244(结束)

工单信息

服务请求来源:	人工电话	多媒体服务编号:		主叫号码:	18226197753
请求开始时间:	2020-07-19 07:50:43	请求结束时间:	2020-07-19 07:57:29	服务语种:	普通话
客户编号:	9810103670	客户名称:	陶春红	重要客户星级:	
现场地址:	安徽省合肥市肥西县上派镇包公路	现场地址参照物:		用电类别:	商业用电
联系人:	唐先生	联系电话:	18226197753	联系电话2:	
联系地址:	安徽省合肥市肥西县上派镇包公路				
城乡类别:	城区	城农网标志:	用电		
供电单位:	合肥供电公司	所属地市:	安徽省合肥市	所属区县:	
受理时间:	2020-07-19 08:07:33	派发时间:	2020-07-19 08:13:13	业务处理办结时限:	2020-07-30 17:40:00
受理人员:	王晨3（109542）	审核人员:	许志娟（100795）	意见类型:	供电质量问题>>供电可靠性>>频繁停电
按键类型:	投诉举报按键	是否特殊客户:	是	特殊客户类型:	拖欠电费客户
是否需要回访:	需要回复				
是否投诉退单改类:	否	改类前投诉类型:		台区名称:	大市场3#台区zb005159
关联工单:					
受理内容:	【频繁停电】客户有投诉意愿。客户反映，该地点周围小区近一个月，出现3到4次停电，查询系统近180天有2次违约金为拖欠电费客户，影响居民正常生活，请相关部门尽快核实处理。				
受理意见:					

处理信息

是否属实:	否	是否电力公司责任:	否		
处理单位:	肥西供电公司	处理部门:	客户服务中心	处理时间:	2020-07-22 18:09:20
处理结果:	处理完成	处理人员:	WANGH0020	填报人:	WANGH0020
填报时间:	2020-07-22 18:09:20	处理情况:	1.处理时间:2020年07月19日08时28分 2.处理人:肥西公司上派所胡海凤（15056222273） 3.处理经过：接工单后，2020年7月19日08：28分肥西公司上派所胡海凤（055168827757）立即展开调查，通过系统查询等方式，确定客户所在地近两月情况，于2020年7月20日9:11分上派所胡海凤（055168827757）与客户联系（18226197753），对客户反映该小区区域内频繁停电造成的原因进行沟通解释。 4.处理结果：停电给客户造成的影响，已向客户表示歉意，2020年7月20		

图 2-41　降级为意见工单派发的页面显示图

第六节　95598 投诉业务判定规则详解

一、国网判定规则

（一）严重影响客户体验

客户选择投诉按键或在通话中明确表达不满，严重影响客户体验，且诉求内容符合《国家电网有限公司 95598 客户服务八项业务分类》中投诉判定要点的，派发投诉工单。

（二）触碰红线问题

触碰供电服务"十项承诺"、员工服务"十个不准"等红线问题的，无论客户是否有投诉意愿，均派发投诉工单。涉及接受客户吃请和收受客户礼品、礼金、有价证券等客户诉求的，派发行风问题线索移交工单。

（三）投诉八不派

1. 投诉判定要点信息获取不完整，导致后续无法调查处理的客户诉求。
2. 符合《95598 特殊客户管理规范》规定范围内的客户诉求。
3. 符合《95598 重要服务事项报备管理规范》规定范围内的客户诉求。
4. 公司确定推广的新业务和催缴费等职工维护企业利益过程中未导致客户利益受损的客户诉求（在投诉判定要点、特殊客户、重要服务事项报备中体现）。
5. 超过《中华人民共和国民法总则》民事权利诉求时效期限（3 年）的客户诉求。
6. 工作人员违反规定口头承诺的客户诉求（明确表示可以提供佐证材料除外）。
7. 客户致电 95598，要求匿名或保密投诉的诉求（已转意见）。
8. 主动表明自己为政府规定的拆迁户来电投诉时，派发意见工单。客户主动表明包括：①前期工单中写明是拆迁用户，国网客服专员会按回单内容与客户解释后，客户认可的情况；②当前合格的报备里的拆迁户。此条投诉降级意见，投诉类型中包含人员态度和规范类的所有投诉。

（四）工单回退

符合以下条件的，工单接收单位应将工单回退至派发单位，重新派发：

1. 非本单位供电区域内的。

2. 国网客服中心记录的客户信息有误或核心内容缺失，接单部门无法处理的。

3. 属于业务分类或投诉工单一、二、三级分类错误的。

4. 同一客户、同一诉求在业务办理时限内，国网客服中心再次派发的投诉工单。

5. 有重要服务事项报备且在有效期内的。

6. 有前期同一诉求最终答复的。

7. 特殊客户的诉求。

8. 如研判为客户诉求不属于投诉范畴或投诉子类不符，可填写原因后进行退单，最多可回退 2 次。对二次退单分理结果仍有不同意见的，不得再次退单；工单派发同时申请发起“业务分类错误—客服专员责任”类型最终申诉，由国网营销部最终认定。

（五）国网侧投诉工单合并降级规则

1. 供电服务指挥系统与 95598 业务支持系统贯通融合后，可通过 95598 业务支持系统判别为同一停电事件导致的频繁停电投诉，在已派发投诉工单的前提下，后续 24 小时内同一诉求按台区进行“合并”，派发意见工单并进行关联和标注。根据客户表述和系统查询，多次停电属于同一条昼停夜送停电信息内的，可按照同一停电事件受理。

2. 可通过 95598 业务支持系统判别为同一停电信息关联的同一台区客户反映的未按停电计划停送电的投诉，在已派发投诉工单的前提下，后续 24 小时内同一诉求按停电信息进行“合并”，派发意见工单并进行关联和标注。

3. 可通过 95598 业务支持系统判别为同一台区客户反映的电压质量长时间异常的投诉，在已派发投诉工单的前提下，后续 60 个工作日内同一诉求按台区进行“合并”，派发意见工单并进行关联和标注。

（六）投诉研判要点及研判过程

针对具体投诉场景，利用查询业务支持系统及国网智能知识库系统判断客户诉求是否符合投诉下派条件。一方面辅助省级退单研判，另一方面可为下派错误的投诉工单后期申诉时所需支撑证明材料提供帮助。

1. 通用投诉判定规则

(1)保密投诉

受理内容或受理录音中客户要求保密和匿名的投诉，做退单处理。

(2)拆迁户投诉

受理内容或受理录音中主动表明自己为政府规定的拆迁户的投诉，做退单处理。

(3)细化“代办和听说”投诉派单原则

投诉工单受理内容或受理录音中用户反映“别人代办的新装、用电变更、充电桩安装等业务”或“听家里人说、听邻居说、听路人说”等问题，研判后可做退单处理。

(4)明确“网络虚拟号”投诉派单规则

投诉工单受理内容中来电号码经研判为虚拟号的，可做退单处理。网络虚拟电话是指非座机号码、手机号码、专业专线号码(12345、12315、110、119 等)以外的号码，例如“00306960006977”。

(5)明确“同一诉求升级”后派单规则

投诉工单受理内容为非红线场景时，经查询该用户如前期有同一诉求的意见工单在途，研判后可做退单处理。

(6)明确“电话服务”投诉派单规则

反映营业厅电话服务的投诉工单，若查询被投诉电话号码未被录入知识库，视作该电话号码不对外服务，研判后可做退单处理。

(7)明确“客户投诉意愿”研判条件

投诉工单受理内容或者录音中，如用户有威胁性投诉的倾向(比如：你们今天还处理不好，我就要投诉了)，视为无投诉意愿，研判后可做退单处理。

(8)修改直供户判定内容

投诉工单的受理内容中有户号，但用户实际为非供电公司直供户，且已在知识库中上传相关内容，研判后可做退单处理。

(9)新接收供电营业区投诉降级规则

投诉工单受理内容如涉及新接收的代管县、“三供一业”、转供电、地方电力、小水电、集团供电等供电营业区，该经营区域内客户的相关问题在签订移交协议之日起的 2 年内可不派发服务渠道、抄表催费、电能计量、停送电、供电质量和电网建设投诉。

2. 具体投诉场景研判

以下投诉场景可通过逻辑、录音、辅助系统查询通用规则等手段研判，具体可见附表 42。

第三章 95598 工单处理规范

95598 工单处理部门在接到工单后，应在规定时限内联系客户，处理客户诉求，并完成工单回复。回复工单时，应做到规范、全面、真实。本章将介绍 95598 各类工单每个环节接单、处理时限要求，并对意见工单、投诉工单处理规范和回单要求进行详细讲解。

第一节 95598 工单时限要求

95598 工单时限的相关要求可参照表 3－1。

表 3－1 95598 工单时限要求表

<table>
<tr><th>序号</th><th>业务类型</th><th>一级分类</th><th>二级分类</th><th>处理时限</th><th>市(县)接单分理</th><th>省接单分理</th></tr>
<tr><td>1</td><td>故障报修</td><td></td><td></td><td>48 小时</td><td>3 分钟内</td><td></td></tr>
<tr><td>2</td><td>投诉</td><td></td><td></td><td>4 个工作日</td><td>2 个小时</td><td>省级营销服务中心首次接单分理应在 60 分钟内完成，二次接单分理及最终接单分理应在 30 分钟内完成。原则上，每日 21:00 至次日 8:00 期间可不开展接单分理工作。地市、县公司接收客户投诉工单后，应在 2 个小时内完成接单转派或退单</td></tr>
<tr><td>3</td><td>业务咨询</td><td></td><td></td><td>9 个工作日</td><td>2 个工作小时</td><td></td></tr>
<tr><td>4</td><td>举报</td><td></td><td></td><td>9 个工作日</td><td>2 个工作小时</td><td></td></tr>
<tr><td>5</td><td>意见</td><td></td><td></td><td>9 个工作日</td><td>2 个小时</td><td>2 个小时</td></tr>
<tr><td>6</td><td>建议</td><td></td><td></td><td>9 个工作日</td><td>2 个工作小时</td><td></td></tr>
<tr><td>7</td><td>表扬</td><td></td><td></td><td></td><td>2 个工作小时</td><td></td></tr>
<tr><td rowspan="7">8</td><td rowspan="7">服务申请</td><td rowspan="4">用电异常核实</td><td>电表数据异常</td><td>4 个工作日</td><td>2 个工作小时</td><td></td></tr>
<tr><td>电能表异常</td><td>4 个工作日</td><td>2 个工作小时</td><td></td></tr>
<tr><td>服务平台系统异常业务</td><td>3 个工作日</td><td>2 个工作小时</td><td></td></tr>
<tr><td>电器损坏核损</td><td>24 小时内到达现场核损，业务处理完毕后 1 个工作日内回单</td><td>2 个小时</td><td></td></tr>
<tr><td>用电服务需求</td><td>欠费复电登记</td><td>已结清欠费的复电登记业务需在 24 小时内恢复送电，送电后 1 个工作日内回复工单</td><td>2 个小时</td><td></td></tr>
<tr><td>其他服务申请业务</td><td>其他服务申请业务</td><td>5 个工作日</td><td>2 个工作小时</td><td></td></tr>
</table>

第二节 95598工单处理规范

一、95598意见工单处理规范

(一)意见工单回单要素

回复时必须据实完整填写:联系时间、处理时间、处理人(部门)、处理经过、处理结果、处理依据、客户意见等关键回单内容(要素)。

(二)意见工单回复模板

意见工单回复模板详见附表43。

二、95598投诉工单回单要素及回复模板

(一)供电质量——电压质量

1. 回单要素

①处理时间(必填):20××年××月××日××时××分。②处理人(必填):×××部门×××(人员名字)。③处理经过(必填):×××。④处理结果(必填):×××。⑤处理依据(必填):×××。⑥客户意见(必填):认可/不认可/无法获取(增加原因说明)。⑦是否属实(系统点选):客户反映情况属实/不属实。⑧是否供电公司责任(系统点选):是供电公司责任/非供电公司责任。⑨客户编号(受理工单包含表号或详细地址的情况下必须填写):×××。⑩线路名称(系统):×××。⑪台区编号(系统):×××。⑫变压器编号(系统):×××。⑬电压异常的原因(必填):×××。若短期无法处理的写明原因及预计处理时间,后续处理措施及时间;若需转其他部门处理,说明相关原因及后续处理结果和预计完成时间。⑭是否有重要事项报备,作简要说明(必填):未报送过重要服务事项/已报送过重要服务事项,编号为×××。

2. 回单模板

投诉属实/不属实,是否属于供电公司责任,××月××日于××时××分×××部门×××人员(电话×××)与用户(电话×××)联系(首日联系),属×××(为该事件定性),调查情况为×××,处理结果为×××,是否违反相关条款,工作人员×××于××时××分将处理结果×××告知知晓,客户是否满意(用户意见不可缺)。整改措施为×××。注:附件需完整、规范。

(二)供电质量——供电可靠性

1. 回单要素

①处理时间(必填):20××年××月××日××时××分。②处理人(必填):×××部门×××(人员名字)。③处理经过(必填):×××。④处理结果(必填):×××。⑤处理依据(必填):×××。⑥客户意见(必填):认可/不认可/无法获取(增加原因说明)。⑦是否属实(系统点选):客户反映情况属实/不属实。⑧是否供电公司责任(系统点选):是供电公司责任/非供电公司责任。⑨客户编号(受理工单具备表号或详细地址的情况下必须填写):×××。⑩高压线路名称及线路电压等级(系统):×××。⑪台区名称及编号(系统):×××。⑫变压器名称及编号(系统):×××。⑬最近两个月,客户累计停电的次数,供电责任停电×次,非供电责任停电×次,说明每次停电的原因,如果有发布停电信息,请罗列涉及的停电信息编号及停电类型(根据实际情况在系统中勾选停电信息、低压抢修工单):×××。⑭若短期无法处理的写明原因及预计处理时间,后续处理措施及时间;若需转其他部门处理,说明相关原因及后续处理结果和预计完成时间(必填):×××。⑮是否有重要事项报备,作简要说明(必填):未报送过重要服务事项/已报送过重要服务事项,编号为×××。

2. 回单模板

投诉属实/不属实，是否属于供电公司责任，××月××日于××时××分×××部门×××人员(电话×××)与用户(电话×××)联系(首日联系)，属×××(为该事件定性)，调查情况为×××，处理结果为×××，是否违反相关条款，工作人员×××于××时××分将处理结果×××告知知晓，客户是否满意(用户意见不可缺)。整改措施为×××。注：附件需完整、规范。

(三)停送电投诉——停电问题

1. 回单要素

①处理时间(必填)：20××年××月××日××时××分。②处理人(必填)：×××部门×××(人员名字)。③处理经过(必填)：×××。④处理结果(必填)：×××。⑤处理依据(必填)：×××。⑥客户意见(必填)：认可/不认可/无法获取(增加原因说明)。⑦是否属实(系统点选)：客户反映情况属实/不属实。⑧是否供电公司责任(系统点选)：是供电公司责任/非供电公司责任。⑨停电信息编号(若无停电信息需说明原因)(系统)：×××。⑩停电情况，如提前停电、提前送电、延迟停电、延迟送电(需要提供户号、表号或详细地址，其中一个)(必填)：×××。⑪停电原因，如故障的原因(采集停电信息编号)(系统)：×××。⑫停送电信息与实际情况(停送电时间及停送电范围是否一致，如果不一致请说明原因，停电计划变更后是否及时告知客户)(必填)：×××。⑬无故停电原因(受理工单具备表号或详细地址的情况下必须填写)：×××。

2. 回单模板

投诉属实/不属实，是否属于供电公司责任，××月××日于××时××分×××部门×××人员(电话×××)与用户(电话×××)联系(首日联系)，属×××(为该事件定性)，调查情况为×××，处理结果为×××，是否违反相关条款，工作人员×××于××时××分将处理结果×××告知知晓，客户是否满意(用户意见不可缺)。整改措施为×××。注：附件需完整、规范。

(四)停送电投诉——抢修服务

1. 回单要素

①处理时间(必填)：20××年××月××日××时××分。②处理人(必填)：×××部门×××(人员名字)。③处理经过(必填)：×××。④处理结果(必填)：×××。⑤处理依据(必填)：×××。⑥客户意见(必填)：认可/不认可/无法获取(增加原因说明)。⑦是否属实(系统点选)：客户反映情况属实/不属实。⑧是否供电公司责任(系统点选)：是供电公司责任/非供电公司责任。⑨关联抢修工单(选填)：×××。⑩抢修人员具体抢修进度和到场时间(系统)：×××。⑪资产归属，是否在抢修范畴(系统)：×××。⑫抢修人员到达现场处理的事情经过，抢修人员现场处理过程中是否存在客户所投诉的行为不规范、服务态度问题，故障抢修工作结束后或抢修人员离开现场后，是否存在故障未修复或抢修不彻底(必填)：×××。⑬属实投诉的整改措施及考核结果(选填)：×××。

2. 回单模板

投诉属实/不属实，是否属于供电公司责任，××月××日于××时××分×××部门×××人员(电话×××)与用户(电话×××)联系(首日联系)，属×××(为该事件定性)，调查情况为×××，处理结果为×××，是否违反相关条款，工作人员×××于××时××分将处理结果×××告知知晓，客户是否满意(用户意见不可缺)。整改措施为×××。注：附件需完整、规范。

(五)电网建设——供电设施

1. 回单要素

①处理时间(必填)：20××年××月××日××时××分。②处理人(必填)：×××部门×××(人员名字)。③处理经过(必填)：×××。④处理结果(必填)：×××。⑤处理依据(必填)：×××。⑥客户意见(必填)：认可/不认可/无法获取(增加原因说明)。⑦是否属实(系统点选)：客户反映情况属实/不属实。⑧是否供电公司责任(系统点选)：是供电公司责任/非供电公司责任。⑨产权属性(必填)：×××。⑩高压

线路名称(选填):×××。⑪台区名称(选填):×××。⑫改造时间、地点(选填):×××。⑬明确设施产权以及建造时序,对客户出资的,说明相关原因及后续处理结果和预计完成时间,属实投诉应明确整改措施(选填):×××。

2. 回单模板

投诉属实/不属实,是否属于供电公司责任,××月××日于××时××分×××部门×××人员(电话×××)与用户(电话×××)联系(首日联系),属×××(为该事件定性),调查情况为×××,处理结果为×××,是否违反相关条款,工作人员×××于××时××分将处理结果×××告知知晓,客户是否满意(用户意见不可缺)。整改措施为×××。注:附件需完整、规范。

(六)电网建设——电力施工

1. 回单要素

①处理时间(必填):20××年××月××日××时××分。②处理人(必填):×××部门×××(人员名字)。③处理经过(必填):×××。④处理结果(必填):×××。⑤处理依据(必填):×××。⑥客户意见(必填):认可/不认可/无法获取(增加原因说明)。⑦是否属实(系统点选):客户反映情况属实/不属实。⑧是否供电公司责任(系统点选):是供电公司责任/非供电公司责任。⑨产权属性(必填):×××。⑩施工人员姓名及所属单位(必填):×××。⑪若短期无法处理的写明原因及预计处理时间,后续处理措施及时间;若需转其他部门处理,说明相关原因及后续处理措施(必填):×××。

2. 回单模板

投诉属实/不属实,是否属于供电公司责任,××月××日于××时××分×××部门×××人员(电话×××)与用户(电话×××)联系(首日联系),属×××(为该事件定性),调查情况为×××,处理结果为×××,是否违反相关条款,工作人员×××于××时××分将处理结果×××告知知晓,客户是否满意(用户意见不可缺)。整改措施为×××。注:附件需完整、规范。

(七)服务投诉——服务行为

1. 回单要素

①处理时间(必填):20××年××月××日××时××分。②处理人(必填):×××部门×××(人员名字)。③处理经过(必填):×××。④处理结果(必填):×××。⑤处理依据(必填):×××。⑥客户意见(必填):认可/不认可/无法获取(增加原因说明)。⑦是否属实(系统点选):客户反映情况属实/不属实。⑧是否供电公司责任(系统点选):是供电公司责任/非供电公司责任。⑨被投诉的供电公司责任主体,人员姓名、班组(非公司责任主体除外)(必填):×××。⑩人员态度,人员违规问题,如果属实说明处罚的详细情况(必填):×××。⑪如何处理(必填):×××。⑫属实认责投诉应明确整改措施(必填):×××。

2. 回单模板

投诉属实/不属实,是否属于供电公司责任,××月××日于××时××分×××部门×××人员(电话×××)与用户(电话×××)联系(首日联系),属×××(为该事件定性),调查情况为×××,处理结果为×××,是否违反相关条款,工作人员×××于××时××分将处理结果×××告知知晓,客户是否满意(用户意见不可缺)。整改措施为×××(属实认责投诉需填写)。注:附件需完整、规范。

(八)服务投诉——服务渠道

1. 回单要素

①处理时间(必填):20××年××月××日××时××分。②处理人(必填):×××部门×××(人员名字)。③处理经过(必填):×××。④处理结果(必填):×××。⑤处理依据(必填):×××。⑥客户意见(必填):认可/不认可/无法获取(增加原因说明)。⑦是否属实(系统点选):客户反映情况属实/不属实。⑧是否供电公司责任(系统点选):是供电公司责任/非供电公司责任。⑨服务渠道种类(必填):×××。⑩营业厅名称(必填):×××。⑪客户办理何种业务(必填):×××。⑫客户编号或电表编号或客户详细地址(系统):×××。⑬客户反映存在的问题(必填):×××。⑭如何解决,若短期无法处理的写明原因及

预计处理时间，后续处理措施及时间；若需转其他部门处理，说明相关原因及后续处理结果和预计完成时间（必填）：×××。

2. 回单模板

投诉属实/不属实，是否属于供电公司责任，××月××日于××时××分×××部门×××人员（电话×××）与用户（电话×××）联系（首日联系），属×××（为该事件定性），调查情况为×××，处理结果为×××，是否违反相关条款，工作人员×××于××时××分将处理结果×××告知知晓，客户是否满意（用户意见不可缺）。整改措施为×××。注：附件需完整、规范。

（九）营业投诉——业扩报装

1. 回单要素

①处理时间（必填）：20××年××月××日××时××分。②处理人（必填）：×××部门×××（人员名字）。③处理经过（必填）：×××。④处理结果（必填）：×××。⑤处理依据（必填）：×××。⑥客户意见（必填）：认可/不认可/无法获取（增加原因说明）。⑦是否属实（系统点选）：客户反映情况属实/不属实。⑧是否供电公司责任（系统点选）：是供电公司责任/非供电公司责任。⑨客户编号（必填）：×××。⑩业扩报装申请编号（系统）：×××。⑪客户申请的用电性质，如低压居民、低压非居民、高压等，若是居民新装，需注明城镇或农村（系统）：×××。⑫责任人（单位）（选填）：×××。⑬属实投诉明确问题出现的原因及整改措施（必填）：×××。

2. 回单模板

投诉属实/不属实，是否属于供电公司责任，××月××日于××时××分×××部门×××人员（电话×××）与用户（电话×××）联系（首日联系），属×××（为该事件定性），调查情况为×××，处理结果为×××，是否违反相关条款，工作人员×××于××时××分将处理结果×××告知知晓，客户是否满意（用户意见不可缺）。整改措施为×××。注：附件需完整、规范。

（十）营业投诉——用电变更

1. 回单要素

①处理时间（必填）：20××年××月××日××时××分。②处理人（必填）：×××部门×××（人员名字）。③处理经过（必填）：×××。④处理结果（必填）：×××。⑤处理依据（必填）：×××。⑥客户意见（必填）：认可/不认可/无法获取（增加原因说明）。⑦是否属实（系统点选）：客户反映情况属实/不属实。⑧是否供电公司责任（系统点选）：是供电公司责任/非供电公司责任。⑨客户编号（必填）：×××。⑩业务变更类型（系统）：×××。⑪责任人（单位）（选填）：×××。⑫属实投诉明确问题出现的原因及整改措施（必填）：×××。

2. 回单模板

投诉属实/不属实，是否属于供电公司责任，××月××日于××时××分×××部门×××人员（电话×××）与用户（电话×××）联系（首日联系），属×××（为该事件定性），调查情况为×××，处理结果为×××，是否违反相关条款，工作人员×××于××时××分将处理结果×××告知知晓，客户是否满意（用户意见不可缺）。整改措施为×××。注：附件需完整、规范。

（十一）营业投诉——抄表催费

1. 回单要素

①处理时间（必填）：20××年××月××日××时××分。②处理人（必填）：×××部门×××（人员名字）。③处理经过（必填）：×××。④处理结果（必填）：×××。⑤处理依据（必填）：×××。⑥客户意见（必填）：认可/不认可/无法获取（增加原因说明）。⑦是否属实（系统点选）：客户反映情况属实/不属实。⑧是否供电公司责任（系统点选）：是供电公司责任/非供电公司责任。⑨客户编号（必填）：×××。⑩抄表员所抄止度、现场核实电表止度（必填）：×××。⑪是否存在错抄、估抄或未抄，如果有，具体月份、度数及原因（必填）：×××。⑫差错电量的预处理方式（必填）：×××。⑬属实投诉应明确采集失败、采集错误的

原因，整改措施(必填)：×××。⑭责任单位及人员(选填)：×××。⑮属实投诉应明确整改措施(必填)：×××。

2. 回单模板

投诉属实/不属实，是否属于供电公司责任，××月××日于××时××分×××部门×××人员(电话×××)与用户(电话×××)联系(首日联系)，属×××(为该事件定性)，调查情况为×××，处理结果为×××，是否违反相关条款，工作人员×××于××时××分将处理结果×××告知知晓，客户是否满意(用户意见不可缺)。整改措施为×××。注：附件需完整、规范。

(十二)营业投诉——电费电价

1. 回单要素

①处理时间(必填)：20××年××月××日××时××分。②处理人(必填)：×××部门×××(人员名字)。③处理经过(必填)：×××。④处理结果(必填)：×××。⑤处理依据(必填)：×××。⑥客户意见(必填)：认可/不认可/无法获取(增加原因说明)。⑦是否属实(系统点选)：客户反映情况属实/不属实。⑧是否供电公司责任(系统点选)：是供电公司责任/非供电公司责任。⑨客户编号(必填)：×××。⑩电价执行标准，如民用电、商用电等(系统)：×××。⑪是否存在电价执行错误(必填)：×××。⑫是否存在收取差错；如存在差错，以何种方式退还客户(必填)：×××。⑬有无提供电费发票(必填)：×××。⑭是否提前发送通知单或其他形式告知(选填)：×××。⑮责任单位及人员(选填)：×××。⑯属实投诉应明确整改措施(必填)：×××。

2. 回单模板

投诉属实/不属实，是否属于供电公司责任，××月××日于××时××分×××部门×××人员(电话×××)与用户(电话×××)联系(首日联系)，属×××(为该事件定性)，调查情况为×××，处理结果为×××，是否违反相关条款，工作人员×××于××时××分将处理结果×××告知知晓，客户是否满意(用户意见不可缺)。整改措施为×××。注：附件需完整、规范。

(十三)营业投诉——电能计量

1. 回单要素

①处理时间(必填)：20××年××月××日××时××分。②处理人(必填)：×××部门×××(人员名字)。③处理经过(必填)：×××。④处理结果(必填)：×××。⑤处理依据(必填)：×××。⑥客户意见(必填)：认可/不认可/无法获取(增加原因说明)。⑦是否属实(系统点选)：客户反映情况属实/不属实。⑧是否供电公司责任(系统点选)：是供电公司责任/非供电公司责任。⑨客户编号(必填)：×××。⑩表后线路是否存在接错(必填)：×××。⑪是否存在电费误差，及误差电费预处理情况(必填)：×××。⑫责任单位和人员(选填)：×××。⑬属实投诉应明确整改措施(必填)：×××。

2. 回单模板

投诉属实/不属实，是否属于供电公司责任，××月××日于××时××分×××部门×××人员(电话×××)与用户(电话×××)联系(首日联系)，属×××(为该事件定性)，调查情况为×××，处理结果为×××，是否违反相关条款，工作人员×××于××时××分将处理结果×××告知知晓，客户是否满意(用户意见不可缺)。整改措施为×××。注：附件需完整、规范。

(十四)营业投诉——业务收费

1. 回单要素

①处理时间(必填)：20××年××月××日××时××分。②处理人(必填)：×××部门×××(人员名字)。③处理经过(必填)：×××。④处理结果(必填)：×××。⑤处理依据(必填)：×××。⑥客户意见(必填)：认可/不认可/无法获取(增加原因说明)。⑦是否属实(系统点选)：客户反映情况属实/不属实。⑧是否供电公司责任(系统点选)：是供电公司责任/非供电公司责任。⑨客户编号(必填)：×××。⑩收取费用人员姓名、单位(必填)：×××。⑪工作人员收费是否存在差错(必填)：×××。⑫属实投诉应明确整

改措施(必填):×××。

2. 回单模板

投诉属实/不属实,是否属于供电公司责任,××月××日于××时××分×××部门×××人员(电话×××)与用户(电话×××)联系(首日联系),属×××(为该事件定性),调查情况为×××,处理结果为×××,是否违反相关条款,工作人员×××于××时××分将处理结果×××告知知晓,客户是否满意(用户意见不可缺)。整改措施为×××。注:附件需完整、规范。

三、常见工单处理不规范情况

(一)工单属实、认责性字段填写错误

1. 工单属实、认责性字段未填写。

2. 工单属实、认责性字段选择错误,处理报告中的属实、认责性与回单内容中属实、认责性字段填写不一致。

(二)用户信息填写错误

1. 用户户号填写错误。

2. 用户手机号码联系错误,与来电号码不一致。

(三)时间逻辑填写错误

1. 工单处理时间填写早于国网受理时间。

2. 工单处理时间填写早于省营销服务中心接单时间。

(四)客户意见填写错误

"客户意见"字段点选的内容与处理情况中表述的客户意见不一致。

(五)未按模板进行回单

地市首次回复工单时未按照4月27日省公司营销部下发的《关于加强95598意见工单处理的通知》中的模板回复。

(六)回复结果未对客户诉求逐一答复

1. 工单处理结果未对工单受理内容中客户所有的诉求逐一答复。

2. 工单处理结果未对催办工单诉求的处理情况有所体现。

(七)附件错误

1. 报告扫描件内容与受理(处理)内容不符。

2. 支撑材料内容与受理(处理)内容不符。

3. 录音文件内容与受理(处理)内容不符。

(八)回访录音不合格

1. 市公司提交的回访录音应在"市(县)回单审核"环节,方可判断为最终回访录音。

2. 部分市公司上传的录音不符合回访录音要求。存在上传的回访录音过于简单,未按照回访话术进行回访,仅简短询问"是否处理好了";用户同时反映几个问题,市公司回访时答复不全,未逐一对客户进行答复;未向客户进行满意度征询等现象。

3. 回访时,联系客户失败。应上传联系三次、每次间隔半小时的电话联系截图,同时上传告知用户完整处理结果的短信截图。

(九)工单填写内容与回复(回访)客户结果不一致

省营销服务中心抽访时,工单填写内容与客户表述的处理结果不一致。

四、95598投诉意见工单审核要点

(一)地市供指中心审核要点

1. 投诉工单由市公司分管领导审核,并在工单处理报告上签字盖章。

2. 涉及营业收费、业扩报装、业务变更、电器赔偿、抄表收费、欠费停复电及电能计量七类重点敏感性意见工单,由市(县)公司副科级以上部门(专业)分管领导审核,并在工单处理报告上签字盖章。其他子类意见工单回单质量审核由市公司供电服务指挥中心对其进行初步审核。

3. 地市审核人对工单回复内容的全面性、逻辑性、合规性和真实性负全责。

(二)省营销服务中心审核要点

1. 省营销服务中心负责对地市回复的投诉意见工单规范性进行审核。

2. 省级核查工单是否针对客户诉求进行逐条处理解释、是否规范文明用语、是否提供支持相关诉求处理的依据文件或佐证材料、是否上传联系客户录音或其他联系客户结果、是否按模板内容对关键回单要素逐一填写、是否系统回复内容与盖章签字件一致。

3. 省级规范性审核无问题后,提交工单至上级部门受理回访环节;对规范性不符合要求的工单,注明回退原因后将工单回退至地市处理环节再次处理。

第四章　热点问题解析

本章针对客户服务过程中，工作人员遇到的常见客户诉求，以及容易让客户产生疑虑的热点问题进行介绍，并提供建议处理流程。工作人员也可通过智能知识库对遇到的问题进行查询，知识库使用教程详见本书下篇第六章“辅助支撑系统”。

第一节　停电报修

1. 了解客户停电类型是一户停电、多户停电或高压停电，通过引导客户描述停电时间、区域、电费缴纳方式来初步判定故障点产权是否为供电公司。

2. 引导客户查找家用漏保是否跳闸、表计线路是否损坏、进户线是否跌落等停电原因，根据客户反映情况进行答复。

(1)属内部故障，请客户自行联系社会上有资质的维修单位或人员处理。

(2)属外部故障或客户无法确认时，告知客户将有属地工作人员前往现场核实。

(3)引导客户下载网上国网或关注绑定国网安徽电力微信公众号，通过故障报修/线上报修功能进行线上渠道报修，并可及时接收停电信息和抢修进度。

(4)供电部门抢修范围：对于和供电公司签订供用电合同的，以合同中明确的分界点为准，属供电企业分界范围由供电企业负责抢修，属客户分界范围由客户自行处理。

(5)抢修责任分界点：同资产分界点。

3. 知识库相关知识查询路径：“电力系统”→“资产分界点”→“资产分界点、停电及报修”。

第二节　家电赔偿

1. 了解客户家电损坏情况，初步判定家电损坏原因。

2. 告知客户将有属地工作人员配合保险公司人员进行现场核实，可向客户预留属地供电所或工作人员联系方式。

3. 告知客户家电赔偿相关政策。

(1)家电赔偿工作的主体责任单位是保险公司。

(2)从家用电器损坏之日起 7 日内，受害居民客户未向供电企业申请并提出索赔要求的，即视为受害者已自动放弃索赔权，超过 7 日的，供电企业不再负责其赔偿。

(3)供电企业在接到居民客户家用电器损坏的服务申请后，联系保险公司在 24 小时内派员赴现场进行调查、核实。

(4)对可修复的进行修复处理，对不可修复的进行赔偿。6 个月以内的，按原价赔偿；6 个月以上的，按折旧后的价格赔偿。赔偿金额的多少以及兑现都是保险公司负责。（引自《居民用户家用电器损坏处理办法》）

4. 知识库相关知识查询路径：“营业业务”→“杂项业务”→“赔偿”。

第三节　电能表轮换

1. 了解客户电能表轮换时间和情况，提醒客户查找楼道、表箱、物业处是否有供电部门张贴的换表公告。

2. 告知客户将有属地工作人员进行现场核实，并与客户对接换表具体事项，包括换表前后底度数确认、电费电量等，可向客户预留属地供电所或工作人员联系方式，请客户保持手机畅通。

3. 告知客户电能表轮换相关政策。

(1)电能表通信改造升级主要是将原电能表窄带通信升级为高速通信，升级后通信更稳定，数据传输更快速，便于为客户提供更快捷更详细的电量查询。

(2)更换的通信模块以及智能电能表，会使表计通信更为快速稳定，不会影响表计计量的准确性。

(3)电能表升级改造工作一般不会停电，部分换表的客户为了施工安全可能会进行停电换表，但停电时间非常短。

(4)换装电能表前供电公司会对装在现场的原电能表进行底度拍照，并在供电公司留档备查，客户(2个月内)有权查看确认。

4. 知识库相关知识查询路径："营业业务"→"计量装置业务"→"电能表业务"→"电能表轮换"。

第四节　电价政策

1. 通过知识库系统中电价政策模块帮助客户查询现行电价。

2. 引导客户下载网上国网或关注绑定国网安徽电力微信公众号，通过网上国网或微信公众号中信息公示/用电常识功能进行查阅，了解实时用电政策。

3. 对于未使用网上国网或国网安徽电力微信公众号客户，建议前往当地营业厅咨询，并可预留当地营业厅联系方式。

4. 知识库相关知识查询路径："电价政策"→"电价体系"→"电价类别"。

第五节　交费、业务办理

1. 引导客户通过网上国网(办电)或国网安徽电力微信公众号(我要办电)线上办理或在线交费。目前线上办理支持更名/过户、改分时(峰谷电变更)、新装、增容、电能表校验、暂停/减容等业务。

2. 无法线上办理建议客户携带本人身份证件等材料前往当地营业厅办理，并可预留当地供电所或客户经理联系方式。

3. 知识库相关知识查询路径："电子渠道"→"网上国网"→"网上国网交费功能、电子渠道"→"微信"→"微信公众号"。

第六节　青苗赔偿

1. 了解客户青苗清障情况和诉求。

2. 告知客户将有属地工作人员进行现场核实线路建设和青苗位置，可向客户预留供电所或工作人员联系方式。

3. 告知客户青苗赔偿相关政策。

(1)电力设施保护区域内,不得种植农作物。

(2)赔偿标准依照当地人民政府印发的相关文件执行。

(3)电网建设引起的青苗赔偿标准由安徽省物价局规定。

(4)新建架空电力电缆建设工程,需要砍伐的树木由建设单位按国家规定一次性补偿费用,并签订不再在通道内种植树木的协议。协议签订后,在依法划定的电力设施保护区内砍伐树木不支付任何费用。(引自《电力设施保护条例》)

4. 知识库相关知识查询路径:“营业业务”→“杂项业务”→“赔偿”。

第七节　电量数据异常

1. 通过用电采集系统—统计分析、网上国网—电量电费、微信公众号—实时电量,客户可查询电量电费情况。

2. 询问客户家中生活居住情况(居住人员增多),是否使用大容量用电设备(大功率空调、地暖、浴霸、电热水器、电磁炉等),帮助客户分析电量增长因素。

3. 引导客户下载网上国网或关注绑定国网安徽电力微信公众号,实时关注每日电量增长情况。

4. 对仍然存疑的客户,告知客户将有属地工作人员进行排查现场是否存在错接线、窃电、电能表异常等情况,可向客户预留供电所或工作人员联系方式。

5. 知识库相关知识查询路径:“综合支撑”→“典型服务案例”→“电量电费查询、停电及报修”→“电力故障报修”→“计量装置”→“居民计量装置”。

第八节　产权分界点界定

1. 了解客户咨询产权分界点用途是故障报修或办电。

2. 结合客户咨询内容告知客户产权分界点界定相关政策。

(1)居民客户以用电计量电能表出线接线端子为资产分界点,分界点客户侧部分(包括刀闸、客户入户线路、客户屋内线路等)由居民客户维护,分界点至入表线与主干线搭火点由供电公司维护。

(2)由开发商建设的住宅小区,楼内主干线由开发商建设建筑本体时一同敷设,主干线由开发商或物业公司维护,如高层、小高层的楼内主干线。

(3)多数情况下层间闸由物业公司运维,是否为电力资产需现场勘查产权分界处。

(4)客户诉求为故障报修见热点问题解析“停电报修”。

(5)客户诉求为办电业务,告知客户将有属地供电部门根据实际用电现场勘察后予以答复,可向客户预留供电所或工作人员联系方式。

3. 知识库相关知识查询路径:“电力系统”→“资产分界点”→“资产分界点”。

第九节　自管用户

1. 询问客户的电费缴纳方式,了解客户小区用电是否移交供电公司管理。

2. 客户用电已经移交供电公司管理,客户诉求正常受理,可向客户预留供电所或工作人员联系方式。

客户用电未移交供电公司管理,引导客户向开发商或物业公司管理。

3. 小区供配电设施无偿移交流程如下。

(1)开发商向当地供电所提交无偿移交供电设施资产申请。

(2)供电企业受理客户申请并对拟接收资产进行技术验收。

(3)供电企业组织开展拟接收资产评估。

(4)供电企业与开发商对接收资产开展协议签订、运维接管等工作。

4. 知识库相关知识查询路径:“综合支撑”→“地理信息”→“非国家电网供电”。

第十节　小微企业划分

1. 询问客户所在的企业情况。

2. 告知客户小微企业划分的政策。

(1)小微企业范围:

① 企业申请的单相、三相用电客户(不含集团公司、公共服务行业、住宅小区配套客户,如移动、通信、铁塔、监控、车库、电梯、自来水加油站、打水排灌等)。

② 个人申请执行一般工商业(商业、非居、普通工业)、农业生产(种植、养殖)的单、三相用电客户,必须具有营业执照且与产权人相符。

③ 小区送电已满五年,符合上述两条个人、企业申请条件的客户。

(2)不属于小微企业范围:

① 个人或企业申请排灌、抗旱、打井、临时用电施工的客户,集团企业、公共服务行业申请用电的客户,小区送电未满五年的申请低压用电客户,政府事业单位客户等不予投资。

② 专变供电需改造为一户一表供电的客户。

③ 应属于小区内同一地块批量新装建设的商业、非居、普通工业客户,开发商为躲避投资、人为拆分申请新装的客户。

(3)小微企业产权分界点界定:小微企业产权分界点为电能表出线端。

(4)小微企业投资界面界定:产权分界点电源侧供电设施(含计量装置)由供电公司投资,不收取费用。产权分界点用户侧材料由客户自行提供,由客户自行选择有资质单位承担设计、施工。该笔费用应交给施工方,不交给供电公司。

3. 知识库相关知识查询路径:“营业业务”→“业扩报装”→“低压非居民新装增容”。

第十一节　线上服务渠道

1. 可实现一网通办的供电服务线上渠道包括网上国网 App、国网安徽电力微信公众号、国网安徽电力支付宝生活号。

2. 下载渠道:通过手机应用市场搜索“网上国网”下载 App。在微信/支付宝搜索界面输入“国网安徽电力”,关注公众号/生活号。

3. 户号绑定:通过供电公司预留手机号码注册的客户完善身份认证信息后可立即绑定。

4. 实用功能:缴费、办电、查询、能效服务、电动车服务、新能源、客户在线服务、积分商城等。

5. 知识库相关知识查询路径:“电子渠道”→“网上国网”→“网上国网账户管理、电子渠道”→“微信”→“微信公众号”。

第十二节　电动汽车

1. 通过知识库系统搜索“分布式电源/新能源”帮助客户查询相关知识详情。

2. 引导客户查询当地物价局、发改委等政务平台相关公告文件了解最新执行标准。

3. 引导客户使用网上国网App电动车模块，实现电动汽车充值、网点信息查询、充换电服务。

4. 知识库相关知识查询路径：“电子渠道”→“网上国网”→“网上国网电动汽车、电动汽车”→“电动汽车的基本知识、电动汽车”→“电动汽车充电卡”→“电动汽车充电卡的杂项业务”。

第十三节　分布式电源

1. 通过知识库系统搜索“光伏发电”帮助客户查询相关知识详情。

2. 引导客户查询当地物价局、发改委等政务平台相关公告文件了解最新执行标准。

3. 引导客户使用网上国网App新能源模块，实现光伏新装、签约、信息查询等全过程服务。

4. 知识库相关知识查询路径：“营业业务”→“分布式电源”→“分布式电源介绍”→“居民计量装置、电子渠道”→“网上国网”→“网上国网新能源”。

下　篇

95598 流程指南

第五章 95598业务支持系统流程展示

95598业务支持系统为国家电网客户服务中心95598工单处理系统，通过该系统可进行工单查询及批量导出、重要服务事项报备、申诉等流程。系统界面与国网客服人员所用界面相同。本章将介绍如何通过95598业务支持系统发起重要服务事项报备流程、申诉流程，最终答复回单模板、停电信息报送，以及特殊用户的判定和使用。

第一节 重要服务事项报备发起及查询

图5-1为95598重要服务事项报备页面，图5-2重要服务事项信息报送维护页面。95598重要服务事项的路径："辅助功能"→"业务类95598重要服务事项报备"→"新增(查询)"。

图5-1 95598重要服务事项报备页面显示图

注：所有必填项都需要填写，必填项填写内容必须与重要服务事项报备表内容一致。

图5-2 95598重要服务事项信息报送维护页面显示图

第二节 申诉业务发起及查询

1. 城市申讨发起路径："业务办理"→"申诉发起"，如图5-3所示。

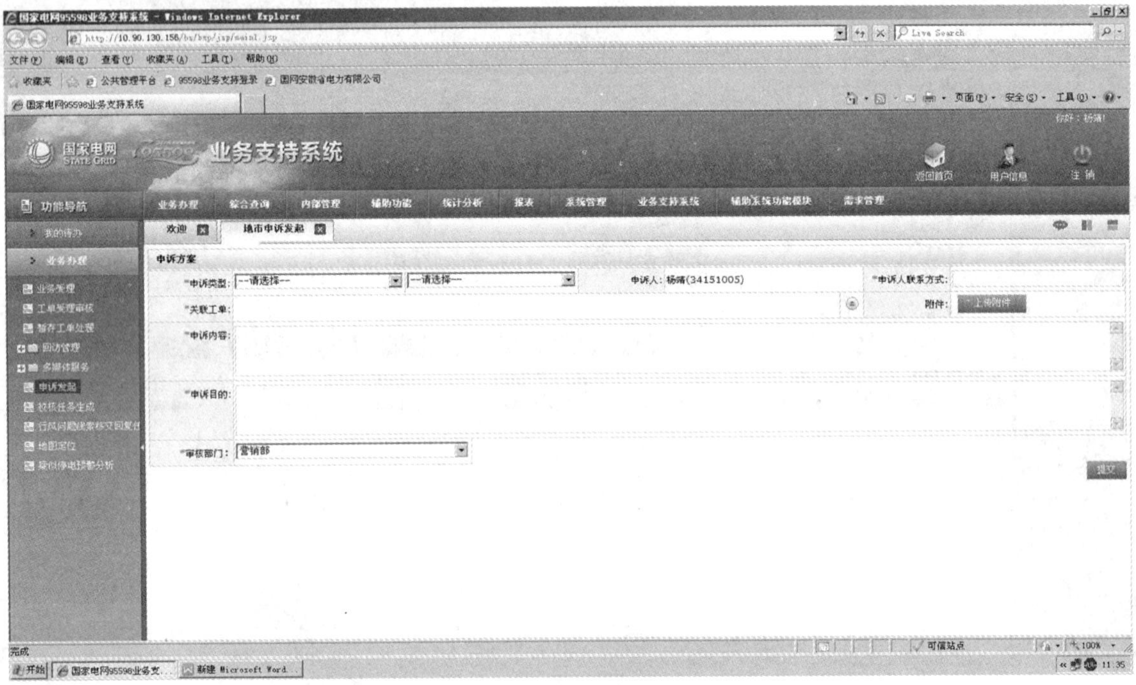

图5-3 城市申诉发起页面显示图

注：所有必填项内容与申诉报告一致，并上传申诉附件材料。

2. 申诉工单查询路径:"综合查询"→"申诉工单查询",如图 5-4 所示。

图 5-4　申诉工单查询页面显示图

第三节　最终答复

1. 待办工作单回复模板页面显示图如图 5-5 所示。

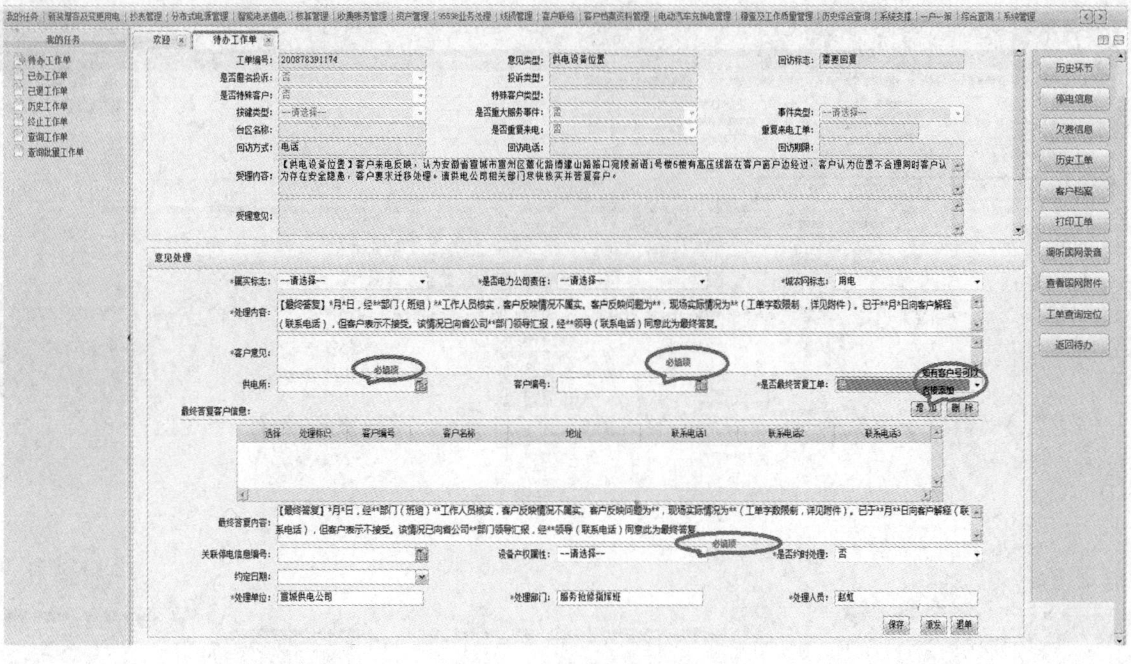

图 5-5　待办工作单回复模板页面显示图

2. 工单详细信息页面显示图如图 5－6 所示。

图 5－6　工单详细信息页面显示图

第四节　停电信息

(一)供服系统停电信息

1. 上传截图,如图 5－7 所示。

图 5－7　停电信息发布(正式)页面显示图

2. 供服停电信息管控页面显示图如图5-8所示。

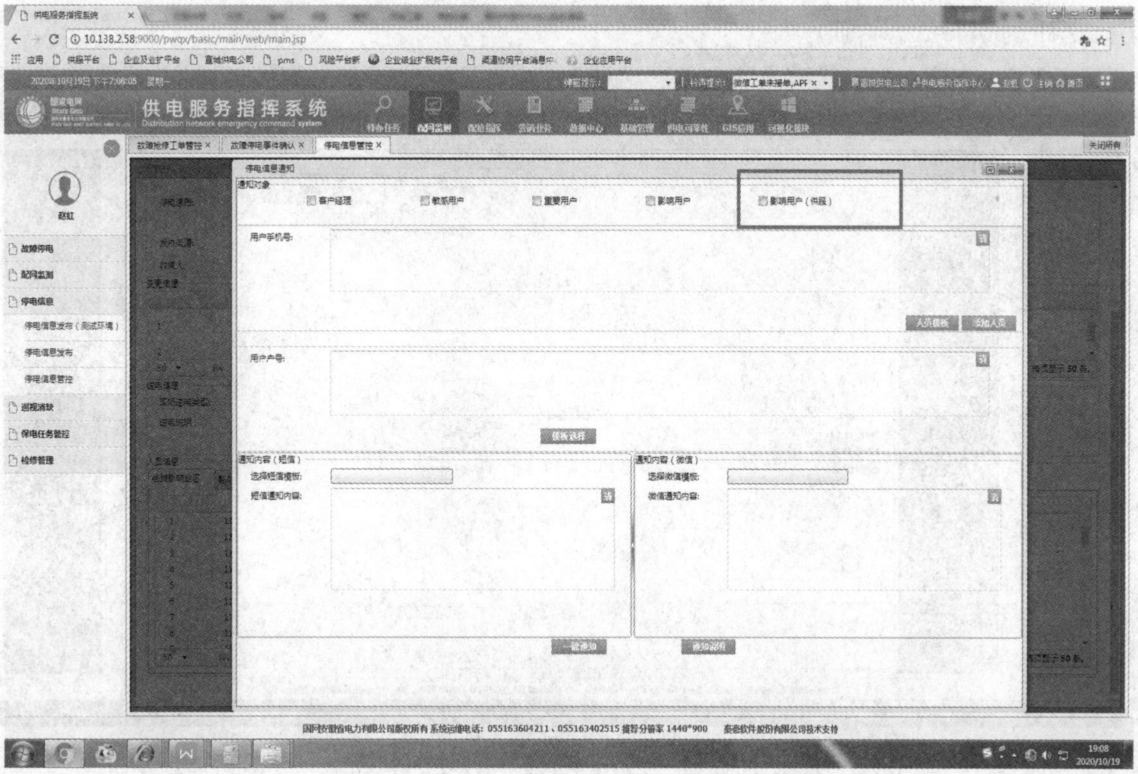

图5-8　供服停电信息管控页面显示图

(二)营销停电信息

1. 上传截图，如图5-9所示。

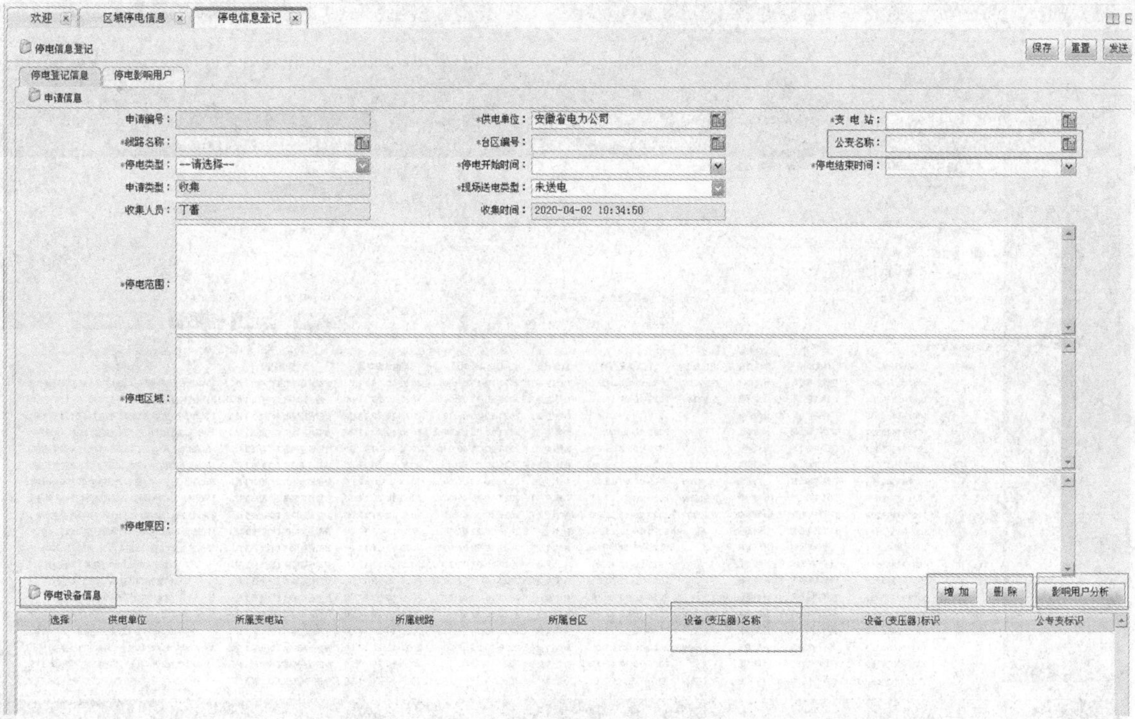

图5-9　停电信息登记页面显示图

2. 营销停电信息管控页面显示图如图 5 - 10 所示。

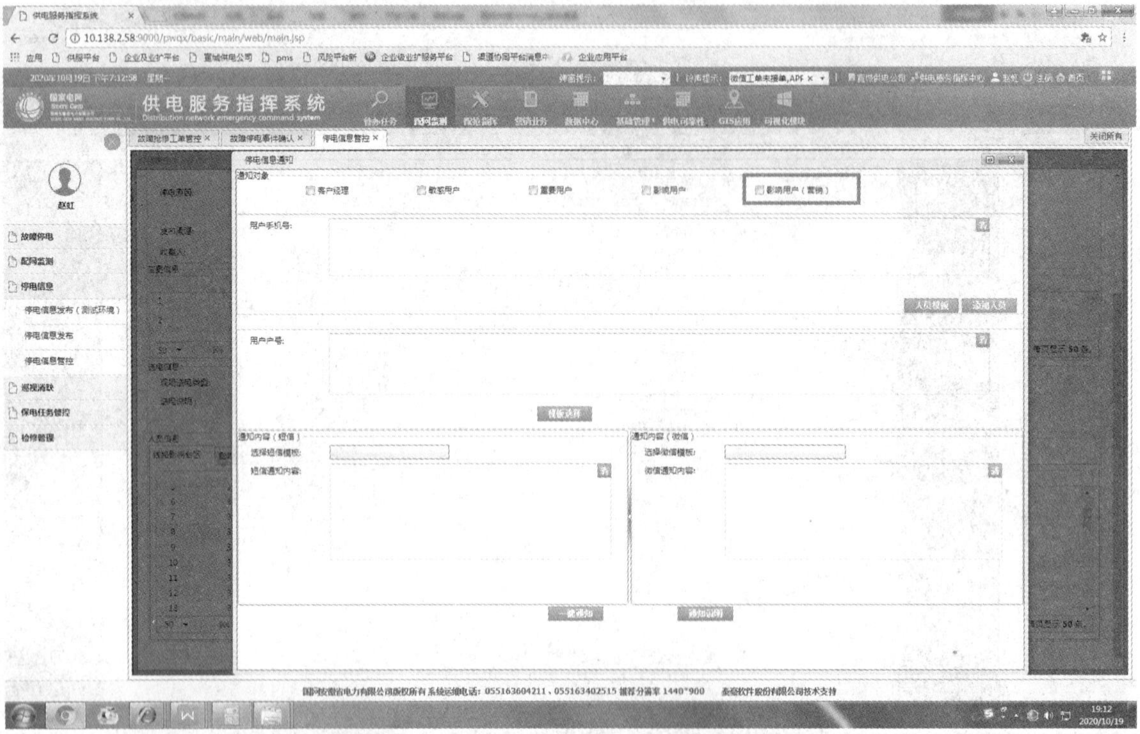

图 5 - 10　营销停电信息管控页面显示图

(三)业务支持系统停电信息查看

停电信息查询路径：右上角“常用功能”→“停电信息查询”或“综合查询”→“信息查询”→“停电信息查询”，如图 5 - 11 所示。

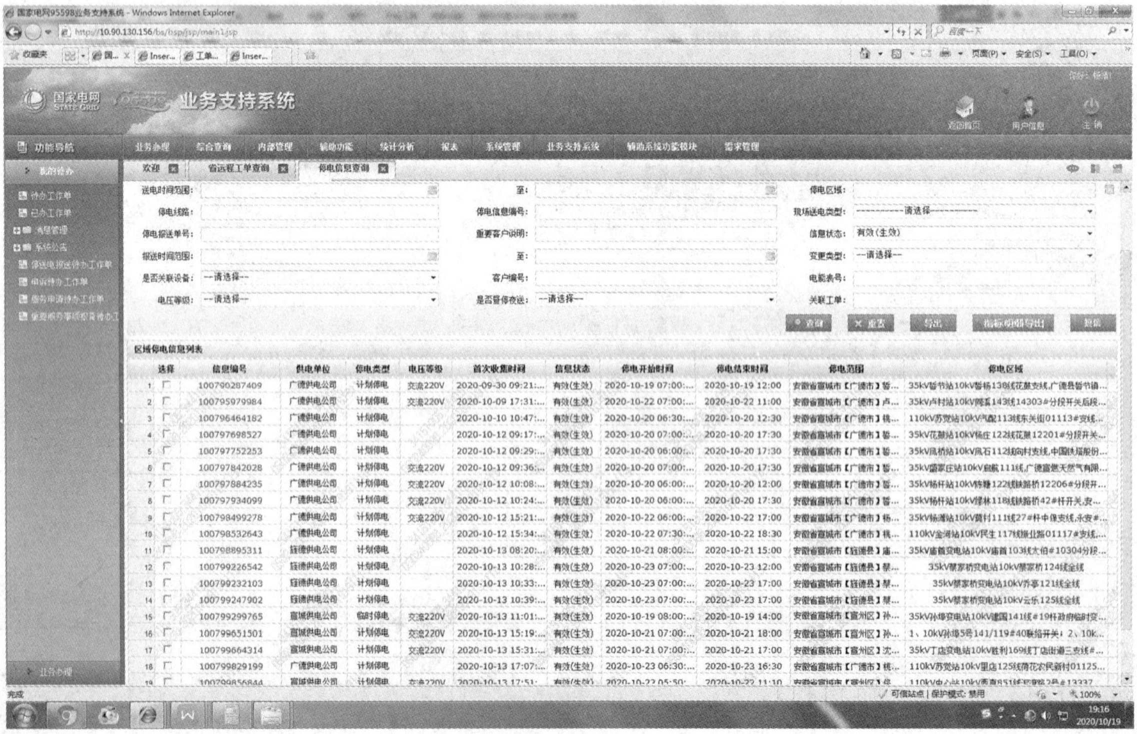

图 5 - 11　停电信息查询页面显示图

第五节　特殊客户

(一)窃电及违约用电

1. 查询工单页面显示图如图 5－12 所示。

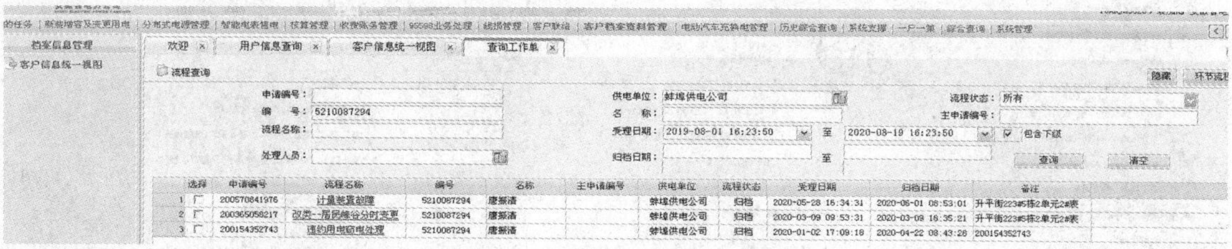

图 5－12　查询工单页面显示图

2. 业务支持系统显示截图。发起流程后，在业务支持系统中的辅助“功能—‘95598 特殊客户信息维护’”模块查询结果，如图 5－13 所示。

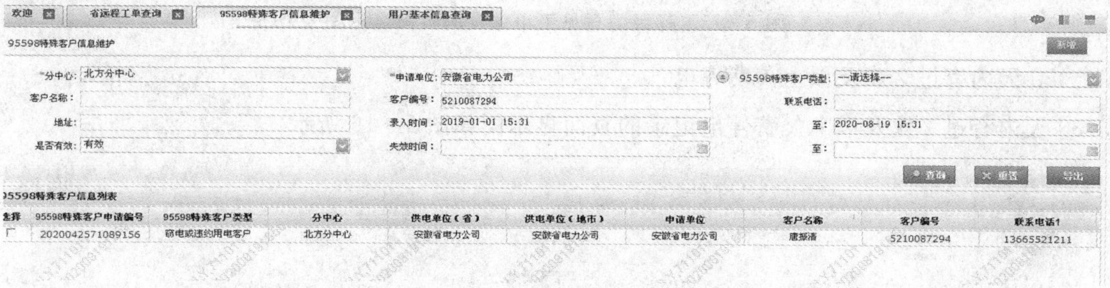

图 5－13　业务支持系统显示图

用户拨打 95598 国网客服电话时，国网客服专员受理环节页面显示如图 5－14 所示。

图 5－14　国网客服业务受理环节页面显示图

该用户虽然有投诉意愿，但因属于特殊客户，故投诉降级为意见工单派发，处理结果页面显示，如图 5 - 15 所示。

图 5 - 15　降级为意见工单派发的页面显示图

(二) 180 天内有过 2 次及以上欠费停电

1. 180 天内有过 2 次及以上欠费停电记录的页面显示图如图 5 - 16 所示。

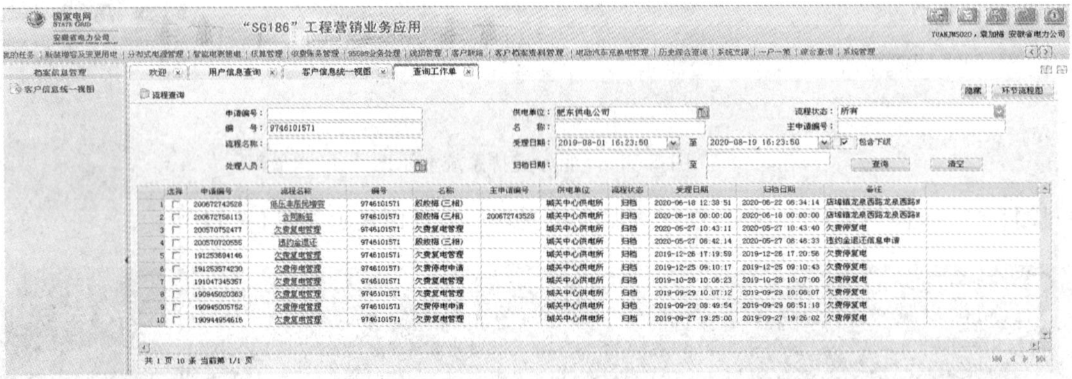

图 5 - 16　相关欠费电记录页面显示图

2. 业务支持系统查询截图。客户专员在业务支持系统中的辅助功能—"95598 特殊客户信息维护"模块查询结果，如图 5 - 17 所示。

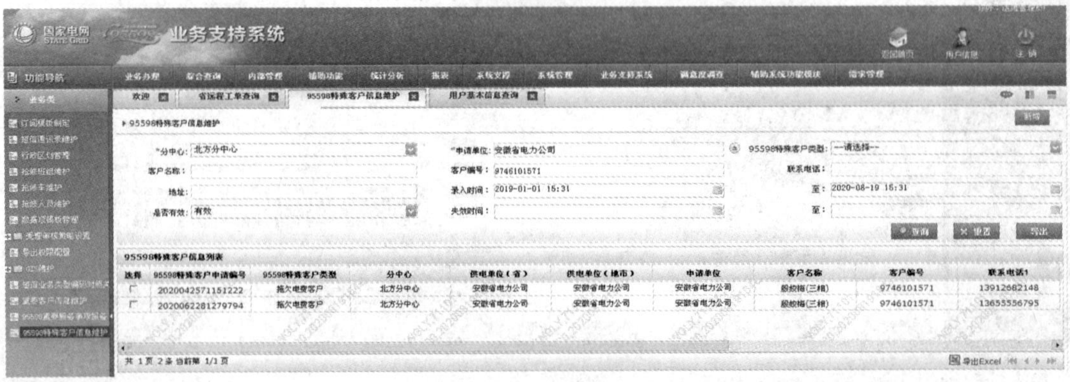

图 5 - 17　95598 特殊客户信息维护页面显示图

用户拨打 95598 国网客服电话时，国网客服专员受理环节页面显示如图 5－18 所示。

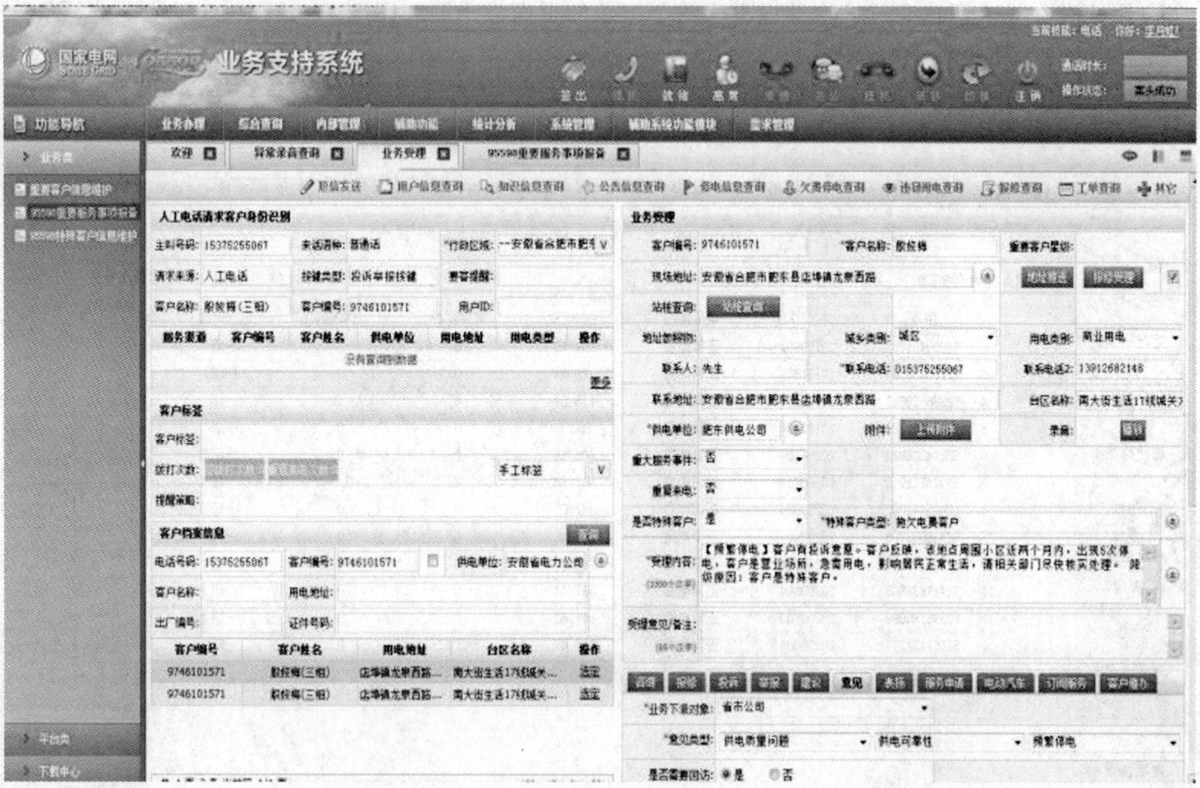

图 5－18　国网客服业务受理环节页面显示图

该用户虽然有投诉意愿，但因属于特殊客户，故投诉降级为意见工单派发，如图 5－19 所示。

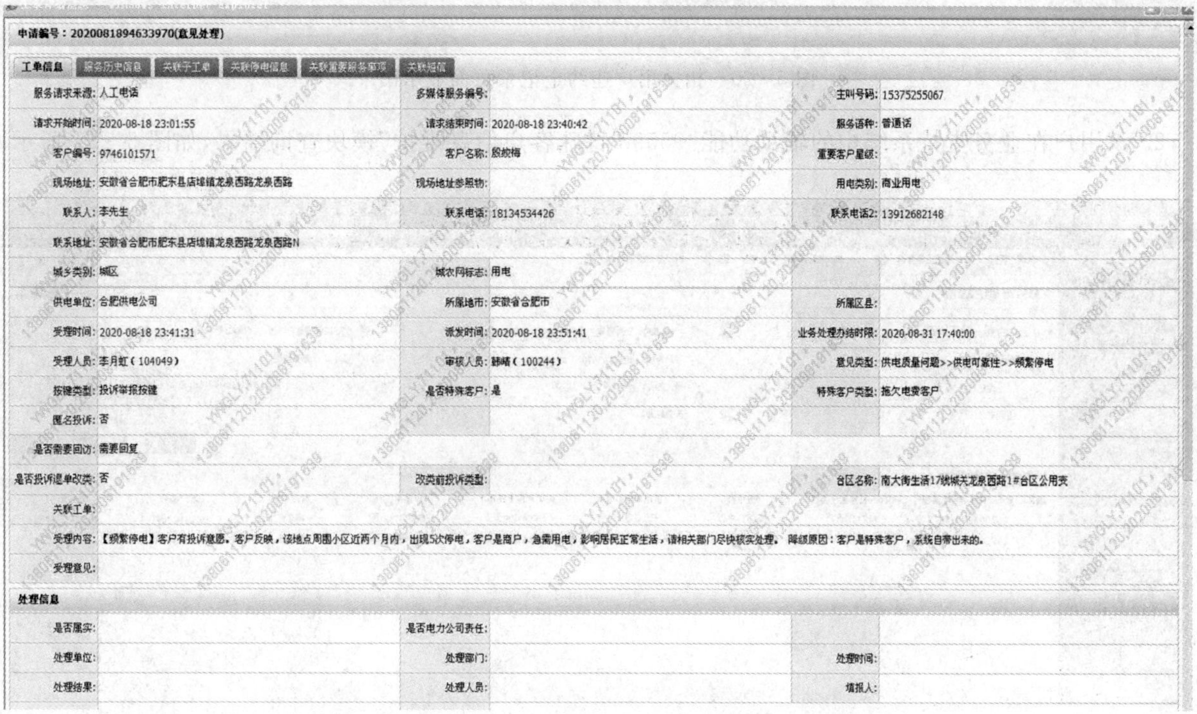

图 5－19　降低为意见工单派发的页面显示图

(三)180 天内有过 2 次及以上违约金记录

1. 用户存在 180 天内有过 2 次及以上违约金记录的页面显示图如图 5－20 所示。

图 5－20　相关用户违约金记录页面显示图

2. 该用户在业务支持系统中的辅助功能“95598 特殊客户信息维护”模块查询结果，如图 5－21 所示。

图 5－21　“95598 特殊客户信息维护”查询结果页面显示图

用户拨打95598国网客服电话时,国网客服专员受理环节页面显示如图5-22所示。

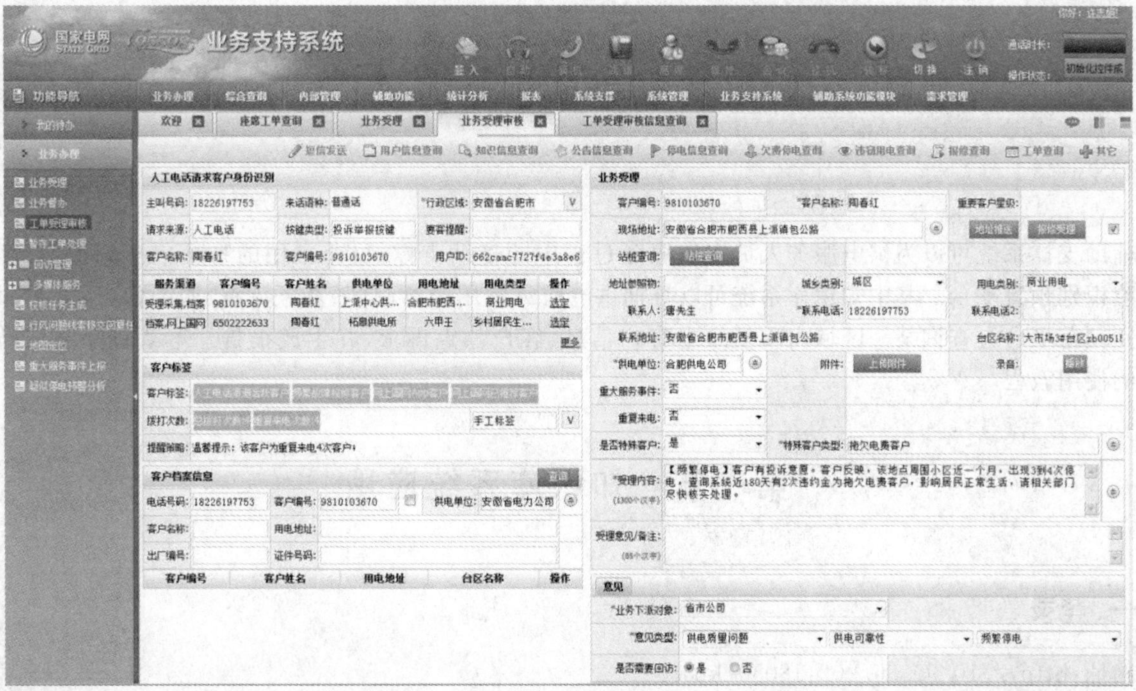

图5-22 国网客服业务受理环节页面显示图

该用户虽然有投诉意愿,但因属于特殊客户,故投诉降级为意见工单派发,如图5-23所示。

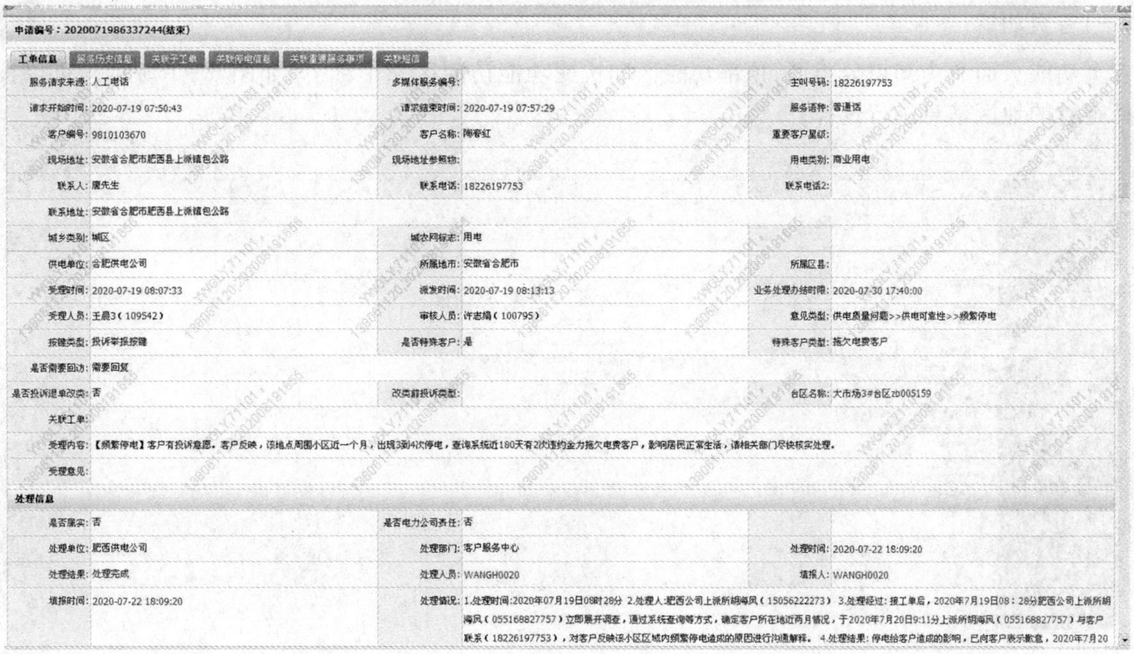

图5-23 降级为意见工单派发处理结果页面显示图

第六章　辅助支撑系统

辅助支撑系统可以为供电服务人员提供服务过程中的辅助支撑，目前常用的系统包括知识库、客户服务风险识别预警平台。其中知识库系统可以查询供电服务常用规章制度、业务流程、服务信息；客户服务风险识别预警平台可查询某一区域内重复致电客户信息、客户热点诉求，并生成报告。本章将介绍辅助支撑系统的使用教程。

第一节　知识库系统应用

一、登录

网址：http://10.90.86.202:18050/kbase/。

适用浏览器：IE浏览器。

二、基础应用

(一)首页功能

首页功能页面分为知识分类区、顶部功能区和快捷功能访问区三个部分，如图6-1所示。可以按照需要选择查看的地区信息进行选择。

图6-1　首页功能页面显示图

1. 知识分类区包括：知识分类、收藏夹。

(1)知识分类是以目录结构的形式存储知识，点击分类可展开下一级的知识分类，知识分类中的内容会以侧滑的形式展现出来，列表显示其中的实例、文章、文档知识的文章名。可以点击“名称”和“热度”切换列表中文章名的排序方式，相关操作页面显示图如图6-2所示。

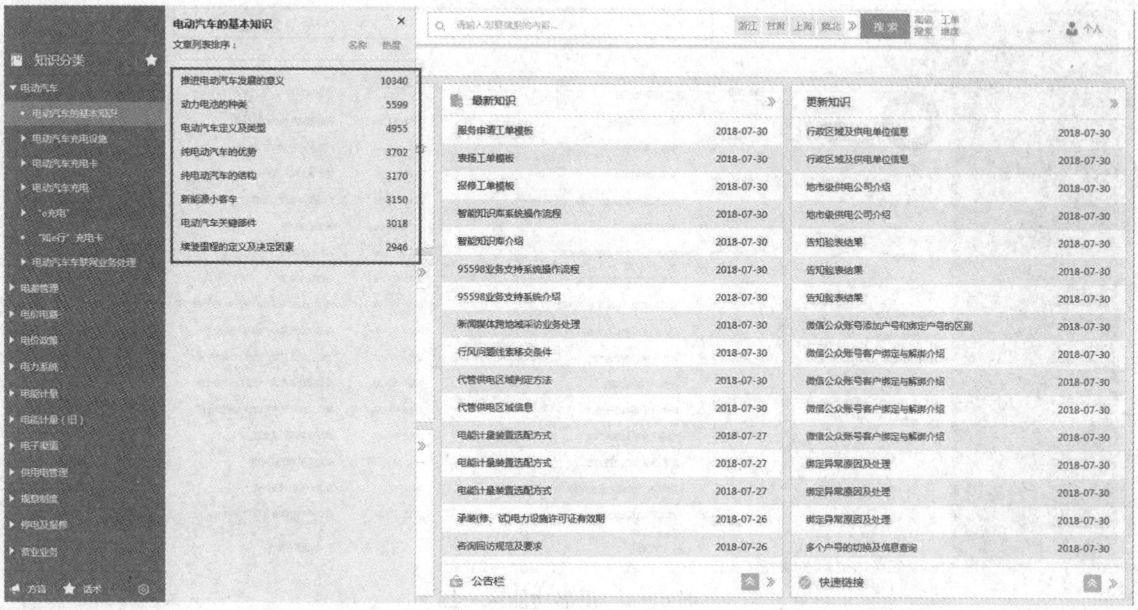

图6-2　相关操作页面显示图

(2)知识库中的收藏夹包含“文章文档收藏”“知识收藏”“公告收藏”，图6-3展示的为相关首页面。其中“文章文档收藏”是收藏文章、文档知识的收藏夹，“知识收藏”是收藏问答知识的收藏夹。

操作步骤：

可以根据个人需求对收藏下的文件夹赋予标签，根据标签进行查询、管理。

① 点击“★”，可以进入收藏夹，默认显示的是“文章文档收藏”的内容，点击可以显示其他收藏夹下的内容。

② 勾选收藏夹，可对收藏夹进行新增、修改或删除的操作。

③ 勾选收藏内容，可以修改收藏内容的路径和备注信息。

④ 在新增收藏夹的时候，可以对收藏夹赋予标签，标签可根据座席需求设置。

图6-3　知识库收藏夹首页面显示图

2. 顶部功能区包括：互动社区、服务流程引导、搜索、高级搜索、工单维度、流程(只有有知识采编、管理权限的人才能看到采编流程)、个人中心，相关页面如图6-4、图6-5和图6-6所示。

图6-4 顶部功能区一图

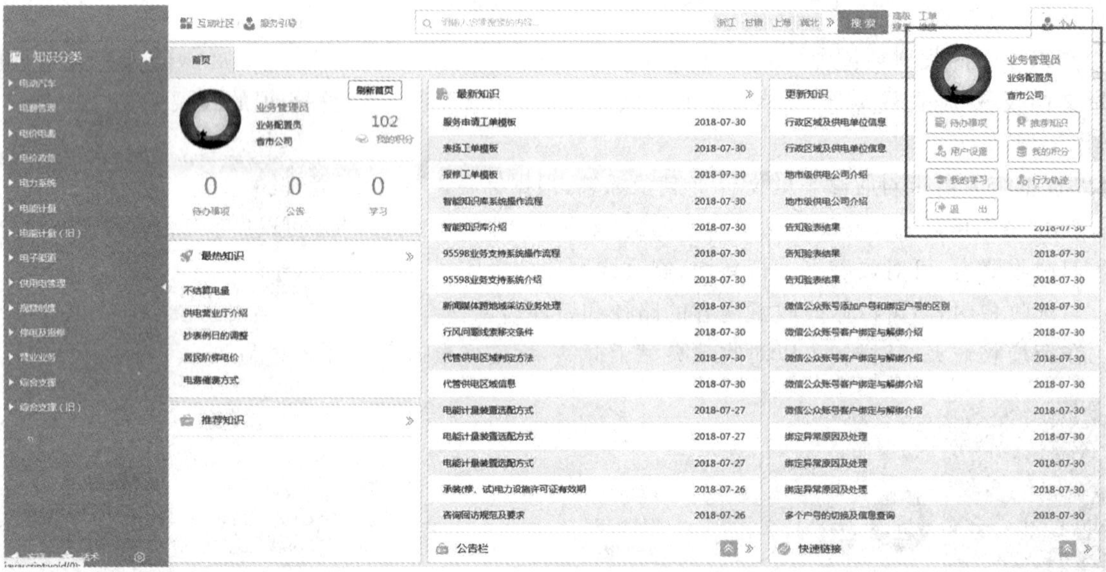

图6-5 顶部功能区二图

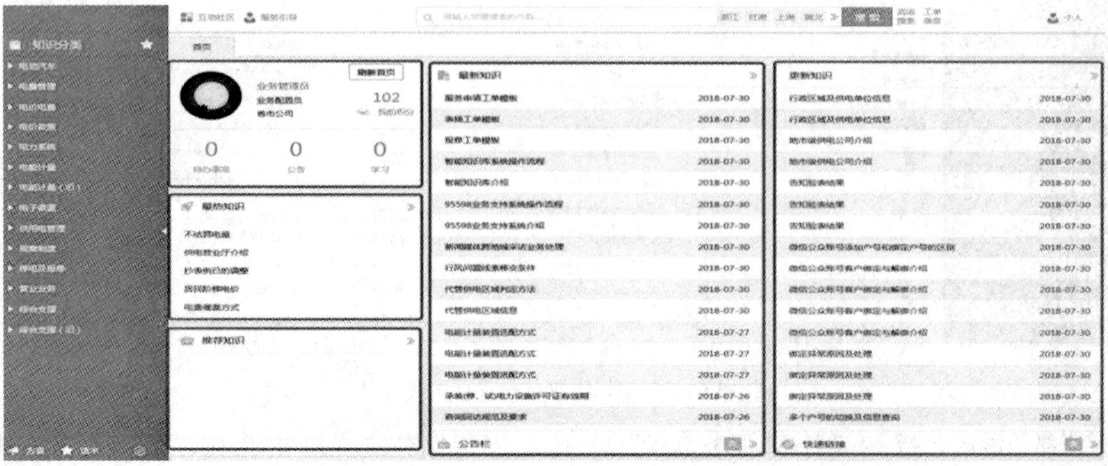

图6-6 顶部功能区三图

3. 快捷功能访问区分为七个区域：三个小功能卡片区、两个大功能卡片区和两个折叠功能卡片区。

(1)个人信息：当前用户的信息展示具体包含“我的积分”“待办事项”“用户设置”“行为轨迹”。当有新的待办/公告/学习出现时，会有红点提示，点击可以直接进入该功能页面。

在“用户设置”界面，对“默认省份”进行编辑，可以设置每个客服维护的省市，最多设置四个，每次客服登录会默认为这四个省市，不用每次登录设置，相关页面如图 6-7 和图 6-8 所示。

图 6-7　业务管理页面显示图

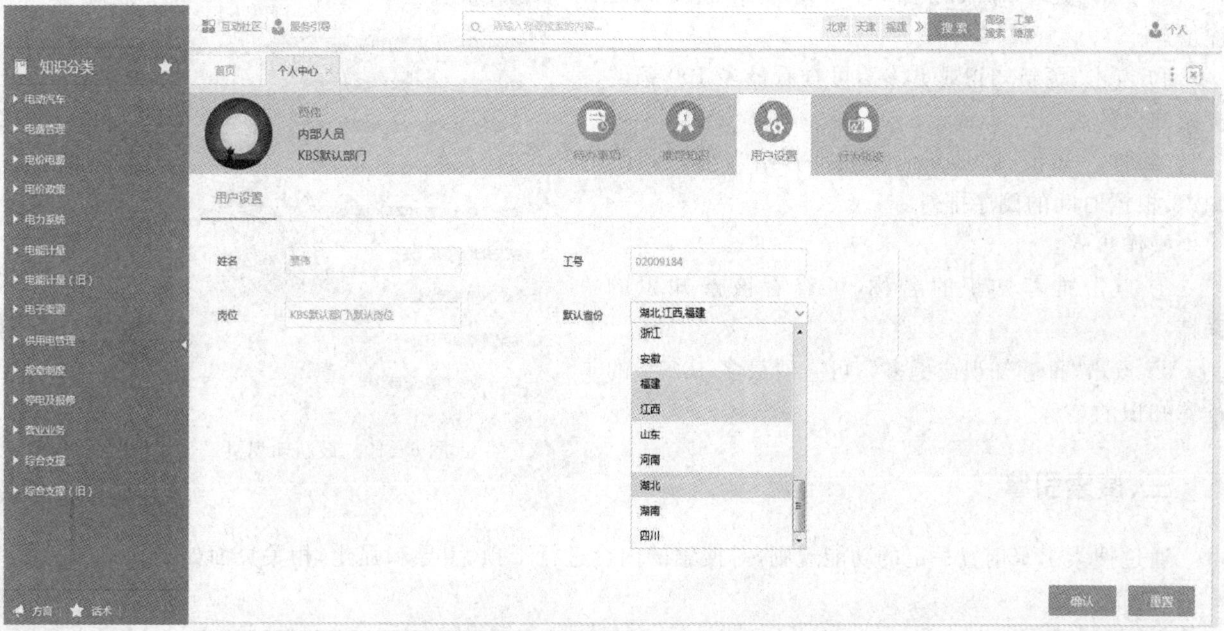

图 6-8　个人中心页面显示图

(2)最热知识：展示知识库系统中点击量最高知识所属实例名称，根据点击量的倒序排列，相关页面如图 6-9 所示。

操作步骤：

① 点击最热知识的名称，可查看该条实例的详情。

② 点击“最热知识或更多”，可查看最热知识所属实例的名称。

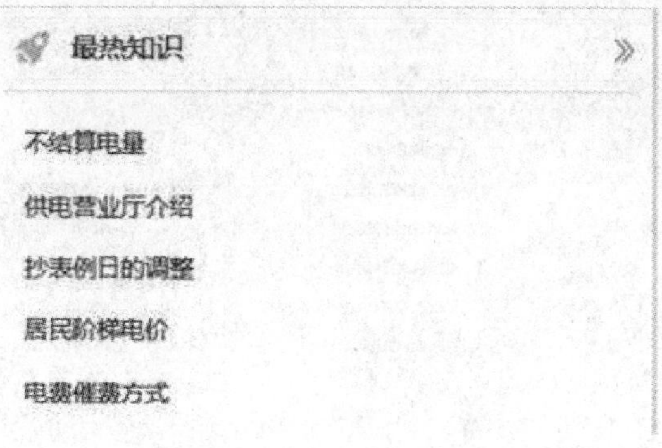

图 6-9　最热知识页面显示图

(3)最新知识:展示知识库系统中最新添加的知识,根据时间的倒序排列,相关页面如图 6-10 所示。

操作步骤:

① 点击最新知识的名称,可查看该条知识的详情。

② 点击"最新知识或更多",可查看最多 100 条的最新知识的名称。

(4)更新知识:展示知识库系统中最新修改的知识,根据时间的倒序排列。

操作步骤:

① 点击更新知识的名称,可查看该条知识的详情。

② 点击"更新知识或更多",可查看最多 100 条的更新知识的名称。

(5)推荐知识:展示其他用户推荐给当前用户的知识,根据时间的倒序排列。

操作步骤:

① 点击推荐知识的名称,可查看该条知识的详情。

② 点击"推荐知识或更多",可查看最多 100 条的推荐知识的名称。

图 6-10 最新知识页面显示图

三、搜索引擎

通过搜索引擎前置一定的功能规则,对搜索的内容进行干预、引导和强化,相关页面如图 6-11 所示。

图 6-11 搜索引擎页面显示图

(一)知识点搜索

操作步骤：

选择需要搜索的维度，在搜索输入框中输入需要搜索的内容，可以为关键词，点击“搜索”进行搜索，相关页面如图 6－12 所示。

说明：

全文检索有多种搜索筛选条件，点击筛选条件中的“知识目录”“知识时效”“知识类型”“创建日期”“标签筛选”和“业务属性”，可对全文检索的结果进行筛选。

(1)“知识目录”是指知识的分类目录，目前支持一级目录的筛选。

(2)“知识时效”分为“生效中”“已过期”“已归档”，分别代表的是开始时间至结束时间、结束时间至追溯时间、已过了追溯时间。

(3)“知识类型”分为“标问搜索”“文章知识”和“文档知识”，其中“文档知识”的类型，可以细分为 Word、Excel、PPT、PDF、文本文档、图片和音频格式。

(4)“创建日期”是指知识创建的日期，可以选择一周内、一月内、一年内和精确的时间。

(5)“标签筛选”是根据知识所关联的标签进行筛选。

(6)“文章属性”是根据创建文章时所关联的属性进行筛选。

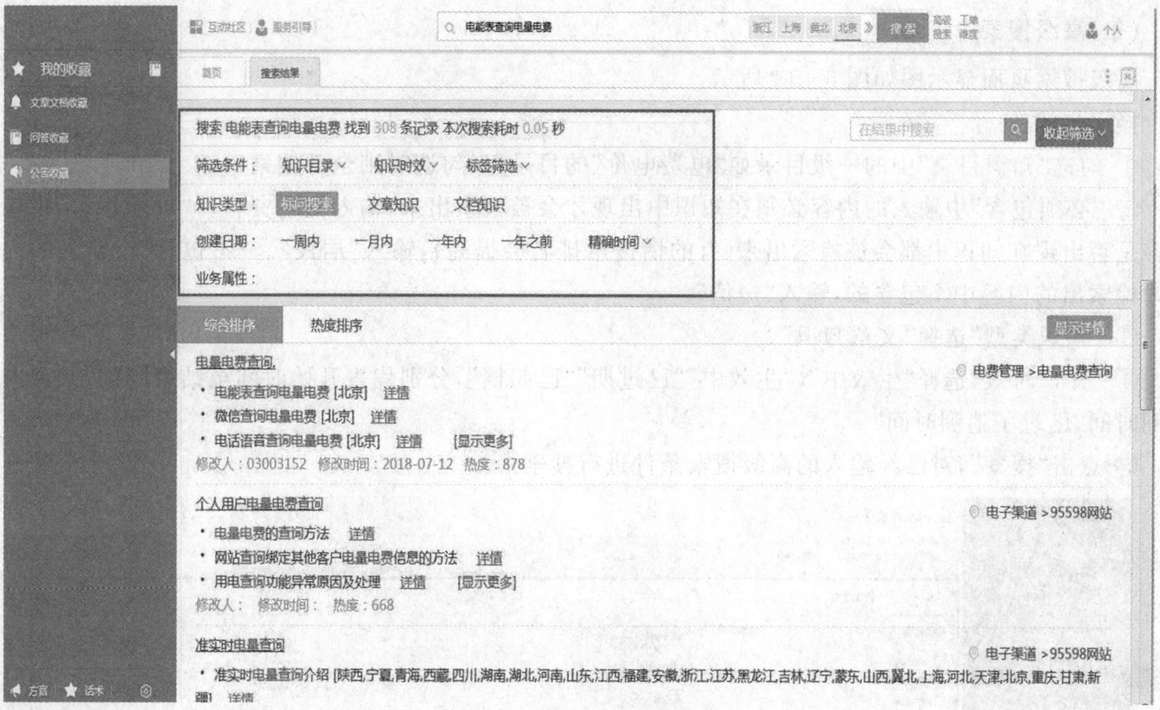

图 6－12　知识点搜索页面显示图

(二)知识文章搜索

知识文章搜索页面显示图如图 6－13 所示。

操作步骤：

① 文档搜索：搜索后展开筛选框，点击“文档知识”进行文档知识的筛选，再根据需要点击相应的类型，进入相应的文档类型筛选。

② 根据属性/标签搜索：搜索后展开筛选框，点击“操作步骤融合”。

图 6-13　知识文章搜索页面显示图

（三）高级搜索

高级搜索页面显示图如图 6-14 所示。

操作步骤：

① 勾选“知识目录”中的一级目录如“电费电价”的目录（未勾选时则全部搜索）。

② “必须包含”中输入的内容必须在知识中出现才会被检索出来，输入更名资料。“可能包含”中输入的内容是否出现在知识中都会被检索出来（有的话搜索排名会提高），输入“居民”。“不包含”中输入的内容必须为检索出的内容中不包含的，输入“短信”。

③ “知识类型”选择“文章知识”。

④ “知识时效”选择“生效中”（“生效中”“已过期”“已归档”，分别代表开始时间至结束时间、结束时间至追溯时间、已过了追溯时间）。

⑤ 点击“搜索”，对已经输入的高级搜索条件进行搜索。

图 6-14　高级搜索页面显示图

(四)目录搜索

操作步骤：

① 点击“目录搜索”，输入搜索内容，如图 6－15 所示。

② 点击“搜索”，得到目录搜索的结果，如图 6－16 所示。

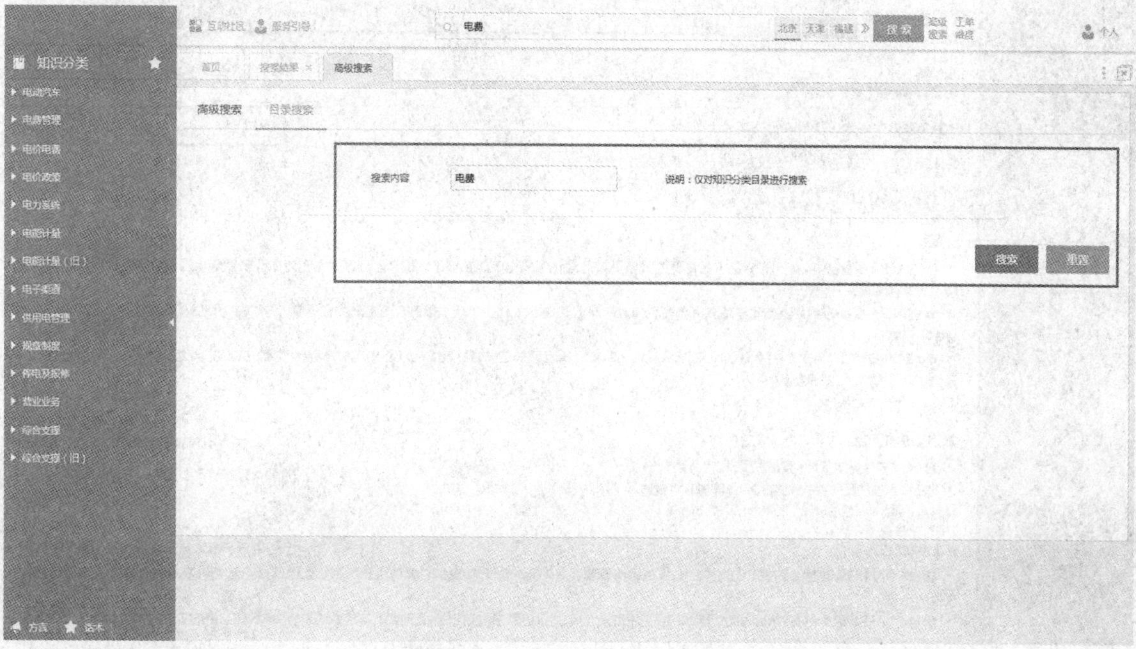

图 6－15 高级搜索页面显示图

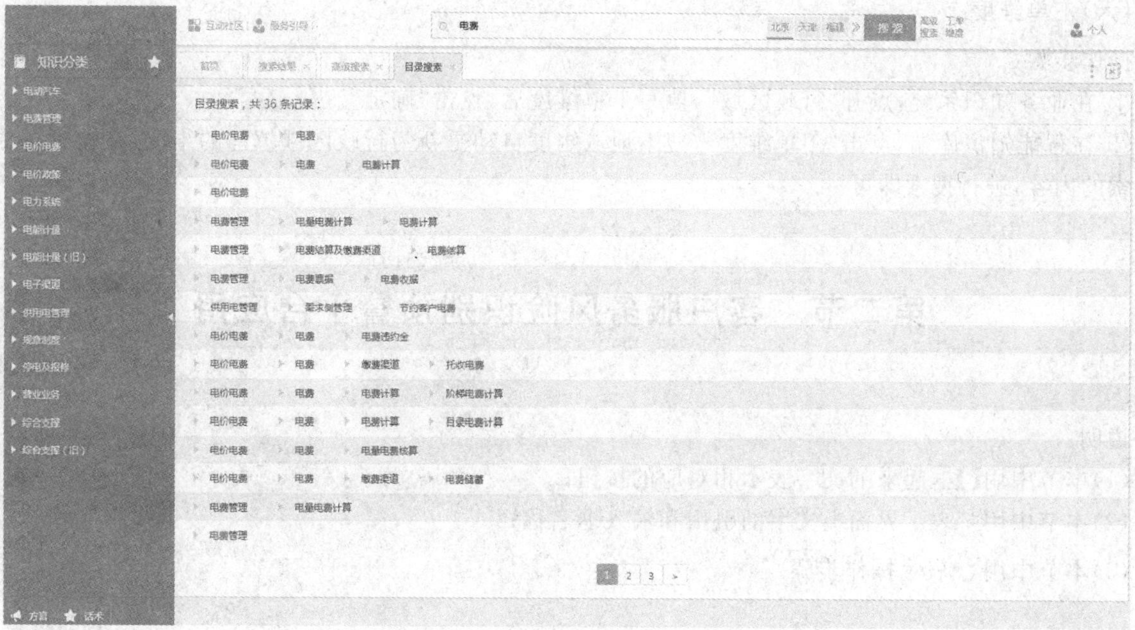

图 6－16 目录搜索结果页面显示图

(五)二次搜索

二次搜索页面显示图如图 6－17 所示。

操作步骤：

① 在全文检索的结果中的二次搜索框中输入关键词。

② 点击放大镜确认，对全文检索的结果进行二次搜索，在已经有的关键词的结果集中再次搜索包含另一关键词的内容。

图6-17　二次搜索页面显示图

(六)工单维度

操作步骤：

① 在业务知识系统，点开“行政区域”，填写工单维度后，点击“确定”。

② 在智能知识库端，点击“工单维度”，搜索地域维度自动更新为行政区域填写的维度，在搜索框输入需要搜索的内容，进行搜索即可。

第二节　客户服务风险识别预警平台应用

说明：

(1)本节中用【】框起来的文字表示相对应的按钮；

(2)本节中用“”表示界面上文字的引用和输入框名称；

(3)本节中用☝表示操作步骤。

一、系统登录

本系统是通过网页浏览器在授权的内网地址上使用的，请使用IE9及以上版本的浏览器或者火狐等浏览器(建议使用谷歌浏览器)。为方便您使用该系统，请用收藏功能将其收藏。您可以在浏览器地址栏输入网址：http://10.145.39.13/product/index.html，进入系统登录页，如图6-18所示。

图6-18　企业门户系统用户登录页面显示图

登录操作步骤：

① 在“用户名”内输入用户名；

② 在“密码”内输入密码；

③ 点击【登录】按钮。

如果用户名和密码均符合规范，点击【登录】按钮后进入系统；如果用户名或密码不正确，系统将给予提示，当连续5次验证失败后，该账号会被系统锁定5分钟，请核准后输入正确的用户名和密码（本系统使用统一权限门户账号登录，账号锁定或者注册请联系信通统一权限运维组，联系电话63402939），再次点击【登录】按钮即可成功登录进入渠道协同平台界面，如图6-19所示。

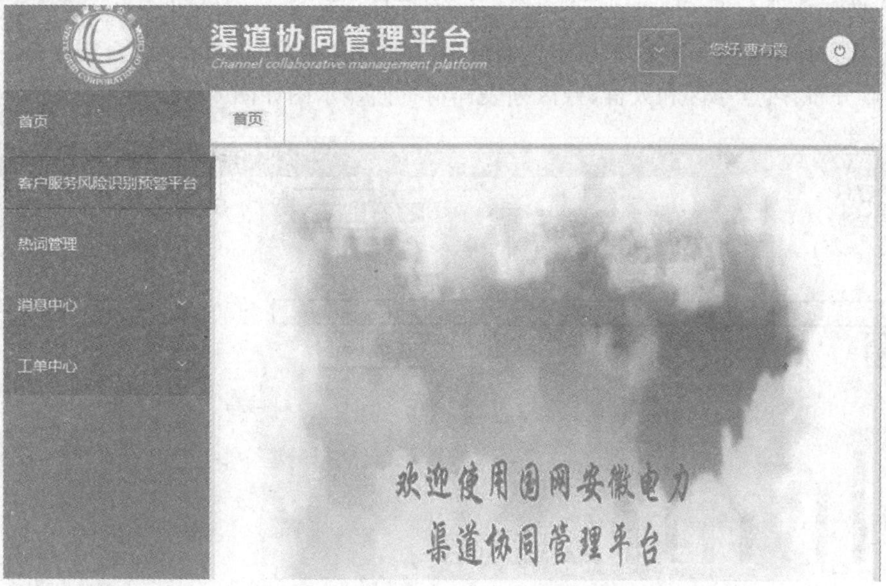

图6-19　渠道协同管理平台页面显示图

二、平台功能介绍

（一）拓展服务热点新增台区专题功能

以台区为最小网格单元，基于95598客户服务全量工单数据，设计热点台区、热点小区、热点时段三个分析场景，实现服务热点多维度挖掘分析、热点问题精益化管理，辅助台区经理精准定位热点人群，合理安排服务活动。台区专题模块包括热点台区、频繁停电台区、低电压台区等，同时可查看台区排名 TOP10 及 TOP100、台区热点 TOP10、对应客户经理、供电所、工单明细等。

台区专题模块包含“热点台区”、“频繁停电”台区专题、“低电压”台区专题、“其他专题台区”，是对不同业务类型台区分析，如下为“热点台区”分析页面，相关页面如图 6－20 所示。

图 6－20　台区专题页面显示图

点击台区名称，打开台区详情界面，展示该台区的详细信息，包括供电单位、台区经理、今年和上年工单同比图、工单热点分布、热点小区和人群，台区列表详情页面显示图如图 6－21 所示。

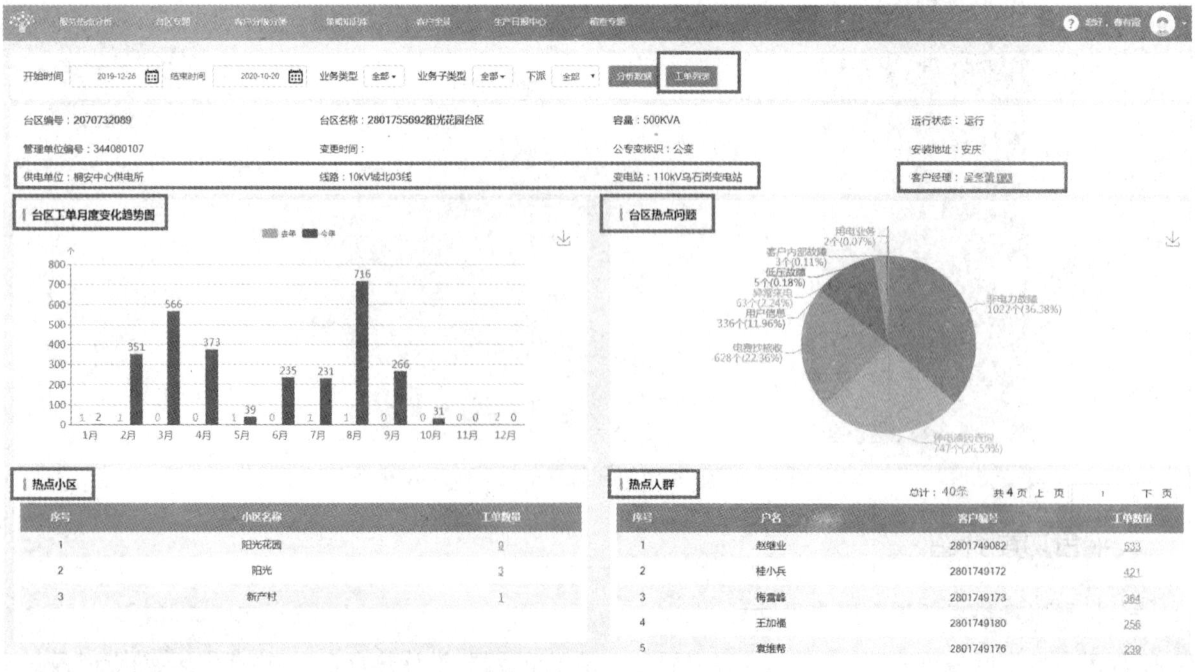

图 6－21　台区列表详情页面显示图

“台区热点报告”功能，按照省、市、区县不同视角一键生成热点台区报告，相关界面显示如图 6－22 所示。

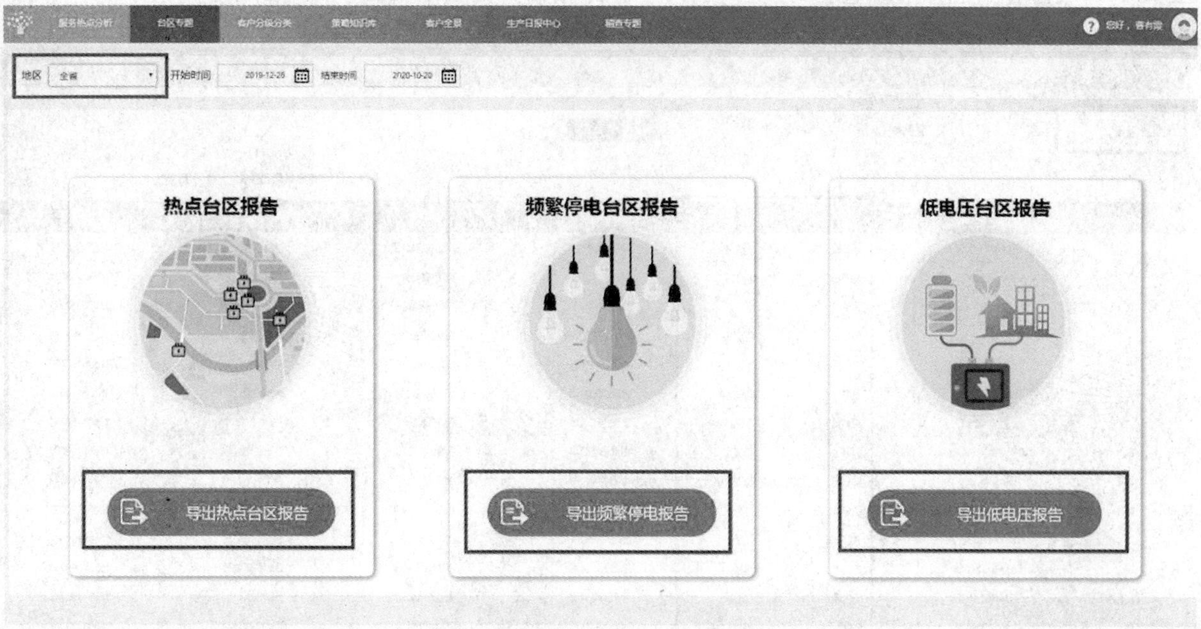

图 6－22　热点台区报告页面显示图

（二）客户分级分类管理功能

基于 SG186 基础数据，构建客户经理与用电客户关联关系，对重点客户分级管理，精准跟踪重点客户服务质量，建立客户经理服务评价模型，完善客户经理服务质量考核。客户分级分类模块包括客户经理视图、客户经理管理、重要客户管理、风险用户展示等功能，如图 6－23 所示。

“客户经理视图”可以查看客户经理工单 TOP10 及 TOP100、服务客户总计和客户明细，界面显示如下。

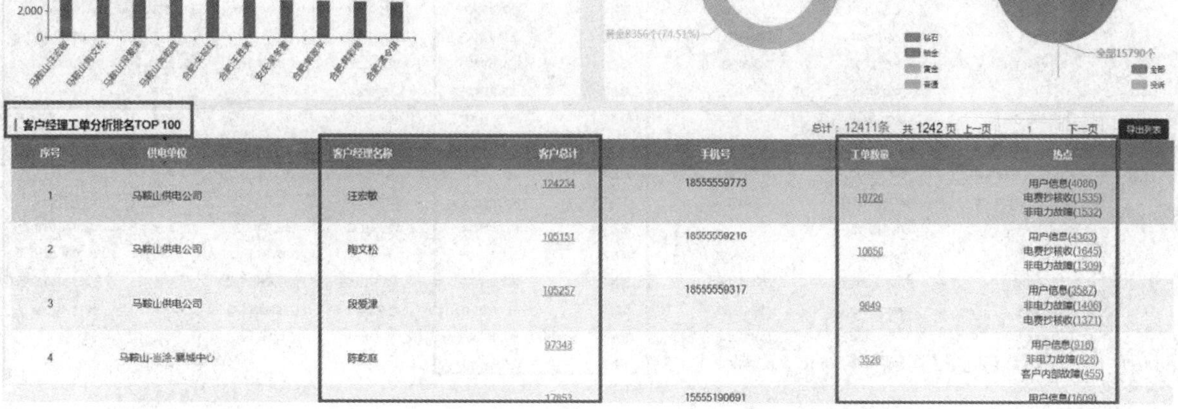

图 6－23　客户经理相关界面显示图

“客户经理管理”展示的为全省 1.6 万名客户经理信息，按照地区、姓名、门户账号查询客户经理信息并导出 Excel，点击客户总计可以查看对应管理客户明细，相关界面显示如图 6－24 所示。

图 6－24　客户分级分类页面显示图

“重要客户管理”展示的为全省 1.1 万名重要客户，分为钻石、铂金、黄金、普通四个级别，相关界面显示如图 6－25 所示。

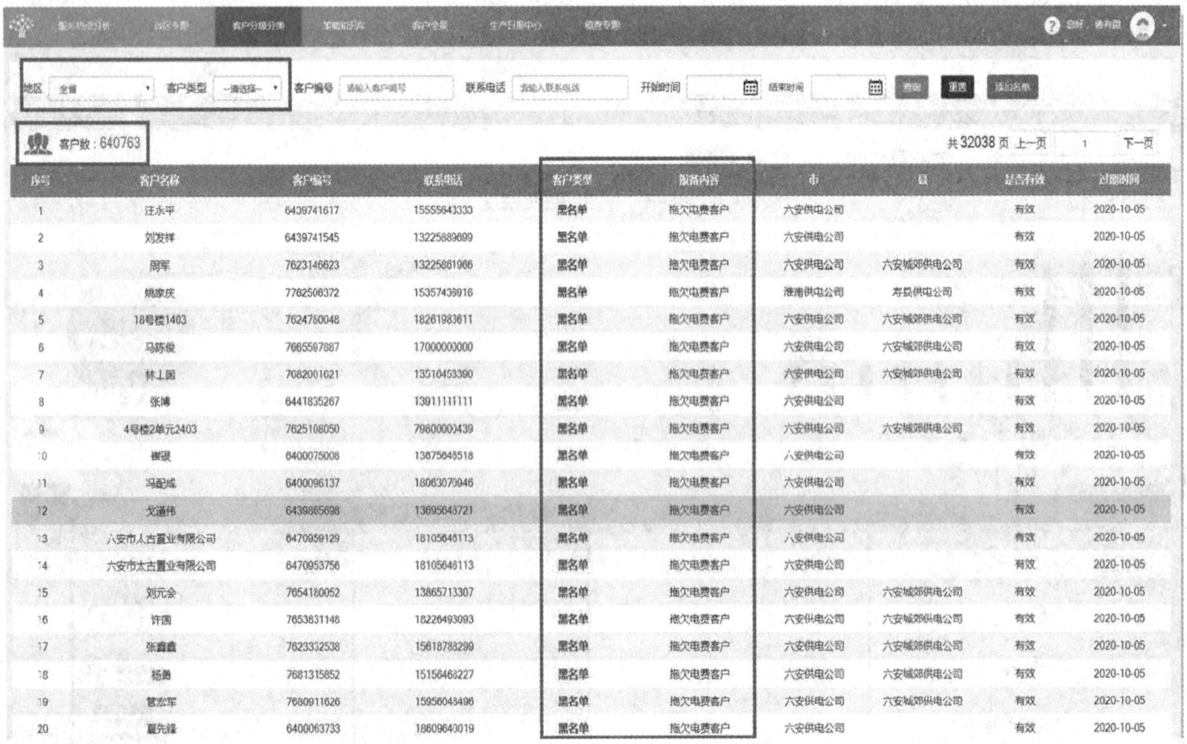

图 6－25　重要客户管理界面显示图

风险用户展示的为全省黑、灰、橙名单客户，总计 64 万余位，对“最终答复”“投诉风险”“欠费”用户进行统一管理，相关界面显示如图 6－26 所示。

序号	客户名称	客户编号	联系电话	客户类型	报备内容	市	县	是否有效	过期时间
1	汪永平	6439741617	15555643333	黑名单	拖欠电费客户	六安供电公司		有效	2020-10-05
2	刘发祥	6439741545	13225889699	黑名单	拖欠电费客户	六安供电公司		有效	2020-10-05
3	周军	7623146623	13225861966	黑名单	拖欠电费客户	六安供电公司	六安城郊供电公司	有效	2020-10-05
4	姚家庆	7762506372	15357438916	黑名单	拖欠电费客户	淮南供电公司	寿县供电公司	有效	2020-10-05
5	18号楼1403	7624780048	18261983611	黑名单	拖欠电费客户	六安供电公司	六安城郊供电公司	有效	2020-10-05
6	马陈俊	7665597887	17000000000	黑名单	拖欠电费客户	六安供电公司	六安城郊供电公司	有效	2020-10-05
7	林士国	7682001621	13516453390	黑名单	拖欠电费客户	六安供电公司	六安城郊供电公司	有效	2020-10-05
8	张博	6441835267	13911111111	黑名单	拖欠电费客户	六安供电公司		有效	2020-10-05
9	4号楼2单元2403	7625108050	79800000439	黑名单	拖欠电费客户	六安供电公司	六安城郊供电公司	有效	2020-10-05
10	崔银	6400075008	13675646518	黑名单	拖欠电费客户	六安供电公司		有效	2020-10-05
11	冯配成	6400096137	18063070946	黑名单	拖欠电费客户	六安供电公司		有效	2020-10-05
12	戈道伟	6439865698	13695648721	黑名单	拖欠电费客户	六安供电公司		有效	2020-10-05
13	六安市太古置业有限公司	6470959129	18105646113	黑名单	拖欠电费客户	六安供电公司		有效	2020-10-05
14	六安市太古置业有限公司	6470953756	18105646113	黑名单	拖欠电费客户	六安供电公司		有效	2020-10-05
15	刘元会	7654180052	13865713307	黑名单	拖欠电费客户	六安供电公司	六安城郊供电公司	有效	2020-10-05
16	许国	7653831148	18226493093	黑名单	拖欠电费客户	六安供电公司	六安城郊供电公司	有效	2020-10-05
17	张鑫鑫	7623332538	15618788299	黑名单	拖欠电费客户	六安供电公司	六安城郊供电公司	有效	2020-10-05

图 6－26　风险用户界面显示图

(三)客户服务策略知识库

通过一线员工上传知识点和典型经验收集服务策略，结合客户服务工单数据，构建基于知识图谱体系、标签体系的服务策略库，实现服务策略共享，电话服务策略及回单模板，统一定制。策略知识库主要包括知识库搜索、知识管理、策略中心和工单回复模板功能，部分界面显示如图 6－27 和图 6－28 所示。

图 6－27　策略知识库搜索页面显示图

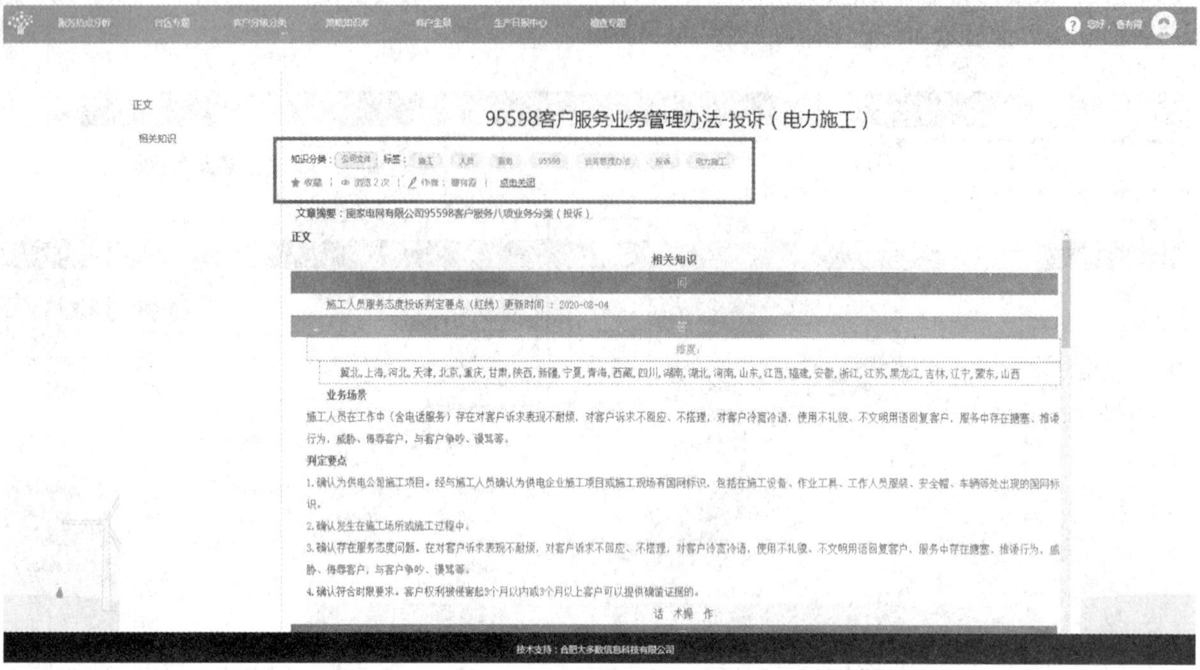

图 6 - 28　搜索原文详情展示显示页面图

(四)精益客户全景

融合客户基本信息，整合营销热词、标签、用电信息、营销业务工单等相关数据，构建基于客户服务的全景数据，为客户经理提供客户服务标准化数据；依托全景视图可视化展示，为基层管理人员、公司领导提供客户精益化服务看板。

在输入框中输入户名或户号点击【搜索】按钮，可以查看客户全景，相关界面显示如图 6 - 29 所示。

图 6 - 29　客户全景搜索界面显示图

客户全景展示客户基本信息、历史工单信息、电费电量信息、服务热点和客户标签等信息，相关界面显示如图 6－30 所示。

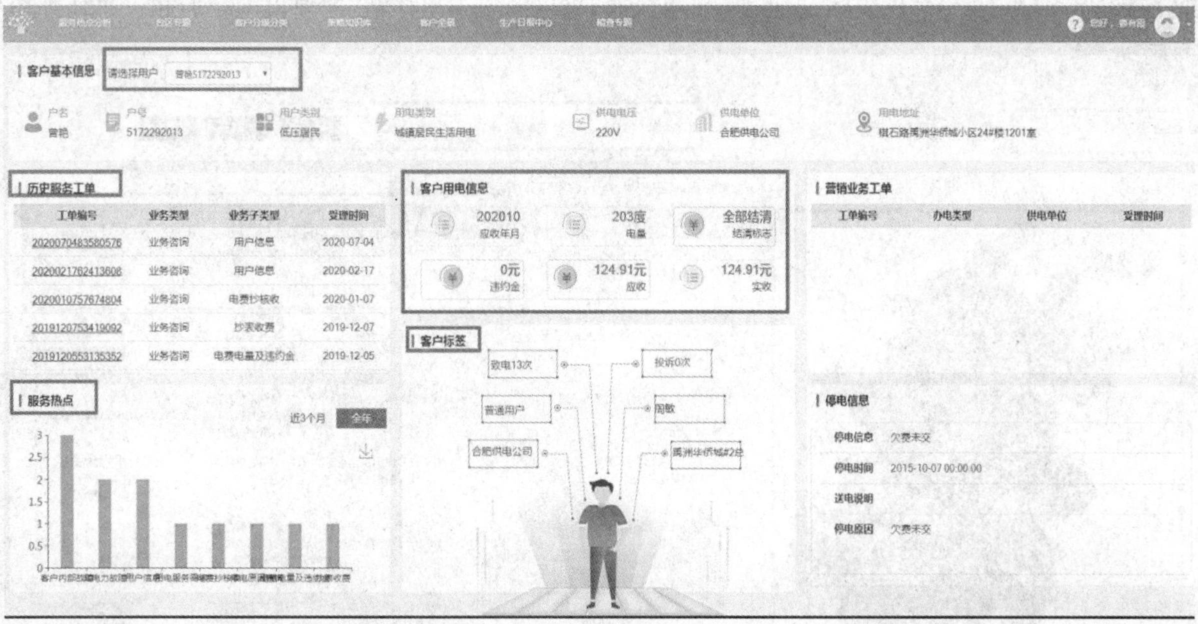

图 6－30　客户全景页面显示图

(五)重复致电

建立省、市、县三级重复致电分析模型，按照户号、手机号维度查询重复致电情况，在重复电话查询的基础上，新增重复户号、地址查询，提升重复致电的热点人群定位精度。

点击列表中的“致电次数”和“热点”可以查看具体工单详情，进行客户多次致电诉求分析。重复致电页面显示图如图 6－31 所示。

图 6－31　重复致电页面显示图

(六)热点网格

将安徽省地图划分为 14 万个 1 平方公里的网格,利用 GIS 定位技术绘制网格工单热力图,内容包括热点区域排名、地理位置经纬度坐标、工单量、工单分布,可以溯源工单详情,并导出 Excel,相关页面如图 6-32 所示。

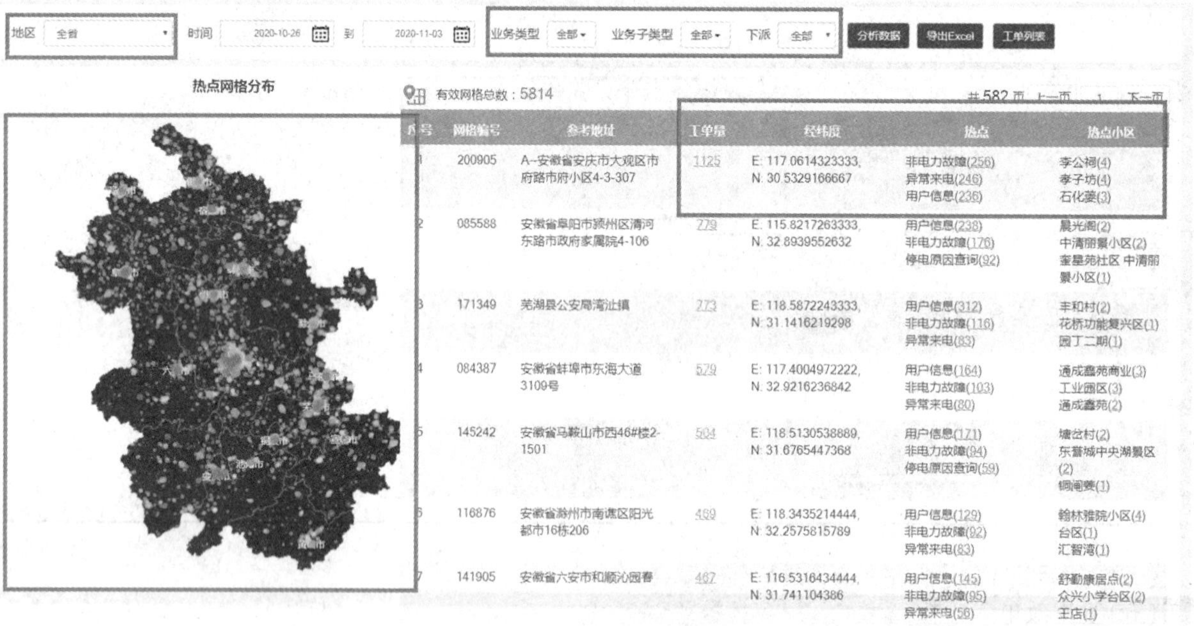

图 6-32 热点网格页面显示图

附 表

附表 1 公司《关于×××事件》重要服务事项报备表

序号	事件过程	工作建议	影响范围	影响时间	统一答复口径	支撑材料	开始时间	结束时间	工单编号	责任单位（部门）	责任单位（部门）联系人、职务（岗位）、联系电话	审核单位（部门）	审核单位（部门）联系人、职务（岗位）、联系电话	备注
1	简述问题处理过程（用最简洁的语言描述事件过程，三段论述： 1. 起因； 2. 事件发展过程； 3. 联系客户处理结果：×××供电公司于××月××日通过电话告知/短信通知/当面告知/送达停电通知书的方式联系停电客户，客户表示不接受。因涉及×××（投诉场景及业务子类），可能引发客户投诉，特此报备	对问题处理的工作建议及可能涉及的投诉场景和业务子类（可对国网客服中心或省营销服务中心提出相关工作建议，举例建议项：建议客服专员答复客户诉求时应注意哪些沟通技巧）	户名：××× 户号：××× 联系电话：××× 用电地址：×××（如批量报备，可写“详见附件”）	××年××月××日××时××分××秒至××年××月××日××时××分××秒（与开始时间、结束时间一致，不超过90天，以秒计算）	采用一问一答的形式，对客户打电话可能会询问的问题进行答复，答复内容注意引用服务用语及可能影响的投诉场景和业务子类，便于座席人员使用并有效地说服客户。 举例： 1. 客户咨询为何给其停电？ 答：××× 2. 客户咨询何时送电？ 答：××× 3. 如果客户对以上答复意见不认可，则建议客户怎样处理	1. 列出汇报材料的电子文档及相关证明文件附件的名称； 2. 嵌入汇报文件的电子文档及相关证明文件附件（嵌入方法：插入—对象—由文件创建—添加需要嵌入的文件后点选“显示为图标”）	××年××月××日××时××分××秒	××年××月××日××时××分××秒	填写“国网工单编号”，如无工单，填写“无”	国网×××县供电公司营销部	国网×××县供电公司营销部 副主任××× 联系电话×××	国网×××供电公司营销部	国网×××供电公司营销部 副主任××× 联系电话×××	添加市公司审核人签字并加盖单位公章的扫描件

附表2　国网×××供电公司《关于配合政府对×××公司实施安全维稳停电事件》重要服务事项报备表

序号	事件过程	工作建议	影响范围	影响时间	统一答复口径	支撑材料	开始时间	结束时间	工单编号	责任单位（部门）	责任单位（部门）联系人、职务（岗位）、联系电话	审核单位（部门）	审核单位（部门）联系人、职务（岗位）、联系电话	备注
1	起因：××年××月××日××政府部门向×××供电公司发函，要求对×××公司实施安全维稳治理，请×××供电公司配合实施断电。 事件过程：×××公司现场情况×××，存在安全隐患。×××供电公司积极配合×××政府工作实施安全维稳治理，对停电客户进行沟通解释，并按照通知于××年××月××日进行停电。 联系客户处理结果：×××供电公司于××月××日通过电话告知/短信通知/当面告知/送达停电通知书的方式联系停电客户，客户表示不接受。因涉及配合政府停电，可能引发客户投诉×××（投诉场景及业务子类），特此报备	涉及报备区域的业务，可能引发客户针对×××（投诉场景及业务子类）等问题进行投诉，请客服专员按照统一答复口径进行解释，并对客户诉求按报备规范处置	户名：××× 户号：××× 联系电话：××× 用电地址：×××	××年××月××日××时××分××秒至××年××月××日××时××分××秒	1. 客户咨询为什么停止供电？ 答：根据政府部门通知，要求供电公司实施停电，配合进行安全维稳治理，请予以理解。 2. 客户咨询何时可以恢复供电？ 答：送电时间根据政府部门要求确定，目前没有接到政府部门恢复供电的通知，一旦接到通知供电公司会尽快恢复供电。 3. 如客户对以上答复不认可，建议客户怎样处理？ 答：建议客户如有疑问和其他诉求联系×××政府部门处理	1. 政府来函； 2. 重要服务事项报备影响范围信息	××年××月××日××时××分××秒	××年××月××日××时××分××秒	填写“国网工单编号”，若无涉及的工单号，填写“无”	国网×××县供电公司营销部	国网×××县供电公司营销部 副主任××× 联系电话×××	国网×××供电公司营销部	国网×××供电公司营销部 副主任××× 联系电话×××	报备表扫描件

附表 3 国网×××供电公司《关于配合政府对×××拆迁客户停电事件》重要服务事项报备表

序号	事件过程	工作建议	影响范围	影响时间	统一答复口径	支撑材料	开始时间	结束时间	工单编号	责任单位（部门）	责任单位（部门）联系人、职务（岗位）、联系电话	审核单位（部门）	审核单位（部门）联系人、职务（岗位）、联系电话	备注
1	起因：××年××月××日××政府部门向×××供电公司发函，要求对×××（区域/小区）实施拆迁改造，请×××供电公司配合实施断电。 事件过程：×××供电公司积极配合政府部门工作，对拆迁停电客户进行沟通解释，并按照通知于××年××月××日进行停电。 联系客户处理结果：×××供电公司于××月××日通过电话告知/短信通知/当面告知/送达停电通知书的方式联系停电客户，客户表示不接受。因涉及配合政府停电，可能引发客户投诉×××（投诉场景和业务子类），特此报备	涉及报备区域的业务，可能引发客户针对×××（投诉场景及业务子类）等问题进行投诉，请客服专员按照统一答复口径进行解释，并对客户诉求按报备规范处置	户名：××× 户号：××× 联系电话：××× 用电地址：×××	××年××月××日××时××分××秒至××年××月××日××时××分××秒	1. 客户咨询为什么停止供电？ 答：根据政府部门通知，要求供电公司实施停电，配合进行拆迁改造，请予以理解。 2. 客户咨询何时可以恢复供电？ 答：送电时间根据政府部门要求确定，目前没有接到政府部门恢复供电的通知，一旦接到通知供电公司会尽快恢复供电。 3. 如客户对以上答复不认可，建议客户怎样处理？ 答：建议客户如有疑问和其他诉求联系×××政府部门处理	1. 政府来函； 2. 重要服务事项报备影响范围信息	××年××月××日××时××分××秒	××年××月××日××时××分××秒	填写“国网工单编号”，若无涉及的工单号，填写“无”	国网×××县供电公司营销部	国网×××县供电公司营销部 副主任××× 联系电话×××	国网×××市供电公司营销部	国网×××市供电公司营销部 副主任××× 联系电话×××	报备表扫描件

附表4　国网×××供电公司《关于配合政府对涉及环境污染×××公司停电事件》重要服务事项报备表

序号	事件过程	工作建议	影响范围	影响时间	统一答复口径	支撑材料	开始时间	结束时间	工单编号	责任单位（部门）	责任单位（部门）联系人、职务（岗位）、联系电话	审核单位（部门）	审核单位（部门）联系人、职务（岗位）、联系电话	备注
1	起因：××年××月××日××市/县×××政府部门向×××供电公司送达关于对×××公司配合停止供电的通知，要求供电公司对×××实施停电。 事件过程：×××供电公司积极配合政府对涉及环境污染的××公司进行停电治理。×××供电公司对停电客户进行沟通解释，并按照通知于××年××月××日进行停电。 联系客户处理结果：×××供电公司于××月××日通过电话告知/短信通知/当面告知/送达停电通知书的方式联系停电客户，客户表示不接受。因涉及配合政府停电，可能引发客户投诉×××（投诉场景和业务子类），特此报备	涉及报备区域的业务，可能引发客户针对×××（投诉场景及业务子类）等问题进行投诉，请客服专员按照统一答复口径进行解释，并对客户诉求按报备规范处置	户名：××× 户号：××× 联系电话：××× 用电地址：×××	××年××月××日××时××分××秒至××年××月××日××时××分××秒	1. 客户咨询为什么停止供电？ 答：根据政府部门通知，要求供电公司实施停电，配合进行环境污染治理，请予以理解。 2. 客户咨询何时可以恢复供电？ 答：送电时间根据政府部门要求确定，目前没有接到政府部门恢复供电的通知，一旦接到通知供电公司会尽快恢复供电。 3. 如客户对以上答复不认可，建议客户怎样处理？ 答：建议客户如有疑问和其他诉求联系×××政府部门处理	1. 政府来函； 2. 重要服务事项报备影响范围信息	××年××月××日××时××分××秒	××年××月××日××时××分××秒	填写“国网工单编号”，若无涉及的工单号，填写“无”	国网×××县供电公司×××部/×××部	国网×××县供电公司×××部 副主任××× 联系电话×××	国网×××供电公司×××部	国网×××供电公司×××部 副主任××× 联系电话×××	报备表扫描件

附表5 国网×××供电公司《关于配合政府对涉及产业结构调整×××公司停电事件》重要服务事项报备表

序号	事件过程	工作建议	影响范围	影响时间	统一答复口径	支撑材料	开始时间	结束时间	工单编号	责任单位（部门）	责任单位（部门）联系人、职务（岗位）、联系电话	审核单位（部门）	审核单位（部门）联系人、职务（岗位）、联系电话	备注
1	起因：××年××月××日××市/县×××政府部门向×××供电公司送达关于对×××公司配合停止供电的通知，要求供电公司对×××公司实施停电。 事件过程：×××供电公司积极配合政府对涉及产业结构调整的企业进行停电治理。在接收×××政府部门通知后，对停电客户进行沟通解释，并按照通知于××年××月××日进行停电。 联系客户处理结果：×××供电公司于××月××日通过电话告知/短信通知/当面告知/送达停电通知书的方式联系停电客户，客户表示不接受。因涉及配合政府停电，可能引发客户投诉×××（投诉场景和业务子类），特此报备	涉及报备区域的业务，可能引发客户针对×××（投诉场景及业务子类）等问题进行投诉，请客服专员按照统一答复口径进行解释，并对客户诉求按报备规范处置	户名：××× 户号：××× 联系电话：××× 用电地址：×××	××年××月××日××时××分××秒至××年××月××日××时××分××秒	1. 客户咨询为什么停止供电？ 答：根据政府部门通知，要求供电公司实施停电，配合进行产业结构调整，请予以理解。 2. 客户咨询何时可以恢复供电？ 答：送电时间根据政府部门要求确定，目前没有接到政府部门恢复供电的通知，一旦接到通知供电公司会尽快恢复供电。 3. 如客户对以上答复不认可，建议客户怎样处理？ 答：建议客户如有疑问和其他诉求联×××政府部门处理	1. 政府来函； 2. 重要服务事项报备影响范围信息	××年××月××日××时××分××秒	××年××月××日××时××分××秒	填写“国网工单编号”，若无涉及的工单号，填写“无”	国网×××县供电公司营销部	国网×××县供电公司营销部 副主任××× 联系电话×××	国网×××市供电公司营销部	国网×××市供电公司营销部 副主任××× 联系电话×××	报备表扫描件

附表6 国网×××供电公司《关于配合政府对×××紧急避险停电事件》重要服务事项报备表

序号	事件过程	工作建议	影响范围	影响时间	统一答复口径	支撑材料	开始时间	结束时间	工单编号	责任单位（部门）	责任单位（部门）联系人、职务（岗位）、联系电话	审核单位（部门）	审核单位（部门）联系人、职务（岗位）、联系电话	备注
1	起因：因×××原因，×××市/县×××（小区/自然村）××年××月××日突发×××情况，险情严重。基于现场安全，为保障人民群众生命财产安全，×××市/县××政府部门向×××供电公司送达关于×××的通知。要求供电公司对×××（小区/自然村）配合进行紧急避险，实施停电。 事件过程：×××供电公司积极配合政府对涉及紧急避险的×××（小区/自然村）进行停电治理。在接收×××部门通知后，对停电客户进行沟通解释，并按照通知于××年××月××日进行停电。 联系客户处理结果：×××供电公司于××月××日通过微信公众号推送消息/现场张贴通知/电话通知/营业厅公示/电视广播宣传的方式联系告知停电客户，客户表示不接受。因涉及配合政府停电，可能引发客户投诉×××（投诉场景和业务子类），特此报备	涉及报备区域的业务，可能引发客户针对×××（投诉场景及业务子类）等问题进行投诉，请客服专员按照统一答复口径进行解释，并对客户诉求按报备规范处置	户名：××× 户号：××× 联系电话：××× 用电地址：×××	××年××月××日××时××分××秒至××年××月××日××时××分××秒	1. 客户咨询为什么停止供电？ 答：根据政府部门通知，要求供电公司实施停电，配合进行紧急避险，请予以理解。 2. 客户咨询何时可以恢复供电？ 答：送电时间根据政府部门要求确定，目前没有接到政府部门恢复供电的通知，一旦接到通知供电公司会尽快恢复供电。 3. 如客户对以上答复不认可，建议客户怎样处理？ 答：建议客户如有疑问和其他诉求联系×××政府部门处理	1. 政府来函； 2. 现场照片； 3. 重要服务事项报备影响范围信息	××年××月××日××时××分××秒	××年××月××日××时××分××秒	填写"国网工单编号"，若无涉及的工单号，填写"无"	国网×××县供电公司×××部	国网×××县供电公司×××部 副主任××× 联系电话×××	国网×××供电公司×××部	国网×××供电公司×××部 副主任××× 联系电话×××	报备表扫描件

附表7　国网×××供电公司《关于配合政府对涉及非法生产的×××公司停电事件》重要服务事项报备表

序号	事件过程	工作建议	影响范围	影响时间	统一答复口径	支撑材料	开始时间	结束时间	工单编号	责任单位（部门）	责任单位（部门）联系人、职务（岗位）、联系电话	审核单位（部门）	审核单位（部门）联系人、职务（岗位）、联系电话	备注
1	起因：××年××月××日×××市/县×××政府部门向×××供电公司送达关于对×××公司停止供电的通知，要求供电公司对×××公司实施停电。 事件过程：×××供电公司积极配合政府对涉及非法生产的×××公司进行停电治理。×××供电公司对停电客户进行沟通解释，并按照通知于××年××月××日进行停电。 联系客户处理结果：×××供电公司于××月××日通过电话告知/短信通知/当面告知/送达停电通知书的方式联系停电客户，客户表示不接受。因涉及配合政府停电，可能引发客户投诉×××（投诉场景及业务子类），特此报备	涉及报备区域的业务，可能引发客户针对×××（投诉场景及业务子类）等问题进行投诉，请客服专员按照统一答复口径进行解释，并对客户诉求按报备规范处置	户名：××× 户号：××× 联系电话：××× 用电地址：×××	××年××月××日××时××分××秒至××年××月××日××时××分××秒	1. 客户咨询为什么停止供电？ 答：根据政府部门通知，要求供电公司实施停电，配合进行非法生产治理，请予以理解。 2. 客户咨询何时可以恢复供电？ 答：送电时间根据政府部门要求确定，目前没有接到政府部门恢复供电的通知，一旦接到通知供电公司会尽快恢复供电。 3. 如客户对以上答复不认可，建议客户怎样处理？ 答：建议客户如有疑问和其他诉求联系×××政府部门处理	1. 政府来函； 2. 重要服务事项报备影响范围信息	××年××月××日××时××分××秒	××年××月××日××时××分××秒	填写“国网工单编号”，若无涉及的工单号，填写“无”	国网×××县供电公司营销部	国网×××县供电公司营销部 副主任××× 联系电话×××	国网×××市供电公司营销部	国网×××市供电公司营销部 副主任××× 联系电话×××	报备表扫描件

附表 8　国网×××供电公司《关于配合政府执行有序用电事件》重要服务事项报备表

序号	事件过程	工作建议	影响范围	影响时间	统一答复口径	支撑材料	开始时间	结束时间	工单编号	责任单位（部门）	责任单位（部门）联系人、职务（岗位）、联系电话	审核单位（部门）	审核单位（部门）联系人、职务（岗位）、联系电话	备注
1	起因：××年××月××日×××市/县×××政府部门向×××供电公司送达关于配合执行有序用电的通知。因用电负荷缺口大，×××市/县×××政府部门要求供电公司配合执行有序用电工作。 事件过程：×××供电公司在接收×××政府部门通知后，积极配合向此次参与有序用电的客户进行沟通解释工作，并于××月××日××时开始执行有序用电工作。 联系客户处理结果：供电公司已于××月××日通过营业厅公告/电视广播宣传/网站发布通知/电话通知/微信公众号推送公告的方式进行公告。××公司此次配合进行有序用电工作，因时间持续长、影响范围广，可能引发客户投诉×××（投诉场景及业务子类），特此报备	涉及报备区域的业务，可能引发客户针对×××（投诉场景及业务子类）等问题进行投诉，请客服专员按照统一答复口径进行解释，并对客户诉求按报备规范处置	×××市/县有序用电客户	××年××月××日××时××分××秒至××年××月××日××时××分××秒	1. 客户咨询为什么停止供电？ 答：因用电负荷缺口大，根据政府部门通知，要求供电公司配合进行有序用电，请予以理解。 2. 客户咨询何时可以恢复供电？ 答：有序用电工作根据政府部门要求确定，目前没有接到政府部门恢复供电的通知，一旦接到通知供电公司会尽快恢复供电。 3. 如客户对以上答复不认可，建议客户怎样处理？ 答：建议客户如有疑问和其他诉求联系×××政府部门处理	1.《关于启动××电网20××年有序用电方案的通知》； 2. 有序用电方案； 3. 重要服务事项报备影响范围信息	××年××月××日××时××分××秒	××年××月××日××时××分××秒	无	国网×××县供电公司营销部	国网×××县供电公司营销部 副主任××× 联系电话×××	国网×××市供电公司营销部	国网×××市供电公司营销部 副主任××× 联系电话×××	报备表扫描件

附表9 国网×××供电公司《关于配合政府对×××县×××公司等3家砖瓦窑厂停电事件》重要服务事项报备表

序号	事件过程	工作建议	影响范围	影响时间	统一答复口径	支撑材料	开始时间	结束时间	工单编号	责任单位（部门）	责任单位（部门）联系人、职务（岗位）、联系电话	审核单位（部门）	审核单位（部门）联系人、职务（岗位）、联系电话	备注
1	起因：××年××月××日×××环保督查整改工作领导小组向×××供电公司送达关于配合停止供电的通知，要求×××供电公司对×××公司等3家砖瓦窑厂用户实施停电。 事件过程：×××供电公司积极配合政府对×××新型墙体材料有限责任公司等3家砖瓦窑厂，原材料煤矸石露天堆放未采取围栏、覆盖等防治扬尘污染，实施断电，×××供电公司积极配合县政府对该3户进行前期宣传。在接收通知后，已于第一时间对客户进行沟通解释工作，并按照要求于4月3日进行停电。 联系客户处理结果：×××供电公司此次配合进行环境隐患停电治理工作，已积极向客户进行沟通解释工作，不排除后期部分客户不满停电进行恶意投诉，特此报备	涉及报备区域的业务和事项，请客服专员按照报备内容及提供的附件进行解释，并对客户诉求按报备规范处置	1. 户名：××× 户号：××× 联系方式：××× 用电地址：××× 2. 户名：××× 户号：××× 联系方式：××× 用电地址：××× 3. 户名：××× 户号：××× 联系方式：××× 用电地址：×××	××年××月××日××时××分××秒至××年××月××日××时××分××秒	1. 客户咨询为什么停止供电？ 答：根据政府部门通知，要求供电公司实施停电，配合进行环境污染治理，请予以理解。 2. 客户咨询何时可以恢复供电？ 答：送电时间根据政府部门要求确定，目前没有接到政府部门恢复供电的通知，一旦接到通知供电公司将尽快恢复供电。 3. 如客户对以上答复不认可，建议客户怎样处理？ 答：客户如有疑问和其他诉求联系×××石料加工和煤矸石砖瓦窑厂环保督查整改工作领导小组处理	1. 政府来函； 2. 重要服务事项报备影响范围信息	××年××月××日××时××分××秒	××年××月××日××时××分××秒	无	国网×××供电公司营销部	国网×××供电公司营销部 分管副主任××× 联系电话×××	国网×××省电力公司营销部	国网×××省电力公司营销部 分管副主任××× 联系电话：×××	报备表扫描件

附表10 国网×××供电公司《关于×××系统升级改造事件》重要服务事项报备表

序号	事件过程	工作建议	影响范围	影响时间	统一答复口径	支撑材料	开始时间	结束时间	工单编号	责任单位（部门）	责任单位（部门）联系人、职务（岗位）、联系电话	审核单位（部门）	审核单位（部门）联系人、职务（岗位）、联系电话	备注
1	起因：接×××来函通知，因××月××日××时至××月××日××时×××系统升级。 事件过程：因××月××日××时至××月××日××时×××系统升级，届时影响×××，相关××业务无法办理。（参考通知内容） 联系客户处理结果：×××供电公司在接收通知后，已于第一时间通过营业厅/电视台/网站/微信公众号等各种途径发布社会公告，全面告知电力客户此次升级改造时间及范围，特此报备	涉及报备区域的业务，可能引发客户针对×××（投诉场景和业务子类）等问题进行投诉，请客服专员按照统一答复口径进行解释，并对客户诉求按报备规范处置	×××市/县客户	××年××月××日××时××分××秒至××年××月××日××时××分××秒	1. 客户咨询为什么无法办理×××业务？ 答：因××月××日××时至××月××日××时×××系统升级，届时影响×××。给您带来不便，敬请谅解。 2. 客户咨询系统升级期间会停电吗？ 答：因××月××日××时至××月××日××时×××系统升级，届时影响×××。系统升级期间不会/将会造成您家停电。 3. 客户咨询怎么没收到通知？ 答：×××供电公司通过营业厅/电视台/网站/微信公众号等各种途径发布社会公告，全面告知电力客户此次升级改造时间及范围	1. 系统升级改造等业务通知； 2. 系统升级改造等业务公告	××年××月××日××时××分××秒	××年××月××日××时××分××秒	填写"国网工单编号"，若无涉及的工单号，填写"无"	国网×××县供电公司营销部/运检部	国网×××县供电公司营销部/运检部 主任 ××× 联系电话 ×××	国网×××供电公司营销部/运检部	国网 ××× 供电公司营销部/运检部 主任 ××× 联系电话 ×××	报备表扫描件

附表 11　国网×××信通公司《用电信息采集系统升级改造》重要服务事项报备表

序号	事件过程	工作建议	影响范围	影响时间	统一答复口径	支撑材料	开始时间	结束时间	工单编号	责任单位（部门）	责任单位（部门）联系人、职务（岗位）、联系电话	审核单位（部门）	审核单位（部门）联系人、职务（岗位）、联系电话	备注
1	经×××电力公司营销部批准，信通公司于××年××月××日××时至××时进行用电信息采集系统升级改造工作。并以营业厅公告的渠道公示本次升级改造的内容及影响范围	建议客服专员答复客户诉求时注意，用户购电下发出现短时延迟，是为了给用户提供更好的客户体验，系统正在进行维护	用电信息采集系统无法登陆，×××地区居民客户30元应急送电申请，购电单下发延迟3小时	××月××日××时至××时	1. 客户咨询为何购电后无法入表？ 答：为给您提供更好的客户体验，系统正在进行维护，购电单下发延迟××小时。 2. 客户咨询何时可用？ 答：系统升级改造中，恢复时间为××月××日××时，建议您稍后再试	1. 关于×××公司营销类用电信息采集系统升级改造的情况说明； 2. 业务需求检修计划申请单	××月××日××时	××月××日××时	无	国网×××信通公司	×××专工×××	国网×××市电力公司	营销部 主任××× ×××	

附表 12　国网×××供电公司《关于×××预警天气事件》重要服务事项报备表

序号	事件过程	工作建议	影响范围	影响时间	统一答复口径	支撑材料	开始时间	结束时间	工单编号	责任单位（部门）	责任单位（部门）联系人、职务（岗位）、联系电话	审核单位（部门）	审核单位（部门）联系人、职务（岗位）、联系电话	备注
1	×××气象台于××月××日××时××秒发布×××市/县×××预警天气。（参照气象预警内容） ×××供电公司现已认真落实各项保供电措施，确保电网安全运行、有序可靠供电。抢修人员现已全员上岗，全部投入恶劣天气可能引发的故障抢修工作。届时，×××地区可能出现因天气恶劣现场不具备安全抢修条件而造成的临时故障抢修、复电不及时，低电压等情况，特此报备	涉及报备区域的业务，可能引发客户针对×××（投诉场景和业务子类）等问题进行投诉，请客服专员按照统一答复口径进行解释，并对客户诉求按报备规范处置	×××市/县	××年××月××日××分××秒至××年××月××日××分××秒	1. 客户咨询为什么会突然停电？ 答：因受恶劣天气影响，电力设施出现故障。同时因恶劣天气制约，导致抢修难度增大，现场不具备安全抢修条件。现供电部门正在全力组织力量抢修，会尽快恢复供电，请您耐心等待。 2. 客户反映频繁跳闸电压不稳问题，如何处理？ 答：因恶劣天气，电力设施出现故障，用电负荷不断攀升，所以出现了短期低电压现象，十分抱歉给您的生活带来不便，我们将立刻联系抢修人员上门	1. 气象预警截图； 2. 重要服务事项报备影响范围信息	××年××月××日××分××秒	××年××月××日××分××秒	填写"国网工单编号"，若无涉及的工单号，填写"无"	国网×××县供电公司营销部/运检部	国网×××县供电公司营销部/运检部 副主任××× 联系电话×××	国网×××市供电公司营销部/运检部	国网×××市供电公司营销部/运检部 副主任××× 联系电话×××	报备表扫描件

附表13　国网×××供电公司《关于×××市暴雨橙色预警天气事件》重要服务事项报备表

序号	事件过程	工作建议	影响范围	影响时间	统一答复口径	支撑材料	开始时间	结束时间	工单编号	责任单位（部门）	责任单位（部门）联系人、职务（岗位）、联系电话	审核单位（部门）	审核单位（部门）联系人、职务（岗位）、联系电话	备注
1	国家预警信息发布中心于××年××月××日××时××分，发布×××市暴雨橙色预警，××小时内×××市区降雨量将达××毫米以上。因恶劣天气，×××市区可能发生大面积停电的情况，×××公司现已认真落实各项保供电措施，确保电网安全运行、有序可靠供电。抢修人员现已全员上岗，全部投入暴雨天气可能引发的故障抢修工作。 届时×××市区可能出现因暴雨天气现场不具备安全抢修条件而造成的临时故障抢修、复电不及时，低电压等情况，特此报备	涉及报备区域的业务和事项，请客服专员按照报备内容及提供的附件进行解释，并对客户诉求按报备规范处置	×××市区	××年××月××日××时至××年××月××日××时	1. 客户反映为什么会突然停电？ 答：因雷雨大风天气，部分电力设施出现故障。受雷雨大风天气的影响导致抢修难度增大，部分地区现场不具备安全抢修条件。现供电部门正在全力组织力量抢修，会尽快恢复供电，请您耐心等待。 2. 客户反映频繁跳闸或电压不稳的问题，如何处理？ 答：因雷雨大风天气，部分电力设施出现故障，全省用电负荷不断攀升，所以出现了短期低电压现象，十分抱歉给您的生活带来不便，我们将立刻联系抢修人员上门对您反映电压低（或频繁跳闸）的情况，为您解决此类问题，保证您日后的正常用电	中国天气网预警截图	××年××月××日××时	××年××月××日××时	无	国网×××供电公司运检部配电运检室	国网×××市供电公司运检部配电运检室 专责 ××× 联系电话 ×××	国网×××供电公司运检部	国网×××供电公司运检部 书记 ××× 联系电话 ×××	

附表 14　国网×××公司《关于×××县暴雨红橙色预警天气事件》重要服务事项报备表

序号	事件过程	工作建议	影响范围	影响时间	统一答复口径	支撑材料	开始时间	结束时间	工单编号	责任单位（部门）	责任单位（部门）联系人、职务（岗位）、联系电话	审核单位（部门）	审核单位（部门）联系人、职务（岗位）、联系电话	备注
1	起因：中国天气网于××年××月××日××时××分发布安徽省×××县暴雨橙色预警，××小时降雨量将达××毫米以上且降雨可能持续。 事件过程：因恶劣天气，×××市×××县可能发生大面积停电的情况，×××公司现已认真落实各项保供电措施，确保电网安全运行、有序可靠供电。抢修人员现已全员上岗，全部投入暴雨天气可能引发的故障抢修工作。 客户联系处理结果：届时，×××市×××县可能出现因暴雨天气现场不具备安全抢修条件而造成的临时故障抢修、复电不及时，低电压等情况，特此报备	涉及报备区域的业务和事项，请客服专员按照报备内容及提供的附件进行解释，并对客户诉求按报备规范处置	×××市×××县	××年××月××日××时至××年××月××日××时	1. 客户反映为什么会突然停电？ 答：因暴雨天气，部分电力设施出现故障。受暴雨天气的影响导致抢修难度增大，部分地区现场不具备安全抢修条件。现供电部门正在全力组织力量抢修，会尽快恢复供电，请您耐心等待。 2. 客户反映频繁跳闸或电压不稳的问题，如何处理？ 答：因暴雨天气，部分电力设施出现故障，全省用电负荷不断攀升，所以出现了短期低电压现象，十分抱歉给您的生活带来不便，我们将立刻联系抢修人员上门对您反映电压低（或频繁跳闸）的情况，为您解决此类问题，保证您日后的正常用电	中国天气网天气截图	××年××月××日××时	××年××月××日××时	无	国网×××供电公司运检部配电运检室	国网×××市供电公司运检部配电运检室 配电专责××× 联系电话×××	国网×××供电公司运检部	国网×××供电公司运检部 运检部主任××× 联系电话×××	

附表15　国网×××供电公司《关于×××乡×××村×××客户无理索要占地赔偿事件》重要服务事项报备表

序号	事件过程	工作建议	影响范围	影响时间	统一答复口径	支撑材料	开始时间	结束时间	工单编号	责任单位（部门）	责任单位（部门）联系人、职务（岗位）、联系电话	审核单位（部门）	审核单位（部门）联系人、职务（岗位）、联系电话	备注
1	起因：×××乡×××村客户×××反映供电公司×××变压器占用自己土地，要求赔偿/要求变压器迁移。 事件过程：×××供电公司立即组织人员到达现场勘查，客户反映的是×××供电公司×××千伏×××变压器。该变压器于农网改造时投运使用时，供电公司已对占用土地按照×××相关规定补偿标准进行一次性补偿。（当初农网规划选址时，该变压器位置是与村委会共同协商确定的，且该处属于村委会公共用地，不属于×××客户私人所有。）对于×××客户无理诉求，供电公司无法满足。 联系客户处理结果：×××供电公司于××月××日通过电话联系/当面告知的方式与客户沟通。客户仍不认可，情绪比较激动，不排除后期可能恶意投诉，特此报备	涉及报备区域的业务和事项，请客服专员按照报备内容及提供的附件进行解释，并对客户诉求按报备规范处置	户名：××× 户号：××× 联系电话：××× 用电地址：×××	××年××月××日××时××分××秒至××年××月××日××时××分××秒	1. 客户反映×××杆塔/变压器占用自家土地。 答：客户您好，您反映的情况经供电公司现场核实，杆塔/变压器对占用客户您家土地，供电公司已按照×××补偿标准进行一次性补偿。 2. 客户反映补偿标准低或补偿费用少。 答：客户您好，供电公司补偿标准是根据当年的×××市人民政府关于被征土地青苗及地上附着物补偿标准进行赔偿。 3. 如客户对以上答复不认可，建议客户怎样处理？ 答：客户如有疑问可联系咨询当地供电公司，或者通过司法诉讼程序解决	1. ×××市人民政府关于调整被征土地上青苗和房屋等附着物补偿标准的通知； 2. 相关证明材料； 3. 重要服务事项报备影响范围信息	××年××月××日××时××分××秒	××年××月××日××时××分××秒	填写“国网工单编号”，若无涉及的工单号，需填写“无”	国网×××市供电公司营销部/运检部	国网×××市供电公司营销部/运检部 副主任××× 联系电话×××	国网×××省电力公司营销部/运检部	国网×××省电力公司营销部/运检部 副主任××× 联系电话×××	报备表扫描件

附表 16 国网×××供电公司《关于×××乡×××村×××客户无理索要青苗赔偿事件》重要服务事项报备表

序号	事件过程	工作建议	影响范围	影响时间	统一答复口径	支撑材料	开始时间	结束时间	工单编号	责任单位（部门）	责任单位（部门）联系人、职务（岗位）、联系电话	审核单位（部门）	审核单位（部门）联系人、职务（岗位）、联系电话	备注
1	起因：×××乡×××村客户×××反映供电公司将自己种植×××进行砍伐，要求赔偿。 事件过程：×××供电公司立即组织人员到达现场勘查，客户在×××千伏×××路×××电力线路旁种植×××。×××千伏×××路×××电力线路于××年××月投运使用，该区域属于电力设施保护区。因农作物自然生长可能危及电力设施的安全，供电公司根据《×××保护条例》，对可能危及电力设施安全的农作物进行了修剪，以确保电力设施的安全运行。对于客户要求赔偿的无理诉求，供电公司无法满足。 联系客户处理结果：×××供电公司于××月××日通过电话联系/当面告知的方式与客户沟通，供电公司无法满足客户该诉求。客户对此不认可，情绪比较激动，不排除后期可能×××（投诉场景和业务子类）恶意投诉，特此报备	涉及报备区域的业务，可能引发客户针对×××（投诉场景和业务子类）等问题进行投诉，请客服专员按照统一答复口径进行解释，并对客户诉求按报备规范处置	户名：××× 户号：××× 联系电话：××× 用电地址：×××	××年××月××日××时××分××秒至××年××月××日××时××分××秒	1. 客户反映供电公司砍伐自己种植的农作物。 答：客户您好，根据《×××保护条例》规定电力设施保护区域内，不得种植农作物。 2. 客户反映补偿标准低或补偿费用少。 答：客户您好，供电公司补偿标准是根据当年的×××市人民政府关于被征土地青苗及地上附着物补偿标准进行赔偿。 3. 如客户对以上答复不认可，建议客户怎样处理？ 答：客户如有疑问可联系咨询当地供电公司，或通过司法诉讼解决	1. 现场照片及线路投运时间截图； 2. 相关证明； 3. 电力设施保护条例； 4. 重要服务事项报备影响范围信息	××年××月××日××时××分××秒	××年××月××日××时××分××秒	填写“国网工单编号”，若无涉及的工单号，需填写“无”	国网×××市供电公司营销部/运检部	国网×××市供电公司营销部/运检部 副主任××× 联系电话×××	国网×××省电力公司营销部/运检部	国网×××省电力公司营销部/运检部 副主任××× 联系电话×××	报备表扫描件

附表17　国网×××供电公司《关于×××乡×××村×××客户索要高额停电赔偿事件》重要服务事项报备表

序号	事件过程	工作建议	影响范围	影响时间	统一答复口径	支撑材料	开始时间	结束时间	工单编号	责任单位（部门）	责任单位（部门）联系人、职务（岗位）、联系电话	审核单位（部门）	审核单位（部门）联系人、职务（岗位）、联系电话	备注
1	起因：×××乡×××村客户×××反映××月××日×××造成客户处停电，致使客户×××受损，要求赔偿。 事件过程：×××供电公司立即组织人员到达现场，×××保险公司人员同时现场勘查，客户处因×××原因××月××日××时开始停电，于××月××日××时恢复供电。该低压用户申请用电容量为×××，并未申请双电源，且在停电后用户未自备备用电源，也未及时采取补救措施，造成×××损失。保险公司勘查意见：×××客户处因×××原因造成停电，不属于供电公司责任，不属理赔范围。（保险公司现场勘查后确定理赔方案，核定理赔金额×××元。客户对理赔金额不认可，要求同时对×××进行理赔） 联系客户处理结果：×××供电公司于××月××日通过电话联系/当面告知的方式积极与客户沟通解释，根据《×××》第×××条，当事人对自己提出的主张，有责任提供证据。供电公司对于超出理赔范围的不合理诉求无法满足。客户不认可，情绪比较激动，不排除后期可能以×××（投诉场景和业务子类）恶意投诉，特此报备	涉及报备区域的业务，可能引发客户针对×××（投诉场景和业务子类）等问题进行投诉，请客服专员按照统一答复口径进行解释，并对客户诉求按报备规范处置	户名：××× 户号：××× 联系电话：××× 用电地址：×××	××年××月××日××时××分××秒至××年××月××日××时××分××秒	1. 客户咨询停电损失如何赔偿？ 答：保险公司已进行现场勘查登记，核定停电损失的范围和物品。供电公司待保险公司出具理赔方案后，确定理赔范围和理赔金额。 2. 客户咨询为什么对×××不进行理赔？ 答：供电公司按照保险公司理赔方案，确定理赔范围和理赔金额，对超出理赔范围的部分无法理赔。根据《×××》第×××条：当事人对自己提出的主张，有责任提供证据。 3. 如客户对以上答复不认可，建议客户怎样处理？ 答：客户如有疑问可联系咨询当地供电公司，或通过司法诉讼解决	1. 现场照片； 2. 保险公司材料； 3. 相关法律法规； 4. 重要服务事项报备影响范围信息	××年××月××日××时××分××秒	××年××月××日××时××分××秒	填写“国网工单编号”，若无涉及的工单号，需填写“无”	国网×××市供电公司营销部/运检部	国网×××市供电公司营销部/运检部 副主任××× 联系电话×××	国网×××省电力公司营销部/运检部	国网×××省电力公司营销部/运检部 副主任××× 联系电话×××	报备表扫描件

附表18 国网×××供电公司《关于×××乡×××村×××客户不满家电赔偿事件》重要服务事项报备表

序号	事件过程	工作建议	影响范围	影响时间	统一答复口径	支撑材料	开始时间	结束时间	工单编号	责任单位（部门）	责任单位（部门）联系人、职务（岗位）、联系电话	审核单位（部门）	审核单位（部门）联系人、职务（岗位）、联系电话	备注
1	起因：×××乡×××村客户×××反映××月××日××时发生停电，致使客户电器×××发生损坏，要求赔偿。 事件过程：×××供电公司立即组织人员到达现场，×××保险公司人员同时现场勘查，客户家中×××电器损坏。保险公司对损坏电器进行维修费用核定，客户不接受，坚决要求供电公司负责赔偿全新的电器。（保险公司核定该×××电器损坏非此次停电造成，不属于理赔范围。客户不接受，坚决要求供电公司负责赔偿） 联系客户处理结果：×××供电公司于××月××日通过电话联系/当面告知的方式与客户沟通，供电公司无法满足客户该诉求。客户不认可，情绪激动，不排除后期可能以×××（投诉场景和业务子类）恶意投诉，特此报备	涉及报备区域的业务，可能引发客户针对×××（投诉场景和业务子类）等问题进行投诉，请客服专员按照统一答复口径进行解释，并对客户诉求按报备规范处置	户名：××× 户号：××× 联系电话：××× 用电地址：×××	××年××月××日××时××分××秒至××年××月××日××时××分××秒	1. 客户咨询为什么可以维修，不能赔偿新电器？ 答：根据《居民用户家用电器损坏处理办法》，对可以修复的进行修复，对不可修复的进行赔偿。 2. 客户咨询为什么对×××不进行理赔？ 答：保险公司已进行现场勘查登记，核定理赔范围和金额。供电公司根据保险公司出具的理赔方案，确定理赔范围和理赔金额，对超出理赔范围的部分无法赔偿。根据《×××》第×××条：当事人对自己提出的主张，有责任提供证据。 3. 如客户对以上答复不认可，建议客户怎样处理？ 答：客户如有疑问可联系咨询当地供电公司，或通过司法诉讼解决	1. 现场照片； 2. 保险公司证明； 3.《居民用户家用电器损坏处理办法》； 4. 重要服务事项报备影响范围信息	××年××月××日××时××分××秒	××年××月××日××时××分××秒	填写“国网工单编号”，若无涉及的工单号，填写“无”	国网×××市供电公司营销部/运检部	国网×××市供电公司营销部/运检部 副主任××× 联系电话×××	国网×××省电力公司营销部/运检部	国网×××省电力公司营销部/运检部 副主任××× 联系电话×××	报备表扫描件

附表19 国网×××供电公司《关于×××乡×××村×××客户不满触电赔偿事件》重要服务事项报备表

序号	事件过程	工作建议	影响范围	影响时间	统一答复口径	支撑材料	开始时间	结束时间	工单编号	责任单位（部门）	责任单位（部门）联系人、职务（岗位）、联系电话	审核单位（部门）	审核单位（部门）联系人、职务（岗位）、联系电话	备注
1	起因：×××乡×××村客户×××反映供电公司的×××电力设施，致使客户×××建筑物发生损坏，要求赔偿。 事件过程：×××供电公司立即安排人员到达现场，×××保险公司人员同时现场勘查，供电公司的×××电力设施安装位置与客户×××建筑物损坏部位的距离为×××米，客户反映自家的×××建筑物损坏，×××损坏是因×××缘故造成，不能证明/无法说明是供电公司×××电力设施致使损坏。保险公司勘查意见为非供电公司责任，不属于理赔范围。 联系客户处理结果：×××供电公司于××月××日通过电话联系/当面告知的方式告知客户，根据《×××》第×××条，当事人对自己提出的主张，有责任提供证据。客户对此不认可，情绪激动，不排除后期可能以×××（投诉场景和业务子类）恶意投诉，特此报备	涉及报备区域的业务，可能引发客户针对×××（投诉场景和业务子类）等问题进行投诉，请客服专员按照统一答复口径进行解释，并对客户诉求按报备规范处置	户名：××× 户号：××× 联系电话：××× 用电地址：×××	××年××月××日××时××分××秒至××年××月××日××时××分××秒	1. 客户咨询为什么对×××不能进行理赔？ 答：保险公司已进行现场勘查登记，核定理赔范围和金额。供电公司是按相关规定确定理赔范围和理赔金额，对超出理赔范围的部分无法理赔。 2. 客户强调电力设施致使建筑物损坏，要求赔偿。 答：保险公司勘查意见中不能证明/无法说明是供电公司×××电力设施致使损坏。根据《×××》第×××条，当事人对自己提出的主张，有责任提供证据。 3. 如客户对以上答复不认可，建议客户怎样处理？ 答复：客户如有疑问可咨询联系当地供电公司，或者通过司法诉讼解决	1. 现场照片； 2. 保险公司情况说明； 3. 法律法规； 4. 重要服务事项报备影响范围信息	××年××月××日××时××分××秒	××年××月××日××时××分××秒	填写“国网工单编号”，若无涉及的工单号，需填写“无”	国网×××市供电公司营销部/运检部	国网×××市供电公司营销部/运检部 副主任××× 联系电话×××	国网×××省电力公司营销部/运检部	国网×××省电力公司营销部/运检部 副主任××× 联系电话×××	报备表扫描件

附表 20　国网×××供电公司《关于×××乡×××村×××客户不满电力施工伤残赔偿事件》重要服务事项报备表

序号	事件过程	工作建议	影响范围	影响时间	统一答复口径	支撑材料	开始时间	结束时间	工单编号	责任单位（部门）	责任单位（部门）联系人、职务（岗位）、联系电话	审核单位（部门）	审核单位（部门）联系人、职务（岗位）、联系电话	备注
1	起因：×××乡×××村客户×××反映××年××月××日×××供电公司×××地点施工现场未处理，致使客户×××发生×××伤残/死亡，要求赔偿。 事件过程：×××供电公司立即组织人员到达现场，×××保险公司人员同时现场勘查，客户×××因为×××造成×××伤残/死亡。保险公司根据相关规定对客户进行赔偿，核定理赔金额×××元。客户对理赔金额不认可，要求同时对×××进行理赔。 联系客户处理结果：×××供电公司于××月××日通过电话联系/当面告知的方式与客户沟通，根据《×××》第×××条，当事人对自己提出的主张，有责任提供证据。供电公司对于超出理赔范围的不合理诉求无法满足。客户不认可，情绪激动，不排除后期可能以×××（投诉场景和业务子类）恶意投诉，特此报备	涉及报备区域的业务，可能引发客户针对×××（投诉场景和业务子类）等问题进行投诉，请客服专员按照统一答复口径进行解释，并对客户诉求按报备规范处置	户名：××× 户号：××× 联系电话：××× 用电地址：×××	××年××月××日××时××分××秒至××年××月××日××时××分××秒	1. 客户咨询损失如何赔偿？ 答：保险公司已进行现场勘查登记，核定理赔的范围和金额。供电公司待保险公司出具理赔方案后，确定理赔金额。 2. 客户咨询为什么对×××不进行理赔？ 答：供电公司按照保险公司理赔方案，确定理赔金额，对超出理赔范围的部分无法理赔。根据《×××》第×××条，当事人对自己提出的主张，有责任提供证据。 3. 如客户对以上答复不认可，建议客户怎样处理？ 答：客户如有疑问可联系咨询当地供电公司，或通过司法诉讼解决	1. 相关照片； 2. 保险公司材料； 3. 法律法规； 4. 重要服务事项报备影响范围信息	××年××月××日××时××分××秒	××年××月××日××时××分××秒	填写“国网工单编号”，若无涉及的工单号，填写“无”	国网×××市供电公司×××营销部/运检部	国网×××市供电公司×××营销部/运检部 副主任 ××× 联系电话 ×××	国网×××省电力公司营销部/运检部	国网×××省电力公司营销部/运检部 副主任 ××× 联系电话 ×××	报备表扫描件

附表 21　国网×××供电公司《关于×××乡×××村×××醉酒客户×××无理诉求事件》重要服务事项报备表

序号	事件过程	工作建议	影响范围	影响时间	统一答复口径	支撑材料	开始时间	结束时间	工单编号	责任单位（部门）	责任单位（部门）联系人、职务（岗位）、联系电话	审核单位（部门）	审核单位（部门）联系人、职务（岗位）、联系电话	备注
1	起因：×××乡×××村客户×××于××月××日反映×××，致使×××，要求供电公司×××。 事件过程：×××供电公司立即组织人员到达现场，经×××村委会了解到客户×××十分嗜酒，时常有醉酒后×××行为。且村委会证明客户在××日与×××人在×××地点大量饮酒，醉酒后拨打供电公司电话。工作人员核实现场实际情况为：×××。客户提出的要求超出供电服务范围/非供电公司产权的电力设施造成，供电公司无法满足无理诉求。 联系客户处理结果：×××供电公司于××月××日通过电话联系/当面告知的方式与客户沟通，根据《×××》第×××条，当事人对自己提出的主张，有责任提供证据。供电公司对于超出服务范围的不合理诉求无法满足。客户不认可，情绪激动，不排除后期可能以×××（投诉场景和业务子类）恶意投诉，特此报备	涉及报备区域的业务，可能引发客户针对×××（投诉场景和业务子类）等问题进行投诉，请客服专员按照统一答复口径进行解释，并对客户诉求按报备规范处置	户名：××× 户号：××× 联系电话：××× 用电地址：×××	××年××月××日××时××分××秒至××年××月××日××时××分××秒	1. 客户咨询为什么对×××不能赔偿？ 答：供电公司是按相关规定确定赔偿范围和金额，对超出供电服务范围的不合理诉求无法满足。 2. 客户反映供电公司×××造成客户×××？ 答：根据《×××》第×××条，当事人对自己提出的主张，有责任提供证据。请您提供相应证明材料。 3. 如客户对以上答复不认可，建议客户怎样处理？ 答：客户如有疑问可咨询当地供电公司，或者通过司法诉讼解决	1. 村委会证明； 2. 相关法规； 3. 重要服务事项报备影响范围信息	××年××月××日××时××分××秒	××年××月××日××时××分××秒	填写“国网工单编号”，若无涉及的工单号，填写“无”	国网×××市供电公司营销部/运检部	国网×××市供电公司营销部/运检部 副主任××× 联系电话×××	国网×××省电力公司营销部/运检部	国网×××省电力公司营销部/运检部 副主任××× 联系电话×××	报备表扫描件

附表 22　国网×××供电公司《关于×××乡×××村×××精神异常客户×××无理诉求事件》重要服务事项报备表

序号	事件过程	工作建议	影响范围	影响时间	统一答复口径	支撑材料	开始时间	结束时间	工单编号	责任单位（部门）	责任单位（部门）联系人、职务（岗位）、联系电话	审核单位（部门）	审核单位（部门）联系人、职务（岗位）、联系电话	备注
1	起因：×××乡×××村客户×××于××月××日反映×××，致使×××，要求×××。 事件过程：×××供电公司立即组织人员到达现场了解情况，经×××证明客户×××精神异常，时常有×××行为。客户×××提出的×××要求，工作人员核实现场实际情况为：×××。客户提出的要求超出供电服务范围/非供电公司产权的电力设施造成，供电公司无法满足无理诉求。 联系客户处理结果：×××供电公司于××月××日已通过电话联系/当面告知的方式与客户沟通，当事人对自己提出的主张，有责任提供证据。供电公司对于超出服务范围的不合理诉求无法满足。客户不认可，情绪比较激动，不排除后期可能以×××（投诉场景和业务子类）恶意投诉，特此报备	涉及报备区域的业务，可能引发客户针对×××（投诉场景及业务子类）等问题进行投诉，请客服专员按照统一答复口径进行解释，并对客户诉求按报备规范处置	户名：××× 户号：××× 联系电话：××× 用电地址：×××	××年××月××日××时××分××秒至××年××月××日××时××分××秒	1. 客户咨询为什么对×××不能赔偿？ 答：供电公司是按相关规定确定赔偿范围和金额，对超出供电服务范围的不合理诉求无法满足。 2. 客户反映供电公司×××造成客户×××。 答：当事人对自己提出的主张，有责任提供证据。请您提供相应证明材料。 3. 如客户对以上答复不认可，建议客户怎样处理？ 答：客户如有疑问可咨询当地供电公司，或者通过司法诉讼解决	1. 精神异常证明； 2. 现场照片； 3. 重要服务事项报备影响范围信息	××年××月××日××时××分××秒	××年××月××日××时××分××秒	填写“国网工单编号”，若无涉及的工单号，填写“无”	国网×××市供电公司营销部/运检部	国网×××市供电公司营销部/运检部 副主任××× 联系电话×××	国网×××省电力公司营销部/运检部	国网×××省电力公司营销部/运检部 副主任××× 联系电话×××	报备表扫描件

附表23 国网×××供电公司《关于×××乡×××村×××客户不满×××安装位置事件》重要服务事项报备表

序号	事件过程	工作建议	影响范围	影响时间	统一答复口径	支撑材料	开始时间	结束时间	工单编号	责任单位（部门）	责任单位（部门）联系人、职务（岗位）、联系电话	审核单位（部门）	审核单位（部门）联系人、职务（岗位）、联系电话	备注
1	起因：×××乡×××村客户×××反映×××供电公司×××杆塔/变压器的安装位置不合理，要求迁移。 事件过程：×××供电公司立即组织人员到达现场勘查，客户反映的是×××供电公司×××千伏×××杆塔/变压器。经村委会证明，该杆塔/变压器的安装位置属公共用地，非客户所有，且当初是与村委会协商共同确定该杆塔/变压器安装位置。客户如果执意要求迁移，需承担所有迁移费用，用户表示不认可。 联系客户处理结果：×××供电公司于××月××日通过电话联系/当面告知的方式与客户沟通解释，客户仍不认可，情绪比较激动，不排除后期可能以×××（投诉场景和业务子类）恶意投诉，特此报备	涉及报备区域的业务，可能引发客户针对×××（投诉场景和业务子类）等问题进行投诉，请客服专员按照统一答复口径进行解释，并对客户诉求按报备规范处置	户名：××× 户号：××× 联系电话：××× 用电地址：×××	××年××月××日至××年××月××日	1. 客户反映××杆塔/变压器位置不合理，占用自家农田。 答：经×××村委会/街道居委会了解到，客户您反映的杆塔/变压器的安装位置属公共用地，非私人所有。 2. 客户咨询迁移杆塔/变压器费用。 答：您反映的杆塔/变压器的安装位置属公共用地，非私人所有。客户如果执意要求迁移，需承担所有迁移费用。 3. 如客户对以上答复不认可，建议客户怎样处理？ 答复：客户如有疑问可咨询当地供电公司，或通过者司法诉讼解决	1. 村委会证明； 2. 现场照片； 3. 供电营业规则； 4. 重要服务事项报备影响范围信息	××年××月××日	××年××月××日	填写“国网工单编号”，若无涉及的工单号，填写“无”	国网×××市供电公司营销部/运检部	国网×××市供电公司营销部/运检部 副主任××× 联系电话×××	国网×××省电力公司营销部/运检部	国网×××省电力公司营销部/运检部 副主任××× 联系电话×××	报备表扫描件

附表24　国网×××供电公司《关于×××乡×××村客户×××无理索要噪音赔偿事件》重要服务事项报备表

序号	事件过程	工作建议	影响范围	影响时间	统一答复口径	支撑材料	开始时间	结束时间	工单编号	责任单位（部门）	责任单位（部门）联系人、职务（岗位）、联系电话	审核单位（部门）	审核单位（部门）联系人、职务（岗位）、联系电话	备注
1	起因：×××乡×××村客户×××反映供电公司×××变压器/配电房位置不合理，噪音过大，要求赔偿/要求迁移。 事件过程：×××供电公司立即组织人员到达现场勘查，客户反映的是×××供电公司×××千伏×××路×××变压器/配电房。经现场测量，该变压器/配电房与客户×××的距离为×××米。根据《×××》规定，×××千伏×××变压器/配电房最小安全距离为×××米。该变压器/配电房符合安全距离要求。经第三方×××机构进行现场噪音检测，检测结果符合国家规定值。 联系客户处理结果：×××供电公司于××月××日通过电话联系/当面告知的方式与客户沟通，客户仍不认可，情绪激动，不排除后期可能以×××（投诉场景和业务子类）恶意投诉，特此报备	涉及报备区域的业务，可能引发客户针对×××（投诉场景和业务子类）等问题进行投诉，请客服专员按照统一答复口径进行解释，并对客户诉求按报备规范处置	户名：××× 户号：××× 联系电话：××× 用电地址：×××	××年××月××日××时××分××秒至××年××月××日××时××分××秒	1. 客户咨询×××变压器/配电房与自家安全距离是否符合要求？ 答：变压器/配电房安装位置是经过设计规划，报送审批后予以实施的。 2. 客户反映×××变压器/配电房对自家噪音影响严重。 答：经第三方×××机构进行现场噪音检测，检测结果合格，不存在噪音影响严重。 3. 如客户对以上答复不认可，建议客户怎样处理？ 答：客户如有疑问可咨询当地供电公司，或者通过司法诉讼解决	1. 现场照片； 2. 噪音标准； 3. 检测报告； 4. 重要服务事项报备影响范围信息	××年××月××日××时××分××秒	××年××月××日××时××分××秒	填写“国网工单编号”，若无涉及的工单号，填写“无”	国网×××市供电公司营销部/运检部	国网×××市供电公司营销部/运检部 副主任××× 联系电话×××	国网×××省电力公司营销部/运检部	国网×××省电力公司营销部/运检部 副主任××× 联系电话×××	报备表扫描件

附表25 国网×××供电公司《关于×××乡×××村×××客户不满校表结果事件》重要服务事项报备表

序号	事件过程	工作建议	影响范围	影响时间	统一答复口径	支撑材料	开始时间	结束时间	工单编号	责任单位（部门）	责任单位（部门）联系人、职务（岗位）、联系电话	审核单位（部门）	审核单位（部门）联系人、职务（岗位）、联系电话	备注
1	起因：×××乡×××村客户×××反映×××近期电费增多，用电量突增，怀疑电表计量准确性，要求退补电费。 事件过程：×××供电公司立即组织客户经理到达现场勘查用户表计接线，未发现异常。并为客户调取最近××个月的每日用电量信息。客户仍对电量有质疑，申请校表。×××公司对客户电表进行检验，校表结果为合格。 联系客户处理结果：×××供电公司于××月××日通过电话联系/当面告知的方式与客户沟通解释。建议客户如果对检验表结果有异议时，可向供电企业上级计量检定机构申请检定。客户仍不认可，情绪激动，不排除后期可能以×××（投诉场景和业务子类）恶意投诉，特此报备	涉及报备区域的业务，可能引发客户针对×××（投诉场景和业务子类）等问题进行投诉，请客服专员按照统一答复口径进行解释，并对客户诉求按报备规范处置	户名：××× 户号：××× 联系电话：××× 用电地址：×××	××年××月××日××时××分××秒至××年××月××日××时××分××秒	1. 客户反映电量多，怀疑表计被人接线。 答：客户您好，供电公司已安排客户经理上门勘查表计接线，未发现异常。 2. 客户质疑校表结果。 答：客户您好，电表检定是严格遵循国家标准进行的。如果对检验表结果有异议时，可向供电企业上级计量检定机构申请检定。 3. 客户咨询为何不能退补或减免电费？ 答：客户您好，您家电表检定的计量精度均为合格，按《供电营业规则》相关规定无法退补或减免，请及时缴费，以免影响您正常用电	1. 检定证书及系统资产号截图； 2. 供电营业规则； 3. 重要服务事项报备影响范围信息； 4. 用户原表计信息	××年××月××日××时××分××秒	××年××月××日××时××分××秒	填写“国网工单编号”，若无涉及的工单号，填写“无”	国网×××市供电公司营销部/运检部	国网×××市供电公司营销部/运检部 副主任××× 联系电话×××	国网×××省电力公司营销部/运检部	国网×××省电力公司营销部/运检部 副主任××× 联系电话×××	报备表扫描件

附表 26　国网×××供电公司《关于×××乡×××村客户×××无理索要电磁辐射赔偿事件》重要服务事项报备表

序号	事件过程	工作建议	影响范围	影响时间	统一答复口径	支撑材料	开始时间	结束时间	工单编号	责任单位（部门）	责任单位（部门）联系人、职务（岗位）、联系电话	审核单位（部门）	审核单位（部门）联系人、职务（岗位）、联系电话	备注
1	起因：×××乡×××村客户×××反映供电公司×××杆塔/变压器位置不合理，电磁辐射影响严重，要求赔偿/要求迁移。 事件过程：×××供电公司立即组织人员到达现场勘查，客户反映的是×××供电公司×××千伏×××路×××杆塔/变压器。经现场测量，该杆塔/变压器与客户×××距离为×××米。根据《×××》规定，×××千伏×××杆塔/变压器最小安全距离为×××米。该杆塔/变压器符合安全距离要求。同时经第三方×××机构进行现场电磁环境检测，检测结果合格。 联系客户处理结果：×××供电公司于××月××日通过电话联系/当面告知的方式与客户沟通解释，供电公司×××杆塔/变压器位置合理，电磁辐射经检测后符合相关标准。客户仍不认可，情绪比较激动，不排除后期可能以×××（投诉场景和业务子类）引发投诉，特此报备	涉及报备区域的业务，可能引发客户针对×××（投诉场景和业务子类）等问题进行投诉，请客服专员按照统一答复口径进行解释，并对客户诉求按报备规范处置	户名：××× 户号：××× 联系电话：××× 用电地址：×××	××年××月××日××时××分××秒至××年××月××日××时××分××秒	1. 客户咨询×××杆塔/变压器与自家安全距离是否符合要求？ 答：经现场测量，该杆塔/变压器与客户×××距离为×××米。根据《×××》第××规定，×××千伏×××杆塔/变压器最小安全距离为×××米。该杆塔/变压器安全距离符合要求。 2. 客户反映×××杆塔/变压器对自家电磁辐射影响严重。 答：经第三方×××机构进行现场电磁环境检测，检测结果合格，不存在电磁辐射严重。 3. 如客户对以上答复不认可，建议客户怎样处理？ 答：客户如有疑问可联系咨询当地供电公司或通过司法诉讼途径解决	1. 现场检测照片； 2. 电磁辐射管理办法规定； 3. 电磁检测报告； 4. 重要服务事项报备影响范围信息	××年××月××日××时××分××秒	××年××月××日××时××分××秒	填写“国网工单编号”，若无涉及的工单号，填写“无”	国网×××市供电公司营销部/运检部	国网×××市供电公司营销部/运检部 副主任××× 联系电话×××	国网×××省电力公司营销部/运检部	国网×××省电力公司营销部/运检部 副主任××× 联系电话×××	报备表扫描件

附表27　国网×××供电公司《关于×××不满变电站建设位置事件》重要服务事项报备表

序号	事件过程	工作建议	影响范围	影响时间	统一答复口径	支撑材料	开始时间	结束时间	工单编号	责任单位（部门）	责任单位（部门）联系人、职务（岗位）、联系电话	审核单位（部门）	审核单位（部门）联系人、职务（岗位）、联系电话	备注
1	起因：×××反映的×××区×××路与×××路交口拟建变电站靠近居民区，用户并未提供其住址只要求迁移该变电站。 事件发展过程：拟建变电站属于×××供电公司所属产权，公司多次与×××进行沟通，解释变电站规划建设流程及合规性，政府已在相应地块控规里明确批复该地块作为供电用地并已于规划站址处建成简易围墙，无迁移计划。 联系客户处理结果：××年××月××日××时××分与客户进行电话沟通，×××对此答复不认可，且客户情绪激动，可能引发客户对供电公司不满，针对电力设施安装位置、供电设施安全隐患等问题进行恶意投诉，特此报备	涉及报备区域的业务，可能引发客户针对电力设施安装位置、供电设施安全隐患为理由进行恶意投诉，请客服专员按照报备内容及提供的附件进行解释，并对客户诉求按报备规范处置	户名：××× 户号：无 联系电话：××× 地址：无	××年××月××日××时××分××秒至××年××月××日××时××分××秒	1. 客户反映×××区×××路与×××路交口拟建变电站位置不合理，给客户造成安全隐患。 答：该客户反映的拟建变电站是×××路高压廊道规划预留供电设施用地，为满足政府及城市发展需求，保障×××路周边住宅及满足×××东部新中心开发负荷增长需要，站址位置为政府给定，且在地块控制性规划里作出明确批复。×××地区的变电站规划建设不仅合法合规，而且达标，也无须担忧会给周边设施及人民群众的人身安全和环境质量造成影响。 2. 变电站是否可以迁移？ 答：反映的拟建变电站属于×××供电公司所属产权，且政府已在相关地块控规里明确批复该地块作为供电用地，并于规划站址处建成简易围墙，围墙外已明确标识“围墙内规划建设变电所”，无迁移计划。客户如还有疑问请咨询×××供电公司。	1. 市规划委员会××年第六次主任会议纪要及《×××市供电专项规划（××年—××年）》； 2. 政府《×××路与×××路交口东北角控规》及现场照片； 3.《重要服务事项报备影响范围信息》	××年××月××日××时××分××秒	××年××月××日××时××分××秒	无	国网×××供电公司运检部	国网×××供电公司运检部 副主任××× 联系电话×××	国网×××省电力公司设备管理部	国网×××省电力公司设备管理部 副主任××× 联系电话×××	

附表 28　国网×××供电公司《关于×××镇×××村×××、×××客户不满变压器安装位置事件》重要服务事项报备表

序号	事件过程	工作建议	影响范围	影响时间	统一答复口径	支撑材料	开始时间	结束时间	工单编号	责任单位（部门）	责任单位（部门）联系人、职务（岗位）、联系电话	审核单位（部门）	审核单位（部门）联系人、职务（岗位）、联系电话	备注
1	起因：×××镇×××村客户×××、×××反映×××县供电公司变压器的安装位置不合理，要求迁移。 事件过程：×××县供电公司立即组织人员到达现场勘查，客户反映的该变压器产权属于×××公司专用配变，村民×××与×××公司签订土地租赁合同，该变压器位置占地属×××镇×××村村民×××所有，并不属于客户×××、×××家土地，变压器位置是合理的。但×××、×××态度强硬，仍表示变压器对其有影响，要求迁移变压器。 联系客户处理结果：×××县供电公司于××月××日通过当面告知的方式与客户沟通解释，客户仍不认可，情绪比较激动，因涉及变压器安装位置，可能引发客户对供电公司不满，针对供电设施位置不合理、施工现场未恢复、施工人员服务行为等问题进行恶意投诉，为防范客户投诉，特此报备	涉及报备区域的业务，可能引发客户供电设施位置不合理、施工现场未恢复、施工人员服务行为等问题进行投诉，请客服专员按照统一答复口径进行解释，并对客户诉求按报备规范处置	户名：××× ××× 户号：××× ××× 联系电话：××× ××× 用户地址：×××市×××县×××镇×××村×××组	××年××月××日××时××分××秒至××年××月××日××时××分××秒	1. 客户咨询变压器安装位置不合理，占用客户房后土地。 答：您反映的变压器产权所属为移动公司专变线路，村民×××与移动公司签订土地租赁合同，该变压器位置占地属×××镇×××村村民×××所有，并不属于客户×××、×××家土地，变压器位置是合理的。 2. 客户咨询要求迁移变压器。 答：您反映的变压器产权所属为×××公司专变线路，建议咨询×××公司相关部门，如果×××公司同意迁移变压器和电缆，由×××公司到供电公司办理申请手续，供电部门予以配合。 3. 客户对施工人员服务行为不满投诉。 答：供电公司工作人员严格按照工作规范进行专变安装，工作现场同时安排工作监护人，监督现场工作人员工作行为和工作质量，保证专变安装工作有序进行	1. ×××公司提供的相关资质、申请、土地租赁合同等证明材料； 2. 供电公司提供的现场施工方案、供电方案、专变合同、现场照片、系统截图等； 3. 重要服务事项报备影响范围信息	××年××月××日××时××分××秒	××年××月××日××时××分××秒	2020××××11086370	国网×××供电公司运检部	国网×××供电公司运检部 运检部主任××× 联系电话×××	国网×××省电力有限公司设备管理部	国网×××省电力有限公司设备管理部 设备管理部副主任××× 联系电话×××	报备表扫描件

附表 29　国网×××县供电公司《关于×××乡×××村客户不满变压器安装位置事件》重要服务事项报备表

序号	事件过程	工作建议	影响范围	影响时间	统一答复口径	支撑材料	开始时间	结束时间	工单编号	责任单位（部门）	责任单位（部门）联系人、职务（岗位）、联系电话	审核单位（部门）	审核单位（部门）联系人、职务（岗位）、联系电话	备注
1	起因：×××乡×××村客户×××反映×××县供电公司×××变压器的安装位置不合理，占用自家田地，要求迁移。 事件过程：×××县供电公司立即组织人员到达现场勘查，客户反映的是×××县供电公司 10 千伏×××变压器。经村委会证明，该变压器的安装位置属公共用地，非客户所有，且当初是与村委会协商共同确定该变压器安装位置。客户如果执意要求迁移，需承担所有迁移费用，用户表示不认可。 联系客户处理结果：×××县供电公司于××月××日通过当面告知的方式与客户沟通解释，客户仍不认可，情绪比较激动，为防范客户后期可能对施工现场未恢复、供电设施位置不合理、施工人员服务行为等方面不满而恶意投诉，特此报备	涉及报备区域的业务，可能引发客户针对施工现场未恢复、供电设施位置不合理、施工人员服务行为等问题进行投诉，请客服专员按照统一答复口径进行解释，并对客户诉求按报备规范处置	户名：××× 户号：××× 联系电话：××× 用电地址：×××县×××乡×××村	××年××月××日××时××分××秒至××年××月××日××时××分××秒	1. 客户反映电网安装的变压器位置不合理、自家田地被占，未与客户协商赔偿协议或未告知赔偿方案，要求迁移。 答：您反映的变压器的安装位置属公共用地，非您私人所有，不需赔偿，且变压器安装位置是和当地村委会共同协商确定的合理位置，客户如果执意要求迁移，根据供电营业规则，需由用户承担所有迁移费用。同时用户您如果对土地归属不认可，可咨询当地村委会或者通过司法诉讼解决。 2. 客户对施工人员服务行为不满进行投诉。 答：供电公司工作人员严格按照工作规范进行现场施工，同时施工现场安排工作负责人，监督现场工作人员行为和工作质量，以保证施工规范有序进行	1. 村委会证明； 2. 现场照片； 3. 供电营业规则； 4. 重要服务事项报备影响范围信息	××年××月××日××时××分××秒	××年××月××日××时××分××秒	2020××××10463080	国网×××供电公司运检部	国网×××供电公司运检部 运检部主任××× 联系电话×××	国网×××省电力有限公司设备管理部	国网×××省电力有限公司设备管理部 设备管理部副主任××× 联系电话×××	报备表扫描件

附表 30　国网×××供电公司《关于员工×××个人经济纠纷事件》重要服务事项报备表

序号	事件过程	工作建议	影响范围	影响时间	统一答复口径	支撑材料	开始时间	结束时间	工单编号	责任单位（部门）	责任单位（部门）联系人、职务（岗位）、联系电话	审核单位（部门）	审核单位（部门）联系人、职务（岗位）、联系电话	备注
1	起因：×××供电公司员工×××于××年××月××日通过×××信贷公司产生小额信贷交易。 事件过程：因后期×××未按时还款，×××信贷公司无法联系上×××。为催促×××还款，×××信贷公司工作人员多次频繁骚扰×××供电公司/拨打×××供电公司办公电话进行辱骂/拨打95598电话恶意投诉。 联系客户处理结果：×××供电公司于××月××日通过电话联系/短信联系的方式与客户沟通，告知×××借贷行为属个人经济纠纷，不属于供电服务范围，建议通过司法途径解决。客户对此不认可，后期可能以×××（投诉场景和业务子类）恶意投诉，特此报备	涉及报备区域的业务，可能引发客户针对×××（投诉场景和业务子类）等问题进行投诉，请客服专员按照统一答复口径进行解释，并对客户诉求按报备规范处置	户名：××× 户号：××× 联系电话：××× 用电地址：×××	××年××月××日××时××分××秒至××年××月××日××时××分××秒	1. 客户咨询为何员工×××没有与其联系？ 答：供电公司员工×××的岗位属于×××，非营销服务人员。如果您有用电方面的问题，请您留下用电户号和用电地址，将安排所属的社区经理与您联系。 2. 客户投诉供电公司员工×××服务态度差。 答：供电公司员工×××的岗位属于×××，非营销服务人员。如果您有用电方面的问题，请您留下用电户号和用电地址，将安排社区经理与您联系。对于您反映的问题，将安排人员调查处理。 3. 客户要求获悉员工×××住址或者个人信息，或对以上答复意见不认可，建议客户怎样处理？ 答：员工个人信息涉及员工个人隐私，不属于供电服务范畴，不便透露。如非供电服务问题，或对以上答复不认可，建议通过司法途径解决	1. 借贷关系证明； 2. 通话录音； 3. 相关证明材料； 4. 重要服务事项报备影响范围信息	××年××月××日××时××分××秒	××年××月××日××时××分××秒	填写“国网工单编号”，若无涉及的工单号，填写“无”	国网×××市供电公司营销部	国网×××市供电公司营销部 主任××× 联系电话×××	国网×××省电力公司营销部	国网×××省电力公司营销部 副主任××× 联系电话×××	报备表扫描件

附表 31　国网×××供电公司《关于×××个人恩怨纠纷事件》重要服务事项报备表

序号	事件过程	工作建议	影响范围	影响时间	统一答复口径	支撑材料	开始时间	结束时间	工单编号	责任单位（部门）	责任单位（部门）联系人、职务（岗位）、联系电话	审核单位（部门）	审核单位（部门）联系人、职务（岗位）、联系电话	备注
1	起因：×××供电公司员工×××与×××乡×××村客户×××因为×××的缘故，两人之间存在个人恩怨纠纷。 事件过程：因两人之间纠纷未解决清楚，客户×××为了达到×××目的，多次频繁骚扰×××供电公司/拨打×××供电公司办公电话进行辱骂/拨打 95598 电话恶意投诉。 联系客户处理结果：×××供电公司于××月××日通过电话联系/短信联系/当面告知的方式与客户沟通，告知×××个人恩怨纠纷不属于供电服务范围，建议通过合理方式，或司法途径解决。客户对此不认可，后期可能以×××（投诉场景和业务子类）恶意投诉，特此报备	涉及报备区域的业务，可能引发客户针对×××（投诉场景和业务子类）等问题进行投诉，请客服专员按照统一答复口径进行解释，并对客户诉求按报备规范处置	户名：××× 户号：××× 联系电话：××× 用电地址：×××	××年××月××日××时××分××秒至××年××月××日××时××分××秒	1. 客户咨询为何员工×××没有与其联系？ 答：供电公司员工×××的岗位属于×××，非营销服务人员。如果您有用电方面的问题，请您留下用电户号和用电地址，将安排所属的社区经理与您联系。 2. 客户投诉供电公司员工×××工作服务态度差。 答：供电公司员工×××的岗位属于×××，非营销服务人员。如果您有用电方面的问题，请您留下用电户号和用电地址，将安排社区经理与您联系。对于您反映的问题，将安排人员调查处理。 3. 客户要求获悉员工×××住址或其他个人信息，或对以上答复意见不认可，建议客户怎样处理？ 答：员工个人信息涉及员工个人隐私，不属于供电服务范畴，不便透露。如非供电服务问题，或对以上答复不认可，建议通过司法途径解决	1. 个人恩怨证明材料； 2. 通话录音； 3. 相关证明材料； 4. 重要服务事项报备影响范围信息	××年××月××日××时××分××秒	××年××月××日××时××分××秒	填写“国网工单编号”，若无涉及的工单号，填写“无”	国网×××市供电公司营销部	国网×××市供电公司营销部 主任××× 联系电话×××	国网×××省电力公司营销部	国网×××省电力公司营销部 副主任××× 联系电话×××	报备表扫描件

附表 32　国网×××县供电公司《关于榴城镇新月小区×××栋××× 单元×××室客户个人恩怨事件》重要服务事项报备表

序号	事件过程	工作建议	影响范围	影响时间	统一答复口径	支撑材料	开始时间	结束时间	工单编号	责任单位（部门）	责任单位（部门）联系人、职务（岗位）、联系电话	审核单位（部门）	审核单位（部门）联系人、职务（岗位）、联系电话	备注
1	起因：××年××月××日×××县客户赵辉前往营业厅要求供电公司人员配合将其×××镇×××小区×××栋×××单元×××室房屋断电并拆除进户线。 事件过程：×××公司经现场核实了解，×××栋×××单元×××室实际产权为×××所有，其侄儿在没有征得×××同意的情况下强行入户居住，存在个人恩怨，并拒绝搬出。房主×××要求供电公司进行停电，逼迫其侄儿搬出。 联系客户处理结果：×××公司于××年××月××日上午在现场已当面告知客户，根据供电产权分界点的划分，电表以下及进户线部分属于用户产权，由用户负责维护。关于非供电公司产权的设备，供电部门无法处理。个人恩怨纠纷不属于供电服务范围，建议客户通过法律途径解决。客户不认可，情绪激动，不排除后期可能对营业厅人员服务行为、申请业务不予受理等问题不满意进行恶意投诉，特此报备	涉及报备区域，可能对营业厅人员服务行为、申请业务不予受理等问题不满意而投诉，请客服专员按照报备内容及提供的附件进行解释，并对客户诉求按报备规范处置	户名：××× 户号：××× 联系电话：××× 地址：×××小区×××栋×××单元×××室	××年××月××日××时××分××秒至××年××月××日××时××分××秒	1. 客户咨询为什么供电公司不予受理停电申请？ 答：您好，根据供电营业规则的规定，电表以下及进户线部分属于客户资产，非供电公司产权，故不予受理。 2. 客户对营业厅人员服务行为表示不认可。 答：营业厅工作人员经专业培训考核，工作人员日常工作中的服务行为均受营业厅视频监控，并且对于营业厅工作服务态度和服务规范严格按照国网公司相关规定和要求执行。 3. 如果用户对以上答复不认可，建议用户如何处理？ 答：如果用户对以上答复不认可，请通过法律途径解决	1. 身份证、申请书； 2. 居委会证明、不动产权证； 3.《供电营业规则》第 47 条； 4. 影响范围信息表	××年××月××日××时××分××秒	××年××月××日××时××分××秒	无	国网×××供电公司营销部	国网×××供电公司营销部 书记 ××× 联系电话 ×××	国网×××省电力公司营销部	国网×××省电力公司营销部 副主任 ××× 联系电话 ×××	

附表33 国网×××供电公司《关于×××乡×××村×××客户不满违约用电处罚事件》重要服务事项报备表

序号	事件过程	工作建议	影响范围	影响时间	统一答复口径	支撑材料	开始时间	结束时间	工单编号	责任单位（部门）	责任单位（部门）联系人、职务（岗位）、联系电话	审核单位（部门）	审核单位（部门）联系人、职务（岗位）、联系电话	备注
1	起因：×××供电公司于××年××月××日实施用电现场检查，发现×××乡×××村×××客户×××现场用电行为，属违约用电行为。 事件过程：根据《供电营业规则》条款第×××条规定，客户×××的用电行为属违约用电行为。供电公司现场依法下达《用电检查结果通知单》并中止供电。现已告知客户于××月××日前到供电公司进行违约用电处理，客户情绪激动，拒不接受处理。 联系客户处理结果：×××供电公司于××月××日通过电话联系/当面告知的方式与客户沟通，客户情绪十分激动，多次拨打95598/多次至营业大厅吵闹，表示对违约用电处理结果不认可。客户后期可能以×××（投诉场景和业务子类）恶意投诉，特此报备	涉及报备区域的业务，可能引发客户针对×××（投诉场景和业务子类）等问题进行投诉，请客服专员按照统一答复口径进行解释，并对客户诉求按报备规范处置	户名：××× 户号：××× 联系电话：××× 用电地址：×××	××年××月××日××时××分××秒至××年××月××日××时××分××秒	1. 客户咨询为何对其断电？ 答：供电公司实施用电现场检查，发现客户您家用电存在违约用电行为，根据《供电营业规则》，实施停电。 2. 客户咨询何时恢复用电？ 答：由于您家用电存在违约用电行为，对您家实施停电。请您配合当地供电公司完成处理，方可恢复用电。 3. 客户反映违约使用电费太高，或对以上答复意见不认可，建议客户怎样处理？ 答：违约使用电费的认定是根据《供电营业规则》相关条款计算得出，都有严谨的计算过程。对以上答复意见不认可，如需详细了解请联系当地供电公司	1. 现场照片； 2. 系统流程截图及用电检查通知单； 3. 供电营业规则； 4. 重要服务事项报备影响范围信息	××年××月××日××时××分××秒	××年××月××日××时××分××秒	填写“国网工单编号”，若无涉及的工单号，填写“无”	国网×××市供电公司营销部	国网×××市供电公司营销部 主任××× 联系电话×××	国网×××省电力公司营销部	国网×××省电力公司营销部 副主任××× 联系电话×××	

附表 34 国网×××供电公司《关于×××乡×××村×××客户不满窃电处罚事件》重要服务事项报备表

序号	事件过程	工作建议	影响范围	影响时间	统一答复口径	支撑材料	开始时间	结束时间	工单编号	责任单位（部门）	责任单位（部门）联系人、职务（岗位）、联系电话	审核单位（部门）	审核单位（部门）联系人、职务（岗位）、联系电话	备注
1	起因：×××供电公司于××年××月××日实施用电现场检查，发现×××乡×××村×××客户×××现场用电行为，属窃电行为。 事件过程：根据《供电营业规则》条款第×××条规定×××的用电行为属窃电行为。供电公司现场依法下达《用电检查结果通知单》并中止供电。现已告知客户于××月××日前到供电公司进行窃电处理，客户情绪激动，拒不接受窃电处理。 联系客户处理结果：×××供电公司于××月××日通过电话联系/当面告知的方式与客户沟通，客户情绪十分激动，多次拨打95598/多次至营业大厅吵闹，表示对窃电处理结果不认可。客户后期可能以×××（投诉场景和业务子类）恶意投诉，特此报备	涉及报备区域的业务，可能引发客户针对×××（投诉场景和业务子类）等问题进行投诉，请客服专员按照统一答复口径进行解释，并对客户诉求按报备规范处置	户名：××× 户号：××× 联系电话：××× 用电地址：×××	××年××月××日××时××分××秒至××年××月××日××时××分××秒	1. 客户咨询为何停电？ 答：供电公司实施用电现场检查，发现客户您家用电存在窃电行为，根据《供电营业规则》，实施停电。 2. 客户咨询何时恢复用电？ 答：由于您家用电存在窃电行为，对您家实施停电。请您配合当地供电公司完成窃电处理，方可恢复用电。 3. 客户反映追补电费太高，或对以上答复意见不认可，建议客户怎样处理？ 答：窃电量及追补电费的认定是根据《供电营业规则》相关条款计算得出，都有严谨的计算过程。对以上答复意见不认可，如需详细了解请联系当地供电公司	1. 窃电现场照片； 2. 系统流程截图及用电检查通知单； 3. 供电营业规则； 4. 重要服务事项报备影响范围信息	××年××月××日××时××分××秒	××年××月××日××时××分××秒	填写“国网工单编号”，若无涉及的工单号，填写“无”	国网×××市供电公司营销部	国网×××市供电公司营销部 主任××× 联系电话×××	国网×××省电力公司营销部	国网×××省电力公司营销部 副主任××× 联系电话×××	报备表扫描件

附表 35　国网×××供电公司《关于×××区“煤改电”事件》重要服务事项报备表

序号	事件过程	工作建议	影响范围	影响时间	统一答复口径	支撑材料	开始时间	结束时间	工单编号	责任单位（部门）	责任单位（部门）联系人、职务（岗位）、联系电话	审核单位（部门）	审核单位（部门）联系人、职务（岗位）、联系电话	备注
1	起因：根据×××市政府出台《×××市人民政府关于印发×××市居民冬季清洁取暖工作方案的通知》要求，×××区城镇及农村地区实现散煤基本清零，×××区实施“煤改电”改造工程共涉及×××个村/乡/镇约×××万户。 事件过程：××年×××公司安排×××、×××等村庄/台区共×××户进行改造。为确保工程顺利实施，供电公司通过提前张贴改造告知书/通知当地居委会（村委会）或物业部门等形式通知客户。其间可能出现少数客户对“煤改电”改造不满，以及因施工工程复杂、影响户数多，造成客户等待时间较长而引发客户关于装表未通知等问题质疑。 联系客户处理结果：此次“煤改电”改造影响范围大，为保障此次改造工作顺利推进，供电公司已加大宣传和沟通，通过营业厅/电视台/网站/微信公众号等各种途径发布公告，全面告知客户此次改造时间及范围，并详细制订了施工计划，为防范服务风险，可能以×××（投诉场景和业务子类）特此报备	涉及报备区域的业务，可能引发客户针对×××（投诉场景和业务子类）等问题进行投诉，请客服专员按照统一答复口径进行解释，并对客户诉求按报备规范处置	×××地区用户，共计×××户（详见附件）	××年××月××日××时××分××秒至××年××月××日××时××分××秒	1. 客户反映近期频繁停电问题。 答：本次煤改电工程涉及高压电源线、低压台区架设、低压线路、接户线、表计安装等多类设备，整体工程量极大，时间紧迫，所以会造成同一个台区用户在施工期间出现停电现象，给您生活带来的不便，请您谅解。 2. 客户反映未收到“煤改电”改造信息。 答复：×××公司已加大宣传和沟通，通过营业厅/电视台/网站/微信公众号等各种途径发布社会公告。供电公司会在装表前通知当地居委会（村委会）或物业部门，请您关注当地居委会（村委会）或物业部门的公告。给您生活带来的不便，请您谅解。 3. 客户反映施工造成损失赔偿问题。 答复：供电公司在施工前，会与当地政府部门进行沟通，如居委会、村委会、物业等，在得到认可后才组织施工，对您反映的该情况，供电公司将安排相关人员与您对接，由其协助您解决此问题	1.《×××市人民政府关于印发×××市居民冬季清洁取暖工作方案的通知》； 2. 国家电网营销〔2017〕1026号《国家电网公司关于进一步做好“煤改电”清洁取暖有关工作的紧急通知》； 3. 重要服务事项报备影响范围信息	××年××月××日××时××分××秒	××年××月××日××时××分××秒	填写“国网工单编号”，若无涉及的工单号，填写“无”	国网×××县供电公司营销部/运检部	国网×××县供电公司营销部/运检部 副主任××× 联系电话×××	国网×××市供电公司营销部/运检部	国网×××市供电公司营销部/运检部 副主任（及以上领导）××× 联系电话×××	报备表扫描件

附表 36 国网×××供电公司《关于×××小区实行“三供一业”改造事件》重要服务事项报备表

序号	事件过程	工作建议	影响范围	影响时间	统一答复口径	支撑材料	开始时间	结束时间	工单编号	责任单位（部门）	责任单位（部门）联系人、职务（岗位）、联系电话	审核单位（部门）	审核单位（部门）联系人、职务（岗位）、联系电话	备注
1	起因：为贯彻响应关于中央企业职工家属区“三供一业”分离移交工作的要求，×××小区正在进行“三供一业”改造。 事件过程：为保证“三供一业”改造按照要求进行，加快分离移交进度，坚持先移交后改造的原则。×××公司接收了×××小区的用户配电设施。该小区设备老旧严重，部分设施无法操作，存在频繁停电、设备故障恢复难度大等风险。在“三供一业”改造过程中，移交单位负责该小区表后线改造工程。供电公司负责在原表位原接线换表，以便移交单位后续表后线改造。该移交单位存在表后线改造滞后/未改造情况。因此可能存在共用零线、原有表后接线错误、换表后移交单位改造导致接线错误的这几类情况，直接造成客户误认为是因供电公司换表导致的，极易引发投诉。 联系客户处理结果：×××供电公司在该小区安装表计前，已通过移交单位于第一时间张贴公告，按照国家“三供一业”相关要求答复客户，仍有部分客户不理解，可能以×××（投诉场景和业务子类）特此报备	涉及报备区域的业务，可能引发客户针对×××（投诉场景和业务子类）等问题进行投诉，请客服专员按照统一答复口径进行解释，并对客户诉求按报备规范处置	×××“三供一业”小区改造客户（详见附件）	××年××月××日××时××分××秒至××年××月××日××时××分××秒	1. 客户反映停电问题。 答：该小区的供电设施按照“三供一业”工程要求进行接收，由于未改造先移交，此前设备老旧严重，部分设施无法操作，造成停电后恢复困难，请客户谅解，耐心等待送电。出现停电问题，供电公司会积极安排抢修人员以及协调原用户单位帮助恢复供电，同时加快推进改造计划，感谢客户谅解。 2. 客户反映错接线情况。 答：在“三供一业”改造过程中，移交单位负责该小区表后线改造工程。供电公司负责在原表位原接线换表，以便移交单位后续表后线改造。如存在共用零线、原有表后接线错误、换表后移交单位改造导致表后线错接的这几类情况，建议客户及时联系物业或产权单位核实解决	1. 国办发〔20××〕45 号《国务院办公厅转发国务院国资委、财政部关于国有企业职工家属区“三供一业”分离移交工作指导意见的通知》； 2. 国家电网营销〔20××〕736 号《国家电网公司关于印发国有企业职工家属区供电设施接收工作方案的通知》； 3. 重要服务事项报备影响范围信息	××年××月××日××时××分××秒	××年××月××日××时××分××秒	填写“国网工单编号”，若无涉及的工单号，填写“无”	国网×××县供电公司营销部/运检部	国网×××县供电公司营销部/运检部 副主任××× 联系电话×××	国网×××市供电公司营销部/运检部	国网×××市供电公司营销部/运检部 副主任（及以上领导）××× 联系电话×××	报备表扫描件

附表 37　国网×××供电公司《关于光伏发电用户财政补贴暂停发放事件》重要服务事项报备表

序号	事件过程	工作建议	影响范围	影响时间	统一答复口径	支撑材料	开始时间	结束时间	工单编号	责任单位（部门）	责任单位（部门）联系人、职务（岗位）、联系电话	审核单位（部门）	审核单位（部门）联系人、职务（岗位）、联系电话	备注
1	起因：根据《国家电网有限公司关于贯彻落实××年光伏发电相关政策的通知》要求，各地于××月××日（含）前并网的分布式光伏发电项目纳入国家认可的规模管理范围，未纳入国家认可规模管理范围的项目，由地方依法予以支持。未纳入国家规模管理的光伏电站项目不能申请国家可再生能源电价补贴。 事件过程：截至20××年××月××日，×××供电公司××年××月××日以后并网的自然人用户共计×××户。这部分用户从××年××月开始只发放上网电费部分，财政补贴暂停垫付。此部分用户对国家的最新光伏政策可能并不知情，由于财政补贴的暂停发放，将导致用户每个月光伏到账金额大大减少。 联系客户处理结果：×××公司按照相关规定电话通知以上客户，并在通过营业厅发布公告。部分用户情绪比较激动，不理解，不排除后期以×××（投诉场景及业务子类）为由进行投诉，特此报备	涉及报备区域的业务，可能引发客户针对×××（投诉场景和业务子类）等问题进行投诉，请客服专员按照统一答复口径进行解释，并对客户诉求按报备规范处置	×××市/县××年××月××日后并网的分布式光伏发电客户	××年××月××日××时××分××秒至××年××月××日××时××分××秒	1. 为什么现在不发光伏发电财政补贴？ 答：根据发改能源〔20××〕823 号文件要求，××月××日以后并网的暂属于未纳入国家认可规模管理范围的项目，由地方依法予以支持，暂不能申请国家可再生能源电价补贴，由于地方相关政策暂未明确，故光伏补贴资金供电公司暂时不再垫付，待相关政策明确后申请财政拨付补贴资金后转付客户。 2. 以后是否/什么时候发放财政补贴？ 答：由于未纳入国家认可规模管理范围的光伏项目由地方负责依法支持，地方相关补贴政策暂未下达，具体发放时间还不能确定，具体以国家及地方下达的最新政策为准	1.《国家电网有限公司关于贯彻落实××年光伏发电相关政策的通知》； 2. 重要服务事项报备影响范围信息	××年××月××日××时××分××秒	××年××月××日××时××分××秒	无	国网×××县供电公司营销部/运检部	国网×××县供电公司营销部/运检部 副主任××× 联系电话×××	国网×××市供电公司营销部/运检部	国网×××市供电公司营销部/运检部 副主任（及以上领导）××× 联系电话×××	报备表扫描件

附表 38 国网×××供电公司《关于智能电能表更换事件》重要服务事项报备表

序号	事件过程	工作建议	影响范围	影响时间	统一答复口径	支撑材料	开始时间	结束时间	工单编号	责任单位（部门）	责任单位（部门）联系人、职务（岗位）、联系电话	审核单位（部门）	审核单位（部门）联系人、职务（岗位）、联系电话	备注
1	起因：根据国家电网有限公司部门文件营销计量〔20××〕10号《国网营销部关于印发××年营销计量工作安排的通知》要求，×××地区目前电表的通讯方式主要是窄带载波，因通讯带宽限制，导致数据采集速度较慢，影响客户网上电费查询体验，故国网×××省电力有限公司决定开展电能表通信升级改造，更换高速 HPLC 通讯模块。 事情过程：××年×××省×××市/县公司计划安排对×××、×××等台区/小区共×××块表计进行更换升级。为确保工程顺利实施，供电公司通过提前张贴改造告知书等形式通知客户。其间可能出现少数客户对 HPLC 电能表通讯升级改造不满，以及因施工工程复杂，停电进行拆旧装新，可能会引起客户关于换表通知，底数确认的等问题。 联系客户处理结果：此次换表升级改造影响范围大，为保障此次改造升级工作顺利推进，已加大宣传和沟通，以提前张贴升级改造告知书的形式通知客户，换表前供电公司会通过电话的方式提前联系并告知客户。并详细制订了施工计划，为防范服务风险，可能以×××（投诉场景和业务子类）为由进行投诉，特此报备	涉及报备区域的业务，可能引发客户针对×××（投诉场景和业务子类）等问题进行投诉，请客服专员按照统一答复口径进行解释，并对客户诉求按报备规范处置	×××市/县×××台区/小区共×××户）	××年××月××日××时××分××秒至××年××月××日××时××分××秒	1. 客户咨询为什么要电表升级？ 答：电能表通信改造升级主要是将原电能表窄带通信升级为高速通信，升级后通信更稳定，数据传输更快速，便于为客户提供更快捷更详细的电量查询。 2. 用户咨询未提前通知、未经用户同意就更换电表事宜。 答：供电公司通过提前张贴升级改造告知书的形式通知客户，换表前供电公司会通过电话的方式提前联系并告知客户。如发生客户电话未接通或系统所留电话有变更，可在换表后及时联系供电公司进行咨询。 3. 电能表升级施工过程是否停电？ 答：本次升级改造工作会停电一次，由此产生不便之处，请谅解为感！ 4. 是否会影响表计计量的准确性？ 答：本次更换的通信模块以及智能电能表，会使表计通信更为快速稳定，不会影响表计计量的准确性。 5. 用户反映未核对电表起止度数。 答：换装电能表前供电公司会对装在现场的原电能表进行底度拍照，并在供电公司会留档备查。如您对电表底数有异议，可到当地供电公司咨询。	1. 国网营销部关于印发××年营销计量工作安排的通知； 2. 重要事项报备影响范围	××年××月××日××时××分××秒	××年××月××日××时××分××秒	填写“国网工单编号”，若无涉及的工单号，填写“无”	国网×××县供电公司营销部/运检部	国网×××县供电公司营销部/运检部 副主任××× 联系电话×××	国网×××市供电公司营销部/运检部	国网×××市供电公司营销部/运检部 副主任（及以上领导）××× 联系电话×××	

附表 39 国网×××县供电公司《关于×××县水电供区移交事件》重要服务事项报备表

序号	事件过程	工作建议	影响范围	影响时间	统一答复口径	支撑材料	开始时间	结束时间	工单编号	责任单位（部门）	责任单位（部门）联系人、职务（岗位）、联系电话	审核单位（部门）	审核单位（部门）联系人、职务（岗位）、联系电话	备注
1	起因：为贯彻落实国家能源局《关于促进解决安徽省水电公司小水电供区群众用电难问题工作协调会的会议纪要》（××年××月××日）、安徽省人民政府《关于水电供区电网管理体制改革方案的批复》皖政秘〔2019〕177号文件要求，加快水电供区电网改造升级步伐，改善水电供区电网质量和供电服务水平，现将×××县×××个乡镇水电供区约×××万客户移交至国网×××县供电公司管理。 事件过程：××年××月××日正式签署了移交协议，×××供电公司正式接收原水电供区客户。基于原水电电网建设投入不足，线路老旧，供电半径长，接收后水电供区亟须改造升级。因改造范围大、任务重，同时客户经理对辖区地理位置和客户分布熟悉需要一个过程。水电供区改造升级也需要一定的过程，按照省政府部署分为三个阶段，计划于××年12月完成全部改造工作，实现供电服务均等化。改造升级期间，可能电网停电次数会比较多，同时客户可能会对施工过程中的青苗赔偿、占地赔偿、抢修质量、智能电表轮换、抄表周期及营业网点分布等方面不满意，存在故意或恶意投诉情况。 联系客户处理结果：为确保电网资产接收后各项工作可以按计划实施，×××公司已加大宣传和沟通，并详细制订了计量装置更换计划，提前在营业厅公示/张贴改造通知书。对农网改造工程的进度和项目已通知当地乡村两级村委会，用户可能以×××（投诉场景和业务子类）为由进行投诉，特此报备	涉及报备区域的业务，可能引发客户针对×××（投诉场景和业务子类）等问题进行投诉，请客服专员按照统一答复口径进行解释，并对客户诉求按报备规范处置	×××县原水电供区（×××镇、×××镇、×××镇共计×××个乡镇）	××年××月××日××时××分××秒至××年××月××日××时××分××秒	1. 客户询问换表原因。 答：您好，因原水电供区的表计不符合国家电网公司使用的表计标准，没有经过省市公司计量中心的标准检定与检测，所以电网资产移交后，当地供电公司将对所有表计进行更换，谢谢您的理解和配合。 2. 客户反映未提前通知、未经客户同意就更换，未核对电表起止度数。 答：您好，供电公司采取提前张贴公告等形式告知客户。在换表前，会有工作人员将拆下的表计进行登记，包含户名、电话、资产号及指数，并拍照留存。如客户家中有人会让客户签字确认。如客户不在家，我们会将换表情况张贴在表箱处，您可以去查看一下。如果您有其他疑问，请保持电话畅通，我们将安排工作人员与您联系，请耐心等待。 3. 客户咨询电表改造是否收取费用？ 答：您好，国家电网公司更换的低压居民智能电表，其所有费用由供电企业承担。	1.《关于促进解决安徽省水电公司小水电供区群众用电难问题工作协调会的会议纪要》； 2. 安徽省人民政府《关于水电供区电网管理体制改革方案的批复》皖政秘〔2019〕177号； 3. 水电供区移交协议； 4. 水电供区电网改造总体方案（三家）皖能源电力〔2019〕69号(1)； 5. 安徽省发展改革委、安徽省水利厅、安徽省能源局《关于水电供区电网应急改造项目建设有关事项的通知》（三家）皖发改能源函〔2019〕401号； 6. 水电供区移交行政区域	××年××月××日××时××分××秒	××年××月××日××时××分××秒	无	国网×××县供电公司营销部/运检部	国网×××县供电公司营销部/运检部 副主任××× 联系电话×××	国网×××市供电公司营销部/运检部	国网×××市供电公司营销部/运检部 副主任（及以上领导）××× 联系电话×××	

（续表）

序号	事件过程	工作建议	影响范围	影响时间	统一答复口径	支撑材料	开始时间	结束时间	工单编号	责任单位（部门）	责任单位（部门）联系人、职务（岗位）、联系电话	审核单位（部门）	审核单位（部门）联系人、职务（岗位）、联系电话	备注
					4. 客户查询移交前电价标准、电量、电费，如何处理？ 答：您好，移交前电价标准由水电公司按照相关电价文件执行，如您对移交前电量电费有疑义，可以咨询前期水电公司的负责人。××年××月××日之后发行的电量电费由供电公司处理，如有疑议，我们会安排工作人员与您联系。 5. 换表过程会停电吗？ 答复：为了施工安全，会进行停电换表，但停电时间非常短，由此产生不便之处，敬请谅解！ 6. 客户咨询换表后，觉得这个月电费太高，怀疑电表计量准确性？ 答：电表安装前是经过省市计量中心标准化的检定检测。此次更换的智能电能表，表计通信更为快速稳定，不会影响表计计量的准确性。若您有申请校验电表的意愿，您可携带身份证前往当地营业厅免费申请电表校验。 7. 供电公司人员在改造过程中砍伐了我家的树木，是否赔偿？ 答：您好，对于在新建架空电力电缆建设工程中需要砍伐的树木由建设单位按物价局规定的青苗赔偿标准									

（续表）

序号	事件过程	工作建议	影响范围	影响时间	统一答复口径	支撑材料	开始时间	结束时间	工单编号	责任单位（部门）	责任单位（部门）联系人、职务（岗位）、联系电话	审核单位（部门）	审核单位（部门）联系人、职务（岗位）、联系电话	备注
					给予一次性补偿，并签订协议。协议签订后，在电力设施保护区内不得种植树木，砍伐电力保护区内的树木也不再支付任何费用。 8. 施工损坏我家田地秧苗，赔偿太少，如何处理？ 答：电网建设引起的青苗赔偿是按照物价局规定的标准执行，我们会将您的诉求反映至当地供电部门。供电公司会安排工作人员核实，协助您处理，请保持电话畅通。 9. 客户咨询自家附近一片为何又停电了？ 答：客户您好，请您详细描述一下停电的时间和区域，我们将帮您核实停电原因。如果属故障停电，我们将安排人员尽快赴现场抢修，请您保持电话畅通，耐心等待。 10. 客户咨询为何冬季（夏季）用电高峰期电压不稳/电压偏低？ 答：客户您好，近期当地持续低温（高温），用电负荷攀升。可能会造成部分区域电压不稳。我们将安排相关人员与您联系，请您保持电话畅通，耐心等待。 11. 客户咨询维护改造升级中途停工。 答：农网改造依计划统筹进行，中途停工的情况一般是施工环境不允许，比如恶劣天气影响、民事阻挠。根据您反映的情况，我们会反映至当地供电公司。之后会安排工作人员现场核实与您联系，请您保持电话畅通									

附表 40　国网×××公司《关于×××县水电供区移交事件》重要服务事项报备表

序号	事件过程	工作建议	影响范围	影响时间	统一答复口径	支撑材料	开始时间	结束时间	工单编号	责任单位（部门）	责任单位（部门）联系人、职务（岗位）、联系电话	审核单位（部门）	审核单位（部门）联系人、职务（岗位）、联系电话	备注
1	起因：为贯彻落实国家能源局《关于促进解决×××省水电公司小水电供区群众用电难问题工作协调会的会议纪要》和×××省人民政府《关于水电供区电网管理体制改革方案的批复》×××秘〔2019〕177号文件要求，加快水电供区电网改造升级步伐，改善水电供区电网质量和供电服务水平，现将×××县×××镇、×××镇、×××镇、×××乡、×××乡、×××镇、×××镇、×××镇 ×××个乡镇共×××个行政村水电供区约计×××万余户客户移交至×××县供电公司管理。 事件过程：××年××月××日×××县供电公司与当地水电公司签署移交协议，×××供电公司正式开始接收原水电供区客户。按照“先接收后改造”的要求，×××公司对原水电供区客户先开始营销系统建档立户工作，××年××月开始启动水电供区农网项目改造施工。由于原水电电网建设投入不足，线路老旧，改造计划×××个，范围大、任务重。因农网改造升级需要一定的过程，非一朝一夕之功，按照省政府部署×××公司计划于××年××月完成全部改造工作，实现供电服务均等化。	涉及报备区域，可能会引发客户对于青苗赔偿、占地赔偿、服务渠道、抄表催费、电能计量、停送电、供电质量及电网建设等方面不满意而投诉，请客服专员按照报备内容及提供的附件进行解释，并对客户诉求按照报备规范处置	×××市×××县×××镇、×××镇、×××镇、×××乡、×××乡、×××镇、×××镇、×××镇×××个乡镇共×××个行政村，约计×××万余户。	××年××月××日××时至××年××月××日××时	1. 客户反映电表在不知情的情况下被更换。 答：您好，经查询因您家之前是属于水电供电区域用户，因原水电供区的表计不符合国家电网公司表计标准，没有经过省市计量中心标准检测，所以电网资产移交后，当地供电公司将对所有表计进行统一换表。供电公司在换表前会在社区或村委会公示栏张贴换表通知，若您没有注意到换表通知，对电能表更换有疑义的话，我们将安排工作人员跟您联系。谢谢您的理解和配合。 2. 客户询问如何查询拆表前的指数？ 答：您好，国家电网公司在换表前，会有工作人员将拆下表计进行登记，包含用户的户名、电话、资产号与指数并拍照留存。如客户家中有人会让客户签字确认，如客户不在家，我们会将电表情况张贴在表箱处，请您可以去查看一下。如果没有，我们也会通知当地工作人员与您联系，请您保持电话畅通。	1.《关于促进解决×××省水电公司小水电供区群众用电难问题工作协调会的会议纪要》； 2. ×××省人民政府《关于水电供区电网管理体制改革方案的批复》×××秘〔2019〕177号； 3. 水电供区移交协议； 4. 水电供区电网改造总体方案（三家）皖能源电力〔2019〕69号(1)； 5. ×××省发展改革委、×××省水利厅、×××省能源局《关于水电供区电网应急改造项目建设有关事项的通知》（三家）×××发改能源函〔2019〕401号； 6. 水电供区移交行政区域； 7. 重要服务事项报备影响范围信息	××年××月××日××时××分××秒	××年××月××日××时××分××秒	无	国网×××供电公司营销部	国网×××供电公司营销部 副主任××× 联系电话×××	国网×××供电公司营销部	国网×××供电公司营销部 副主任××× 联系电话×××	

（续表）

序号	事件过程	工作建议	影响范围	影响时间	统一答复口径	支撑材料	开始时间	结束时间	工单编号	责任单位（部门）	责任单位（部门）联系人、职务（岗位）、联系电话	审核单位（部门）	审核单位（部门）联系人、职务（岗位）、联系电话	备注
	联系客户处理结果：为确保水电供区移交改造各项工作可以按计划实施，×××公司已加大宣传和沟通，并详细制订了工作计划，对于所有涉及农网改造工程的项目均已通知当地乡村两级村委会。此次水电供区移交改造期间，涉及范围广、影响客户多，施工过程中需要进行停电改造，可能会引发客户对于青苗赔偿、占地赔偿、服务渠道、抄表催费、电能计量、停送电、供电质量及电网建设等方面不满意而投诉。为防范服务风险，特此报备				3. 客户询问电表改造是否收取费用？ 答：您好，国家电网公司更换的低压居民智能电表，其所有费用由供电企业承担。 4. 客户认为电费太高，电表走得太快，怀疑错接线，怀疑准确度，如何处理？ 答：您如果对于表计接线及计量准确有疑问，我们会安排人员上门现场进行核实，现场确认表计接线是否正确。如果因表计接线问题造成电费计算失准的，根据《供电营业规则》对于电量电费进行重新计算，多退少补，保障您的合法权益。若您怀疑表计准确性，您可携带身份证前往当地营业厅免费申请电表校验。 5. 客户询问缴费方式及缴费地点。 答：您好，您可以去当地的营业厅、代收点缴费，也可以通过下载“网上国网”App/国网×××省电力官方微信进行户号绑定缴费，也可以选择你习惯的其他渠道（如支付宝等进行缴费）。									

（续表）

序号	事件过程	工作建议	影响范围	影响时间	统一答复口径	支撑材料	开始时间	结束时间	工单编号	责任单位（部门）	责任单位（部门）联系人、职务（岗位）、联系电话	审核单位（部门）	审核单位（部门）联系人、职务（岗位）、联系电话	备注
					6. 客户询问抄表周期是固定的吗？ 答：经查询，您户的抄表日期是每月的××日。如果系统无法远程采集数据，或者遇恶劣天气等特殊情况，需要人工现场抄表，抄表时间会有微调。遇到节假日，为避免造成客户节假期间缴费不便，抄表时间会进行微调。 7. 客户咨询家中一直正常用电的，这个月怎么没产生电费？ 答：经查询，您所在的区域是每月××日抄表的，您本月电费未产生的原因可能为工作人员现场抄录时，您家中无人，导致电表指数无法核准。也有可能是山区信号弱，采集信号故障，未采集到数据。我们会安排人现场核实，请您保持电话畅通。 8. 客户询问变更或取消远程费控用电方式？ 答：目前电能表采取全国统一招标采购方式，随着科学技术发展，电能表的更新换代非常快，以前使用的电能表公司已经不									

（续表）

序号	事件过程	工作建议	影响范围	影响时间	统一答复口径	支撑材料	开始时间	结束时间	工单编号	责任单位（部门）	责任单位（部门）联系人、职务（岗位）、联系电话	审核单位（部门）	审核单位（部门）联系人、职务（岗位）、联系电话	备注
					再生产。今后的电能表会逐步地更换为远程费控智能电能表。同时实时用电，实时缴费的模式在通信行业已实行多年，也是社会发展的总体趋势，请您能够理解。 9. 客户咨询欠费已缴清，为何没有恢复送电？ 答：（1）经查询，停电确实是因欠费造成的。您的电费已结清，我们将安排工作人员尽快给您送电，请您耐心等待。 （2）经查询，您目前欠费已交清，系统显示送电成功，如无法正常用电，可能存在其他故障，我们会尽快安排工作人员与您联系，请您耐心等待，并保持电话畅通。 10. 客户咨询为何改造还是频繁停电、电压不稳？ 答：您好，很抱歉，因水电供区电网状况薄弱，目前电网公司正在逐步进行改造，逐步缓解低电压情况。根据您描述的情况，我们会反映至当地供电公司，将尽快安排人员赴现场抢修，请您保持电话畅通，耐心等待。									

（续表）

序号	事件过程	工作建议	影响范围	影响时间	统一答复口径	支撑材料	开始时间	结束时间	工单编号	责任单位（部门）	责任单位（部门）联系人、职务（岗位）、联系电话	审核单位（部门）	审核单位（部门）联系人、职务（岗位）、联系电话	备注
					11. 客户咨询电表改造工程为何中途停工？ 答：农网改造依计划统筹进行，中途停工的情况一般是施工环境不允许，比如恶劣天气影响、民事协调。根据您反映的情况，我们会反映至当地供电公司。之后会安排工作人员现场核实与您联系，请您保持电话畅通。 12. 客户咨询为何故障报修未按承诺及时到达现场，还没有恢复供电？ 答：您好，因水电供区大多处于山区，山区偏远，施工现场比较复杂，雨雪及夜间不具备抢修条件，我们将安排相关人员与您联系，请您保持电话畅通，耐心等待！给您带来的不便，请谅解。 13. 客户问询供电设施（线路、变压器、电杆、表箱等）位置不合理，要求移走。 答：供电设施安装位置是依据设计单位按照《电力设施保护条例》等相关规定进行设计，符合中华人民共和国电力行业标准。									

（续表）

序号	事件过程	工作建议	影响范围	影响时间	统一答复口径	支撑材料	开始时间	结束时间	工单编号	责任单位（部门）	责任单位（部门）联系人、职务（岗位）、联系电话	审核单位（部门）	审核单位（部门）联系人、职务（岗位）、联系电话	备注
					农网改造是一项惠民工程，可促进城乡统筹发展，农网改造项目的规划、设计、施工都有统一的规划和安排。供电设施的安装位置是经村委会指定的，一般不得随意更改，具体情况您可联系咨询当地村委会。 14. 客户反映改造中损害了自家树木青苗，如何处理？ 答：您好，如果您家的树木在电力设施保护区内，可能危及电力设施安全的，电力企业有权依法依规进行清障处理；如果是在新建架空电力电缆建设工程中砍伐的树木赔偿，由建设单位按物价局规定的青苗赔偿标准给予一次性补偿，并签订协议。根据您描述的情况，我们将安排相关人员与您联系进行现场核实，请您保持电话畅通。 15. 客户问询改造施工的青苗赔偿金额太少，如何处理？ 答：电网施工改造过程中涉及的青苗赔偿，赔偿标准是严格按照安徽省物价局的规定执行，请您理解并配合。根据您描述的情况，我们将安排相关人员与您联系进行现场核实，请您保持电话畅通									

附表 41 95598 申诉业务类别

序号	业务申诉类别	申诉原因	申诉原因解释说明	影响数据	判定依据	备注
1	工单处理满意度错误	客服专员责任	因客服专员人为原因造成的差错。 【释义】因客服专员人为原因造成的差错，如回访时客户对于处理结果满意，客服专员错误点选为不满意	回访不满意、一般、不评价工单数	质检结果。 【释义】音频、质检结果、系统截图等。 举例：回访中客户表示满意，客服专员错误点选为不满意	回访不满意、一般、不评价工单数均减 1
2	业务类型错误	恶意投诉	有明确证据证明客户诉求与事实不符或不存在。 【释义】一是有明确证据证明客户诉求存在为满足私利而诬陷工作人员的情况；二是客户提出的诉求超出国家规定或公司规定供电公司所能承担的责任范围	总投诉数	产权分界证明材料、调查材料、相关文件、省公司归口部门副主任签字和部门盖章的证明。 【释义】供用电合同、现场照片、人资证明等相关部门证明材料（盖章）、政府文件、情况说明、视频、音频（普通话）等。 举例：客户与某供电公司工作人员有私人恩怨，故意打电话投诉该工作人员态度不好	投诉工单数减 1，相应类别工单数加 1
		重复投诉	同一客户前期致电的投诉，在处理过程中再次致电投诉同一内容	总投诉数	业务支持系统中客户两次致电 95598 的录音及内容、客户基础档案信息，可证明前后两次致电为同一客户反映的同一诉求	投诉工单数减 1，相应类别工单数加 1
		客服专员责任	因客服专员责任未按照业务管理办法相关分类标准确定派单类型的差错。 【释义】按照业务管理办法相关分类标准，客服专员分类错误的情况	总投诉数	业务管理办法。 【释义】业务管理办法相关分类标准。 举例：客服专员未按照特殊客户管理规范对“特殊客户”诉求降级处理或未按照八项业务分类标准派发工单，导致分类错误	投诉工单数减 1，相应类别工单数加 1
		抽检修正	对抽检、质检发现业务类型错误的工单修正业务类型	修正前后业务总数	业务管理办法、95598 投诉分类细则。 【释义】业务管理办法、业务文件、95598 投诉分类细则、质检结果。 举例：日常质检中发现的分类错误，通过修正更正业务类型	修正前业务工单减 1，修正后业务工单加 1
3	接派单超时限	业务支持系统原因	因国网客服中心业务支持系统故障、程序缺陷导致系统缓慢或不可用，造成接派单超时。 【释义】因国网客服中心业务支持系统故障、程序缺陷导致系统缓慢或不可用，造成接派单超时	接派单及时数	系统升级公告、故障调查材料。 【释义】系统升级公告、故障调查材料（盖章）、报备文件（盖章）等。 举例：业务支持系统突发故障，导致省接单超时	接派单及时数加 1

（续表）

序号	业务申诉类别	申诉原因	申诉原因解释说明	影响数据	判定依据	备注
3	接派单超时限	主干网络原因	公司广域网CE设备以上的骨干通信网中断、丢包等问题引起的工单派发慢、失败或无法登陆业务支持系统，导致工单接派单超时	接派单及时数	系统升级公告、故障调查材料。 【释义】系统升级公告、故障调查材料（盖章）、通信公司证明（盖章）等。 举例：因通信网中断导致无法正常接单	接派单及时数加1
		不可抗力	因地震、泥石流、洪水灾害、龙卷风、山体滑坡，以及经地市级及以上气象台、地市级政府机关部门发布的符合应用级别的预警恶劣天气引发的问题。 【释义】因地震、泥石流、洪水灾害、龙卷风、山体滑坡，以及经地市级及以上气象台、地市级政府机关部门发布的符合应用级别的预警恶劣天气导致省（市）接单人员接单超时	接派单及时数	新闻报道、说明材料等。 【释义】新闻报道（报纸、网站等途径）介绍、地市公司说明材料（盖章）等。 举例：因台风等恶劣天气情况出现大面积故障，下发工单数量超过接单人员承受能力	接派单及时数加1
4	处理超时限	城乡区域错误	城乡标志点选错误造成的业务处理超时	及时处理工单数	知识库地理信息、相关证明材料。 【释义】知识库地理信息、客户信息截图、供用电合同等。 举例：城农网标志点选错误，导致处理部门超时限	及时处理工单数加1
		业务支持系统原因	因国网客服中心业务支持系统故障、程序缺陷导致系统缓慢或不可用，导致的处理超时限	及时处理工单数	系统升级公告、故障调查材料。 【释义】系统升级公告、故障调查材料（盖章）、报备文件（盖章）等。 举例：业务支持系统突发故障，导致处理部门超时限	及时处理工单数加1
		主干网络原因	公司广域网CE设备以上的骨干通信网中断、丢包等问题引起的工单派发慢、失败或无法登陆业务支持系统，导致处理超时限	及时处理工单数	系统升级公告、故障调查材料。 【释义】系统升级公告、故障调查材料（盖章）、通信公司证明（盖章）等。 举例：因通信网中断，处理部门无法正常填写回单，导致处理超时限	及时处理工单数加1
4	处理超时限	不可抗力	仅限于重要服务事项报备管理规定中明确的因地震、泥石流、洪水灾害、龙卷风、山体滑坡，以及经地市级及以上气象台、地市级政府机关部门发布的符合应用级别的预警恶劣天气引发的问题。 【释义】因地震、泥石流、洪水灾害、龙卷风、山体滑坡，以及经地市级及以上气象台、地市级政府机关部门发布的符合应用级别的预警恶劣天气导致地市处理部门处理超时限	及时处理工单数	新闻报道、说明材料等。 【释义】新闻报道（报纸、网站等途径）介绍、地市公司说明材料等。 举例：因台风天气，处理部门无法按照时限修复故障	及时处理工单数加1
		业务类别错误	因业务类别派发错误，导致处理超时限。 【释义】按照八项业务分类定义，客服专员业务分类错误导致处理超时限	及时处理工单数	业务管理办法。 【释义】业务管理办法、八项业务分类等相关业务文件 举例："服务申请—电表数据异常"错派为"服务申请—欠费复电登记"，导致实际4个工作日的处理时限按照24小时考核	及时处理工单数加1

附表 42　具体投诉场景研判表

一级分类	二级分类	三级分类	分类定义	业务场景	释义	研判过程
服务投诉	服务行为	营业厅人员服务行为	营业厅服务人员违反员工服务规范等有关规定的行为	红线： 营业厅人员在服务过程中(含电话服务)未履行一次告知制和首问负责制;营业窗口人员擅自离岗或工作期间聊天、打私人电话、玩手机等干与工作无关的事,工作时间饮酒及酒后上岗、泄露客户信息、投诉工单未在24小时内联系客户	判定要点: 1. 确认为国网公司营业厅。通过知识库确认是国网营业厅,或客户表示有国网公司标识及铭牌。 2. 确认为营业厅工作人员。确认是为客户提供用电服务、与客户发生服务接触的工作人员(营业厅主管、业务受理员、收费员、引导员、保洁员、保安员、银行工作人员、保险工作人员、邮政派遣工作人员等)。 3. 确认在工作时间内或工作过程中。 4. 确认出现服务违规行为。未正确引导客户办理相关业务,未履行一次告知制和首问负责制造成客户重复往返;营业窗口人员擅自离岗或工作期间聊天、打私人电话、玩手机等干与工作无关的事。工作时间饮酒及酒后上岗、泄露客户信息、投诉工单未在24小时内联系客户。 5. 确认符合事件时限。客户权利被侵害3个月以内,或被侵害3个月及以上客户可以提供证据的	1. 确认属于国网营业厅。通过知识库确认是国网营业厅。不属于知识库内营业厅范围则退单处理。 2. 判断受理录音中是否属于内部故障等非供电公司产权故障而无法处理、用户无正当理由对前期回单不认可、用户对国家或公司相关政策不认可或用户欠费未缴导致停电等供电公司未满足其不正当诉求引发相关投诉的情况,符合上述情况应以"咨询"办结。 知识库路径:"营业业务"→"营业网点"→"营业网点介绍"→"营业网点介绍"→"供电营业厅网点信息"
		抄催人员服务行为	抄催人员存有以下行为的服务态度问题:威胁客户,与客户发生争吵,对客户态度差、冷漠等	红线: 抄催人员在抄表催费、智能交费业务办理和运营服务工作中(含电话服务)服务态度涉及言语、肢体行为,对客户诉求表现不耐烦,对客户诉求不回应、不搭理,对客户冷言冷语,使用不礼貌、不文明用语回复客户,服务中存在搪塞、推诿行为,威胁、侮辱客户,与客户争吵、谩骂等	判定要点: 1. 确认能提供户号。客户能主动提供户号,或客服专员能通过户名、地址、表号等反查到户号。 2. 确认属于抄催人员。供电公司电费抄催人员、受供电公司委托或外包从事电力抄表业务的人员,主要负责抄录电能表、核实表计运行状况、催收电费等工作。 3. 确认近期欠费情况。确认当前无欠费,或最近一次缴费无违约金,或事件发生时无欠费(事件发生时有无欠费系统无法查询,以客户表述为准)。 4. 确认出现服务态度差行为(含电话服务)。对客户诉求表现不耐烦、不回应、不搭理,对客户冷言冷语,使用不礼貌、不文明用语回复客户,威胁、侮辱客户,与客户争吵、谩骂,以及发生肢体冲突等。 5. 确认发生时间。抄催人员在抄催工作中。	判断受理录音中是否属于内部故障等非供电公司产权故障而无法处理、用户无正当理由对前期回单不认可、用户对国家或公司相关政策不认可或用户欠费未缴导致停电等供电公司未满足其不正当诉求引发相关投诉的情况,符合上述情况应以"咨询"办结

（续表）

一级分类	二级分类	三级分类	分类定义	业务场景	释义	研判过程
服务投诉	服务行为	计量人员服务行为	计量人员存有以下行为的服务态度问题：威胁客户，与客户发生争吵，对客户态度差、冷漠等	红线： 计量人员在装表接电工作中（含电话服务）服务态度涉及言语、肢体行为，对客户诉求表现不耐烦，对客户诉求不回应、不搭理，对客户冷言冷语，使用不礼貌、不文明用语回复客户，服务中存在搪塞、推诿行为，威胁、侮辱客户，与客户争吵、谩骂等	判定要点： 1. 确认为供电公司客户。客户能主动提供户号，或客服专员能通过户名、地址、表号等反查到户号，或确认电费交给供电公司。 2. 确认属于计量人员。供电公司装表接电人员、受供电公司委托或外包从事电力装表接电的人员，主要负责安装电表（箱）、轮换电表（箱）、表计校验、破损表计（箱）更换、电压电流互感器安装、更换、校验以及检查电表及互感器接线等工作。（供电所外勤人员根据工作内容确定人员类别性质） 3. 确认出现服务违规行为（含电话服务）。服务态度涉及言语、肢体行为，对客户诉求表现不耐烦，对客户诉求不回应、不搭理，对客户冷言冷语，使用不礼貌、不文明用语回复客户，服务中存在搪塞、推诿行为，威胁、侮辱客户，与客户争吵、谩骂等。 易混淆点： 1. 易与社会上电工、物业管理人员、有资质的电气设计安装人员（非供电公司员工）混淆，后者工单应向客户做好解释工作，"咨询办结"。 2. 易与用电检查人员混淆，后者应派发"投诉—服务投诉—服务行为—用电检查人员服务态度"。 3. 易与抄催人员混淆，后者应派发"投诉—服务投诉—服务行为—抄催人员服务态度"	判断受理录音中是否属于内部故障等非供电公司产权故障而无法处理、用户无正当理由对前期回单不认可、用户对国家或公司相关政策不认可或用户欠费未缴导致停电等供电公司未满足其不正当诉求引发相关投诉的情况，符合上述情况应以"咨询"办结
			计量人员违反员工服务规范等有关规定的行为	红线： 计量人员在安装电能计量装置（含电话服务）时间内饮酒及酒后上岗、不执行首问负责制、泄露客户信息、投诉工单未在24小时内联系客户	判定要点： 1. 确认为供电公司客户。客户能主动提供户号，或客服专员能通过户名、地址、表号等反查到户号，或确认电费交给供电公司。 2. 确认属于计量人员。供电公司装表接电人员、受供电公司委托或外包从事电力装表接电的人员，主要负责安装电表（箱），轮换电表（箱），表计校验，破损表计（箱）更换，电压电流互感器安装、更换、校验以及检查电表及互感器接线等工作。（供电所外勤人员根据工作内容确定人员类别性质） 3. 确认出现服务违规行为。计量人员在安装电能计量装置时间内饮酒及酒后上岗、不执行首问负责制、泄露客户信息、投诉工单未在24小时内联系客户	判断受理录音中是否属于内部故障等非供电公司产权故障而无法处理、用户无正当理由对前期回单不认可、用户对国家或公司相关政策不认可或用户欠费未缴导致停电等供电公司未满足其不正当诉求引发相关投诉的情况，符合上述情况应以"咨询"办结

（续表）

一级分类	二级分类	三级分类	分类定义	业务场景	释义	研判过程
服务投诉	服务行为	计量人员服务行为	计量人员违反员工服务规范等有关规定的行为	红线： 计量人员在安装电能计量装置（含电话服务）时间内饮酒及酒后上岗、不执行首问负责制、泄露客户信息、投诉工单未在24小时内联系客户	易混淆点： 1. 易与社会上电工、物业管理人员、有资质的电气设计安装人员（非供电公司员工）混淆，后者应向客户做好解释工作，“咨询办结”。 2. 易与用电检查人员混淆，涉及红线或非红线客户有投诉意愿应派发“投诉—服务投诉—服务行为—用电检查人员服务规范”；涉及非红线客户无投诉意愿应派发“意见—供电业务—用电检查—客户安全用电”。 3. 易与抄催人员混淆，涉及红线或非红线客户有投诉意愿应派发“投诉—服务投诉—服务行为—抄催人员服务规范”；涉及非红线客户无投诉意愿应派发“意见—供电业务—抄表收费—催收电费”。 4. 易与电表更换前未通知客户、未与客户进行电表底数确认等相混淆，涉及非红线客户有投诉意愿应派发“投诉—营业投诉—电能计量—计量装置”；涉及非红线客户无投诉意愿应派发“意见—供电业务—电能计量—轮换、户表改造”	判断受理录音中是否属于内部故障等非供电公司产权故障而无法处理、用户无正当理由对前期回单不认可、用户对国家或公司相关政策不认可或用户欠费未缴导致停电等供电公司未满足其不正当诉求引发相关投诉的情况，符合上述情况应以“咨询”办结
				非红线： 1. 计量人员在工作过程中未出示工作证件、非口头承诺未兑现（如前期历史回单已明确答复时限、处理进度；工作人员已经给客户非口头承诺单等），未采取有效防范措施损坏了客户财物，进入客户厂区未遵守客户厂区相关规定。 2. 装表结束未进行清扫清理，借用客户物品不归还、损坏客户设施引起客户不满的。 3. 计量人员在电话服务过程中无故挂断电话	判定要点： 1. 确认客户有投诉意愿。 2. 确认为供电公司客户。客户能主动提供户号，或客服专员能通过户名、地址、表号等反查到户号，或确认电费交给供电公司。 3. 确认属于计量人员。供电公司装表接电人员、受供电公司委托或外包从事电力装表接电的人员，主要负责安装电表（箱），轮换电表（箱），表计校验，破损表计（箱）更换，电压电流互感器安装、更换、校验以及检查电表及互感器接线等工作。（供电所外勤人员根据工作内容确定人员类别性质） 4. 确认出现服务违规行为。在工作过程中未出示工作证件、非口头承诺未兑现（如前期历史回单已明确答复时限、处理进度；工作人员已经给客户非口头承诺单等），未采取有效防范措施损坏了客户财物，进入客户厂区未遵守客户厂区相关规定等。装表结束后未进行清扫清理，借用客户物品不归还、损坏客户设施引起客户不满的。在电话服务过程中无故挂断电话	判断受理录音中是否属于内部故障等非供电公司产权故障而无法处理、用户无正当理由对前期回单不认可、用户对国家或公司相关政策不认可或用户欠费未缴导致停电等供电公司未满足其不正当诉求引发相关投诉的情况，符合上述情况应以“咨询”办结

（续表）

一级分类	二级分类	三级分类	分类定义	业务场景	释义	研判过程
服务投诉	服务行为	计量人员服务行为	计量人员违反员工服务规范等有关规定的行为	非红线： 1. 计量人员在工作过程中未出示工作证件、非口头承诺未兑现（如前期历史回单已明确答复时限、处理进度；工作人员已经给客户非口头承诺单等），未采取有效防范措施损坏了客户财物，进入客户厂区未遵守客户厂区相关规定。 2. 装表结束未进行清扫清理，借用客户物品不归还、损坏客户设施引起客户不满的。 3. 计量人员电话服务过程中无故挂断电话	易混淆点： 1. 易与社会上电工、物业管理人员、有资质的电气设计安装人员（非供电公司员工）混淆，后者应向客户做好解释工作，“咨询办结”。 2. 易与用电检查人员混淆，涉及红线或非红线客户有投诉意愿应派发“投诉—服务投诉—服务行为—用电检查人员服务规范”；涉及非红线客户无投诉意愿应派发“意见—供电业务—用电检查—客户安全用电”。 3. 易与抄催人员混淆，涉及红线或非红线客户有投诉意愿应派发“投诉—服务投诉—服务行为—抄催人员服务规范”；涉及非红线客户无投诉意愿应派发“意见—供电业务—抄表收费—催收电费”。 4. 易与电表更换前未通知客户、未与客户进行电表底数确认等相混淆，涉及非红线客户有投诉意愿应派发“投诉—营业投诉—电能计量—计量装置”；涉及非红线客户无投诉意愿应派发“意见—供电业务—电能计量—轮换、户表改造”	判断受理录音中是否属于内部故障等非供电公司产权故障而无法处理、用户无正当理由对前期回单不认可、用户对国家或公司相关政策不认可或用户欠费未缴导致停电等供电公司未满足其不正当诉求引发相关投诉的情况，符合上述情况应以“咨询”办结
		用电检查人员服务行为	用电检查人员存有以下行为的服务态度问题：威胁客户，与客户发生争吵，对客户态度差、冷漠等	红线： 用电检查人员在工作中（含电话服务）服务态度涉及言语、肢体行为，对客户诉求表现不耐烦，对客户诉求不回应、不搭理，对客户冷言冷语，使用不礼貌、不文明用语回复客户，服务中存在搪塞、推诿行为，威胁、侮辱客户，与客户争吵、谩骂等	判定要点： 1. 确认为供电公司客户。客户能主动提供户号，或客服专员能通过户名、地址、表号等反查到户号，或确认电费交给供电公司。 2. 确认属于用电检查人员。从事客户端安全设备检查、查处窃电及违约用电、追补电费、安全保供电、家电赔偿（保险人员除外）。（供电所外勤人员根据工作内容确定人员类别性质） 3. 确认出现服务态度差行为（含电话服务）。服务态度涉及言语、肢体行为，对客户诉求表现不耐烦，对客户诉求不回应、不搭理，对客户冷言冷语，使用不礼貌、不文明用语回复客户，服务中存在搪塞、推诿行为，威胁、侮辱客户，与客户争吵、谩骂等	判断受理录音中是否属于内部故障等非供电公司产权故障而无法处理、用户无正当理由对前期回单不认可、用户对国家或公司相关政策不认可或用户欠费未缴导致停电等供电公司未满足其不正当诉求引发相关投诉的情况，符合上述情况应以“咨询”办结

（续表）

一级分类	二级分类	三级分类	分类定义	业务场景	释义	研判过程
服务投诉	服务行为	勘测人员服务行为	勘测人员存有以下行为的服务态度问题：威胁客户，与客户发生争吵，对客户态度差、冷漠等	红线： 勘测人员在用电检查工作时间（含电话服务）服务态度涉及言语、肢体行为，对客户诉求表现不耐烦，对客户诉求不回应、不搭理，对客户冷言冷语，使用不礼貌、不文明用语回复客户，服务中存在搪塞、推诿行为，威胁、侮辱客户，与客户争吵、谩骂等	判定要点： 1. 确认为供电公司客户。客户能主动提供户号，或客服专员能通过户名、地址、表号等反查到户号，或确认电费交给供电公司。 2. 确认属于勘测人员。负责客户的用电申请进行现场勘测，出具相关的供电方案、杆线迁移方案、供电变更方案，指导客户办理相关业务。（供电所外勤人员根据工作内容确定人员类别性质） 3. 确认出现服务态度差行为（含电话服务）。服务态度涉及言语、肢体行为，对客户诉求表现不耐烦，对客户诉求不回应、不搭理，对客户冷言冷语，使用不礼貌、不文明用语回复客户，服务中存在搪塞、推诿行为，威胁、侮辱客户，与客户争吵、谩骂等。 易混淆点： 1. 易与社会上电工、物业管理人员、有资质的电气设计安装人员（非供电公司员工）混淆，后者应向客户做好解释工作，“咨询办结”。 2. 易与用电检查人员混淆，后者应派发“投诉—服务投诉—服务行为—用电检查人员服务态度”	判断受理录音中是否属于内部故障等非供电公司产权故障而无法处理、用户无正当理由对前期回单不认可、用户对国家或公司相关政策不认可或用户欠费未缴导致停电等供电公司未满足其不正当诉求引发相关投诉的情况，符合上述情况应以“咨询”办结
			勘测人员违反员工服务规范等有关规定的行为	红线： 勘测人员在工作时间（含电话服务）饮酒及酒后上岗，不执行首问负责制、泄露客户信息、投诉工单未在24小时内联系客户	判定要点： 1. 确认属于国网公司勘测人员。负责客户的用电申请进行现场勘测，出具相关的供电方案、杆线迁移方案、供电变更方案，指导客户办理相关业务。（供电所外勤人员根据工作内容确定人员类别性质） 2. 确认出现服务违规行为。勘测人员在用电检查（含电话服务）工作时间饮酒及酒后上岗，不执行首问负责制、泄露客户信息、投诉工单未在24小时内联系客户。 易混淆点： 1. 易与社会上电工、物业管理人员、有资质的电气设计安装人员（非供电公司员工）混淆，此类工单应向客户做好解释工作，“咨询办结”。 2. 与用电检查人员混淆，涉及红线或非红线客户有投诉意愿应派发“投诉—服务投诉—服务行为—用电检查人员服务规范”；涉及非红线客户无投诉意愿应派发“意见—供电业务—用电检查—客户安全用电”	判断受理录音中是否属于内部故障等非供电公司产权故障而无法处理、用户无正当理由对前期回单不认可、用户对国家或公司相关政策不认可或用户欠费未缴导致停电等供电公司未满足其不正当诉求引发相关投诉的情况，符合上述情况应以“咨询”办结

（续表）

一级分类	二级分类	三级分类	分类定义	业务场景	释义	研判过程
服务投诉	服务行为	车联网运维人员服务行为	充电抢修人员存有以下行为的服务态度问题：威胁客户，与客户发生争吵，对客户态度差、冷漠等	红线： 充电抢修人员在抢修工作时间，服务态度涉及言语、肢体行为，对客户诉求表现不耐烦，对客户诉求不回应、不搭理，对客户冷言冷语，使用不礼貌、不文明用语回复客户，服务中存在搪塞、推诿行为，威胁、侮辱客户，与客户争吵、谩骂等	判定要点： 1. 确认客户使用的是国网充电桩。客户能主动提供 e 充电账号或充电卡号、充电站名称或充电桩编号。 2. 确认属于电动汽车公司充电抢修人员。负责客户在抢修过程中遇到的问题的处理。 3. 确认出现服务态度差行为。服务态度涉及言语、肢体行为，对客户诉求表现不耐烦，不回应、不搭理，对客户冷言冷语，使用不礼貌、不文明用语回复客户，服务中存在搪塞、推诿行为，威胁、侮辱客户，与客户争吵、谩骂等。 易混淆点： 易与社会上其他充电桩运营企业服务人员、物业管理人员混淆，后者应向客户做好解释工作，“咨询办结”	判断受理录音中是否属于内部故障等非供电公司产权故障而无法处理、用户无正当理由对前期回单不认可、用户对国家或公司相关政策不认可或用户欠费未缴导致停电等供电公司未满足其不正当诉求引发相关投诉的情况，符合上述情况应以“咨询”办结
			充电抢修人员违反员工服务规范等有关规定的行为	红线： 充电抢修人员在抢修（含电话服务）工作时间饮酒及酒后上岗，不执行首问负责制、泄露客户信息、投诉工单未在 24 小时内联系客户	判定要点： 1. 确认客户使用的是国网充电桩。客户能主动提供 e 充电账号或充电卡号、充电站名称或充电桩编号。 2. 确认属于电动汽车公司充电抢修人员。负责客户在充电过程中遇到的问题的处理。 3. 确认出现服务违规行为。充电抢修人员在抢修（含电话服务）工作时间饮酒及酒后上岗，不执行首问负责制、泄露客户信息、投诉工单未在 24 小时内联系客户	判断受理录音中是否属于内部故障等非供电公司产权故障而无法处理、用户无正当理由对前期回单不认可、用户对国家或公司相关政策不认可或用户欠费未缴导致停电等供电公司未满足其不正当诉求引发相关投诉的情况，符合上述情况应以“咨询”办结
			充电抢修人员违反员工服务规范等有关规定的行为	非红线： 1. 充电抢修人员在抢修过程中导致客户利益受损、未出示工作证、非口头承诺未兑现（如前期历史回单已明确答复时限、处理进度；工作人员已经给客户非口头承诺单等）。 2. 充电抢修人员在电话服务过程中无故挂断电话	判定要点： 1. 确认客户有投诉意愿。 2. 确认客户使用的是国网充电桩。客户能主动提供 e 充电账号或充电卡号、充电站名称或充电桩编号。 3. 确认属于电动汽车公司充电抢修人员。负责客户在充电过程中遇到的问题的处理。 4. 确认出现服务违规行为。工作过程中导致客户利益受损、未出示工作证、非口头承诺未兑现（如前期历史回单已明确答复时限、处理进度；工作人员已经给客户非口头承诺单等）。在电话服务过程中无故挂断电话。 易混淆点： 易与社会上其他充电桩运营企业服务人员、物业管理人员混淆，后者应向客户做好解释工作，“咨询办结”	判断受理录音中是否属于内部故障等非供电公司产权故障而无法处理、用户无正当理由对前期回单不认可、用户对国家或公司相关政策不认可或用户欠费未缴导致停电等供电公司未满足其不正当诉求引发相关投诉的情况，符合上述情况应以“咨询”办结

（续表）

一级分类	二级分类	三级分类	分类定义	业务场景	释义	研判过程
服务投诉	服务行为	车联网运维人员服务行为	充电其他人员违反员工服务规范等有关规定的行为	非红线： 1. 充电业务其他服务人员在工作过程中导致客户利益受损、非口头承诺未兑现（如前期历史回单已明确答复时限、处理进度；工作人员已经给客户非口头承诺单等）。 2. 充电抢修人员在电话服务过程中无故挂断电话	判定要点： 1. 确认客户有投诉意愿。 2. 确认客户使用的是国网充电桩。客户能主动提供 e 充电账号或充电卡号、充电站名称或充电桩编号。 3. 确认属于电动汽车公司相关业务服务人员。负责解释客户在使用充电业务过程中发生的充电结算异常、发票申请异常等问题。 4. 确认出现服务违规行为。在工作过程中导致客户利益受损、未出示工作证、非口头承诺未兑现（如前期历史回单已明确答复时限、处理进度；工作人员已经给客户非口头承诺单等）等。在电话服务过程中无故挂断电话	判断受理录音中是否属于内部故障等非供电公司产权故障而无法处理、用户无正当理由对前期回单不认可、用户对国家或公司相关政策不认可或用户欠费未缴导致停电等供电公司未满足其不正当诉求引发相关投诉的情况，符合上述情况应以“咨询”办结
	服务渠道	营业厅服务	营业厅提供的服务项目和营业时间与公示内容不一致的情况	非红线： 营业厅对外公示的服务项目、服务时间与实际提供的不符	判定要点： 1. 确认客户有投诉意愿。 2. 确认属于国网营业厅。通过知识库确认为国网营业厅，或客户表示有国网公司标识及铭牌。 3. 确认服务项目和时间属性。通过知识库确认营业厅服务时间、服务项目和服务标准。 4. 确认出现服务违规行为。营业厅对外公示的服务项目、服务时间与实际提供的不符。 易混淆点： 1. 易与营业网点设置合理性混淆，后者应派发“意见—供电服务—服务渠道—网点设置合理性”。 2. 易与营业厅设施没有达到标准、配置不到位、设备损坏混淆，后者应派发“意见—供电服务—服务渠道—营业厅服务”，如反映营业厅自动缴费机损坏影响缴费的，应派“意见—供电服务—服务渠道—营业厅服务”。 3. 易与社会第三方服务网点混淆，后者应派发“意见—供电服务—服务渠道—第三方服务网点服务质量”	1. 确认属于国网营业厅。通过知识库确认为国网营业厅，或客户表示有国网公司标识及铭牌。 2. 确认服务项目和时间属性。通过知识库确认营业厅服务时间、服务项目和服务标准。 知识库路径：“营业业务”→“营业网点”→“营业网点介绍”→“营业网点介绍”→“供电营业厅网点信息”

（续表）

一级分类	二级分类	三级分类	分类定义	业务场景	释义	研判过程
服务投诉	服务渠道	电子渠道服务	省公司自主运营的电子渠道服务平台对外公示的服务项目、服务时间与实际提供的不符	非红线： 省公司自主运营的电子渠道服务平台对外公示的服务项目、服务时间与实际提供的不符	判定要点： 1. 确认客户有投诉意愿。 2. 确认属于服务渠道。确认服务渠道为省公司自主运营的电子渠道服务平台。 3. 确认服务项目和时间属性。通过知识库确认省公司自主运营的电子渠道服务平台服务时间、服务项目和服务标准。 4. 确认出现服务违规行为。省公司自主运营的电子渠道服务平台对外公示的服务项目、服务时间与实际提供的不符。 易混淆点： 1. 易与网站或微信等其他电子渠道无法登录、访问速度慢、网站运行不稳定等系统问题混淆，后者应派发“意见—供电服务—服务渠道—电子渠道服务”。 2. 易与网站或微信等其他电子渠道服务信息更新不及时但未给客户带来不便，客户未要求投诉的情况混淆，后者应派发“意见—供电服务—服务渠道—电子渠道服务”	确认服务项目和时间属性。通过知识库确认省公司自主运营的电子渠道服务平台服务时间、服务项目和服务标准。知识库路径：“电子渠道”→“微信”→“微信公众号”
营业投诉	业扩报装	业扩报装超时限	在供电方案答复、设计审查、中间检查、竣工验收、计量接电等方面超过承诺时限的问题	非红线： 客户反映通过营业厅、95598网站、网上国网、现场服务等供电公司渠道申请居民新装、非居民新装、居民增容、非居民增容业务。在咨询答复、现场勘查、设计审查、中间检查、竣工验收环节供电公司未按规定时限办理、答复，客户表示强烈不满	判定要点： 1. 确认客户有投诉意愿。 2. 确认为供电公司受理的业务。客户能主动提供户号或申请编号，或能通过户名、地址、表号反查到户号，或确认电费交给供电公司。 3. 确认办理环节、工程施工完成。通过查询业务支持系统确认办理环节，询问客户相关工程是否施工完成。涉及竣工验收环节确认客户是否已提交验收申请。如无法查询，以客户描述为准。 4. 确认相关环节超期。通过查询知识库或业务支持系统相关环节时长，判定超过规定时长	确认办理环节、工程施工完成。通过查询业务支持系统确认办理环节，询问客户相关工程是否施工完成。涉及竣工验收环节确认客户是否已提交验收申请。 业务支持系统路径：“综合查询”→“信息查询”→“业扩报装进度查询”页面下查询客户业扩报装进度

（续表）

一级分类	二级分类	三级分类	分类定义	业务场景	释义	研判过程
营业投诉	业扩报装	业扩报装超时限	在供电方案答复、设计审查、中间检查、竣工验收、计量接电等方面超过承诺时限的问题	红线： 客户反映通过营业厅、95598网站、网上国网、现场服务等供电公司渠道申请高压新装增容业务。客户按规定向供电公司递交齐全、有效的申请资料后，供电公司一直未答复供电方案	判定要点： 1. 确认为供电公司受理的业务。客户能主动提供户号或申请编号，或能通过户名、地址、表号反查到户号，或确认电费交给供电公司。 2. 确认客户类别。询问客户，确认是高压单电源或高压双电源客户。 3. 确认已经到达答复供电方案环节。通过查询业务支持系统确认已经到达答复供电方案环节。如果查询不到，以客户描述为准。 4. 确认供电方案答复超期。根据客户类别、办理时间判定超期情况	确认已经到达答复供电方案环节。通过查询业务支持系统确认已经到达答复供电方案环节。 业务支持系统路径："综合查询"→"信息查询"→"业扩报装进度查询"页面下查询客户业扩报装进度
				红线： 客户反映通过营业厅、95598网站、网上国网、现场服务等供电公司渠道申请高压新装增容业务。其受电工程已验收合格且按规定提交了齐全的资料，供电公司未按照规定日期装表送电	判定要点： 1. 确认为供电公司受理的业务。客户能主动提供户号或申请编号，或能通过户名、地址、表号反查到户号，或确认电费交给供电公司。 2. 确认已经到达装表接电环节。通过查询业务支持系统确认已经到达装表接电环节。如果查询不到，以客户描述为准。 3. 确认装表接电环节超期。需要根据验收合格时间，判定超期情况	确认已经到达装表接电环节。通过查询业务支持系统确认已经到达装表接电环节。 业务支持系统路径："综合查询"→"信息查询"→"业扩报装进度查询"页面下查询客户业扩报装进度
	用电变更	业务办理超时限	在减容、暂停、暂换、迁址、移表、暂拆、过户、分户、并户、销户、改压和改类等方面用电变更业务超时的问题	非红线： 1. 客户反映通过营业厅、95598网站、网上国网、现场服务等供电公司渠道提交用电变更申请单，办理减容、暂停、暂换、迁址、移表、暂拆、过户（更名）、分户、并户、销户、改压、改类业务后，工作人员在咨询答复、现场勘查及供电方案答复、设计审查、中间检查、竣工验收、装表接电环节供电公司未按规定时限办理、答复。 2. 客户反映前期工单业务处理超时限	判定要点： 1. 确认客户有投诉意愿。 2. 确认为供电公司受理的业务。客户能主动提供户号，或客服专员能通过户名、地址、表号等反查到户号，或确认电费交给供电公司。 3. 确认相关环节超期。通过查询业务支持系统确认办理的环节，如果系统无法查询则以客户描述为主，判定是否超时限	确认相关环节超期。通过查询业务支持系统确认办理的环节。 业务支持系统路径："综合查询"→"信息查询"→"业扩报装进度查询"页面下查询客户业扩报装进度

（续表）

一级分类	二级分类	三级分类	分类定义	业务场景	释义	研判过程
营业投诉	抄表催费	抄表	未抄、错抄、估抄、漏抄等抄表差错的问题	非红线： 客户表示供电公司在抄表过程中存在抄错电表示数现象	判定要点： 1. 确认客户有投诉意愿。 2. 确认能提供户号。客户能主动提供户号，或客服专员能通过户名、地址、表号等反查到户号。 3. 确认客户抄表方式。 4. 确认抄错。在业务支持系统用电采集模块内实时/准实时电表示数，客户提供其电表示数小于系统中抄表示数的，或客户描述有其他有效证据。 5. 确认非供电公司主动核查发现告知	确认实际抄表周期变更。通过系统查询客户的抄表周期，确认客户描述正确，周期确实发生变更，且知识库中未有此抄表周期变更的相关支撑内容。 业务支持系统路径："综合查询"→"信息查询"→"客户信息查询"→"客户电费/缴费信息查询"
		欠费停复电	欠费停错电、未按规定停电、缴费后未按规定及时复电等违反业务处理规定的问题	红线： 非智能交费客户反映欠费停电前未按规定通知客户	判定要点： 1. 确认非租户。 2. 确认能提供户号。客户能主动提供户号，或客服专员能通过户名、地址、表号等反查到户号。 3. 确认未按规定通知。客户为非智能交费客户，欠费停电前未提前7天通知客户，且系统中无停电通知。 4. 确认已经被停电。通过系统查询确认，客户已被执行欠费停电	1. 确认未按规定通知。客户为非智能交费客户，欠费停电前未提前7天通知客户，且系统中无停电通知。 2. 确认客户为欠费停电且电费结清超过24小时。通过系统查询等确认客户确为欠费被停电且电费结清已满24小时，如果是费控客户需满足结清后余额大于复电阈值。 3. 确定供电公司未恢复供电。通过系统中费控指令执行情况、继电器状态等内容，确认供电公司尚未给客户恢复供电。 业务支持系统路径："客户信息查询"→"用户基本信息查询"→"通知单查询"。 业务支持系统路径："统计分析"→"信息查询"→"客户信息查询"→"客户电费缴费信息查询"。 "统计分析"→"信息查询"→"客户信息查询"→"用电检查信息查询"→"停电记录查询/复电记录查询"

（续表）

一级分类	二级分类	三级分类	分类定义	业务场景	释义	研判过程
营业投诉	电能计量	计量装置问题	单户计量装置更换、批量轮换、户表改造业务未提前通知，起（止）数未经客户确认等违反业务处理规定的问题	非红线： 客户反映其计量装置因各种原因损坏需要更换，但供电公司未提前告知客户，造成客户在不知情的情况下被更换计量装置	判定要点： 1. 确认客户有投诉意愿。 2. 确认为供电公司客户。客户能主动提供户号，或能通过户名、地址、表号反查到户号，或确认电费交给供电公司。 3. 确认更换范围为单户。 4. 确认客户不知情。确认客户自己及相关人员对计量装置更换均不知情。 5. 系统中能查询的，确认无换表通知单。 易混淆点： 1. 易与供电公司批量轮换电表、户表改造混淆，后者应派发“投诉—营业业务—电能计量—轮换、户表改造”。 2. 易与客户换表时反映表计资产归属问题混淆，后者应派发“意见—供电业务—电能计量—表计资产纠纷”。 3. 易与因计量装置引起的电费差错问题混淆，后者若客户反映对电费差错问题未处理或未按规定处理，应派发“投诉—营业投诉—电价电费—电费”；若客户对电费处理有异议，应派发“意见—供电业务—抄表收费—电费退补”	确认是否有第六类重要服务事项报备。 业务支持系统路径：“辅助功能”→“重要服务事项报备”→输入户号查询
				非红线： 客户反映供电公司更换计量装置后未与客户确认电表底数，造成纠纷	判定要点： 1. 确认客户有投诉意愿。 2. 确认为供电公司客户。客户能主动提供户名，或能通过户名、地址、表号反查到户号，或确认电费交给供电公司。 3. 确认更换范围为单户。 4. 未确认底数或未签字，造成纠纷。确认客户本人及相关人员对计量装置的底数不知情或告知客户计量装置底数但未履行签字确认手续，造成纠纷。 5. 系统中能查询的，确认无底数告知单的证明材料。 易混淆点： 1. 易与供电公司批量轮换电表、户表改造混淆，后者应派发“投诉—营业业务—电能计量—轮换、户表改造”。 2. 易与因计量装置引起的电费差错问题混淆，后者若客户反映对电费差错问题未处理或未按规定处理，应派发“投诉—营业投诉—电价电费—电费”；若客户对电费处理有异议，应派发“意见—供电业务—抄表收费—电费退补”	确认是否有第六类重要服务事项报备。 业务支持系统路径：“辅助功能”→“重要服务事项报备”→输入户号查询

（续表）

一级分类	二级分类	三级分类	分类定义	业务场景	释义	研判过程
营业投诉	电能计量	计量装置问题	表计线路接错，要求纠正的问题	非红线： 客户反映供电公司在安装、置换、轮换表计及配套计量互感器等设备时，电能表接线错误	判定要点： 1. 确认客户有投诉意愿。 2. 确认为供电公司客户。客户能主动提供户号，或能通过户名、地址、表号反查到户号，或确认电费交给供电公司。 3. 确认接线错误。出现 A 拉闸后其他家停电的现象，或者出现 A 用电未产生电费且 B 未用电产生电费现象，或已请有资质电工或物业水电工等相关人员检查确认	录音判断电表线路是否已调整，若线路已调整只是电费未调整则做退单处理
			反映电表轮换前未通知客户等违反业务处理规定的问题	非红线： 客户反映供电公司轮换表计未提前告知客户，造成客户在不知情的情况下被更换表计	判定要点： 1. 确认客户有投诉意愿。 2. 确认为供电公司客户。客户能主动提供户号，或能通过户名、地址、表号反查到户号，或确认电费交给供电公司。 3. 确认为多户批量表计轮换或改造表计。 4. 确认客户不知情。确认客户自己及相关人员对户表轮换（或改造表计）均不知情。 5. 系统中能查询的，确认无通知单。 易混淆点： 1. 易与单户计量装置置换业务混淆，后者应派发“投诉—营业业务—电能计量—计量装置”。 2. 易与轮换、户表改造中其他问题混淆，后者主要是对户表改造时间、费用、质量、设备归属等方面存在异议，应派发“意见—供电业务—电能计量—轮换、户表改造”。 3. 易与农网改造业务混淆，涉及农网改造范畴且非计量改造范畴的应派发“投诉—电网建设—供电设施—农网改造”	该业务场景应派发“意见—供电业务—电能计量—轮换、户表改造”

（续表）

一级分类	二级分类	三级分类	分类定义	业务场景	释义	研判过程
营业投诉	电能计量	计量装置问题	反映电表轮换前未通知客户等违反业务处理规定的问题	非红线： 客户反映工作人员轮换表计后未与客户确认电能表底数或告知客户电能表底数但未履行签字确认手续，造成纠纷	判定要点： 1. 确认客户有投诉意愿。 2. 确认为供电公司客户。客户能主动提供户号，或能通过户名、地址、表号反查到户号，或确认电费交给供电公司。 3. 确认多户批量户表轮换或改造表计。 4. 确认客户未知晓电能表底数。确认客户自己及相关人员对户表轮换（或改造表计）的底数不知情或告知客户户表轮换（或改造表计）底数但未履行签字确认手续，造成纠纷。 5. 系统中能查询的，确认无底数告知单。 易混淆点： 1. 易与单户计量装置置换业务混淆，后者应派发“投诉—营业业务—电能计量—计量装置”。 2. 易与轮换、户表改造中其他问题混淆，后者主要是对户表改造时间、费用、质量、设备归属等方面存在异议，应派发“意见—供电业务—电能计量—轮换、户表改造”。 3. 易与农网改造业务混淆，涉及农网改造范畴且非计量改造范畴的应派发“投诉—电网建设—供电设施—农网改造”	该业务场景应派发“意见—供电业务—电能计量—轮换、户表改造”
停送电投诉	停送电信息公告	停送电信息公告规范性	未公告停送电信息或未按时限公告停送电信息的问题	红线： 客户从知识库中明确地对外发布渠道获知计划停电信息，未提前 7 天向社会公告且 95598 系统未查询到停电信息	判定要点： 1. 确认供电设施计划检修停电未提前 7 天向社会公告。 2. 确认业务支持系统无此计划停电信息。 3. 确认获取渠道。确认客户获取的计划停电信息渠道为知识库中对外发布的渠道	确认供电设施计划检修停电未提前 7 天向社会公告。 业务支持系统路径：“综合查询”→“信息查询”→“停电信息查询”
			公告的停电区域、停电原因等不准确的问题	非红线： 客户反映供电公司在不同渠道上发布的计划停电信息，存在停电时间、停电区域等内容不一致的问题	判定要点： 1. 确认客户有投诉意愿。 2. 确认停电类型。客户反映停电为供电公司计划停电。 3. 确认发布渠道。确认客户获取的计划停电信息渠道为知识库中对外发布的渠道。 4. 核查停电信息公告准确性。同一计划停电信息在两个及以上对外发布渠道中，公告的停电时间、影响区域及范围存在不一致	确认供电设施计划检修停电未提前 7 天向社会公告。 业务支持系统路径：“综合查询”→“信息查询”→“停电信息查询”

（续表）

一级分类	二级分类	三级分类	分类定义	业务场景	释义	研判过程
停送电投诉	停电问题	未按停电计划停送电	供电公司未严格按照停电计划停送电，出现提前停电或延后送电问题或因特殊原因临时调整停电计划，未告知重要客户	非红线： 客户反映供电公司未严格按照停电计划停送电，出现提前停电或延后送电问题	判定要点： 1. 确认客户有投诉意愿。 2. 确认停电类型。确认客户停电为供电公司计划停电。 3. 确认地点属于计划停电范围。 4. 出现提前停电或延后送电问题。实现变更轨迹查询的，在停电前修改的以修改后时间为准，开始停电后修改的以原始时间为准；无法查询变更轨迹的以客户描述为准。 易混淆点： 易与客户反映推后停电，或提前送电混淆，后者应派发“意见—停送电问题—停电问题—停电安排”	1. 查询停电信息轨迹，在实施停电前修改停电时间的以修改后时间为准，开始停电后修改的，以第一次修改时间为准。 2. 判定是否有同一停电信息关联的同一台区客户投诉，在已派发投诉工单的前提下，后续 24 小时内的同一诉求派发意见工单。 业务支持系统路径：“综合查询”→“信息查询”→“停电信息查询”→“信息轨迹”
				非红线： 供电公司因特殊原因临时调整停电计划，未将变更后的计划停电信息告知重要客户	判定要点： 1. 确认客户有投诉意愿。 2. 确认停电类型。确认客户停电为供电公司计划停电。 3. 确认客户为重要客户。通过业务支持系统查询客户为重要客户。 4. 确认未收到变更通知。客户为电气联系人或已与电气联系人确认	1. 查询停电信息轨迹，在实施停电前修改停电时间的以修改后时间为准，开始停电后修改的，以第一次修改时间为准。 2. 判定是否有同一停电信息关联的同一台区客户投诉，在已派发投诉工单的前提下，后续 24 小时内的同一诉求派发意见工单。 业务支持系统路径：“综合查询”→“信息查询”→“停电信息查询”→“信息轨迹”
	抢修服务	超时限	故障抢修过程中到达现场时间超时的问题	红线： 客户向供电公司报修后，抢修人员未在承诺时限范围内到达故障现场，或抢修人员联系客户重新约定到达现场时间，但仍未到达	判定要点： 1. 确认抢修人员未在承诺时限内到达故障现场。抢修人员未在承诺时限范围内到达故障现场且未与客户重新约定到达时限，或抢修人员虽联系客户重新约定到达现场时间但仍未到达，或抢修人员虽联系客户，但未明确告知客户为内部故障需客户自行联系电工处理。 2. 确认抢修人员到达现场超时。有历史故障工单的，根据故障工单受理时间判断客户投诉时是否超时；无历史工单以客户表述为准。 易混淆点： 1. 易与客户重复报修，但抢修人员到达现场未超过承诺时限混淆，后者应派发催办工单。 2. 易与超过抢修时限未到场，但抢修人员已与客户预约到达现场时间混淆，后者应派发催办工单	根据故障工单受理时间判断客户投诉时是否超时

（续表）

一级分类	二级分类	三级分类	分类定义	业务场景	释义	研判过程
停送电投诉	抢修服务	抢修质量	故障抢修工作结束后或抢修人员离开现场后，故障现象仍存在、故障未修复或抢修不彻底（影响客户用电）等问题	非红线： 客户报修一户故障，抢修人员现场抢修结束后，故障现象仍存在、故障未修复、抢修不彻底（恢复供电后24小时内再次停电）等问题，影响客户用电	判定要点： 1. 确认客户有投诉意愿。 2. 确认抢修结束。抢修人员全部离开现场。 3. 确认满足以下条件之一： ①确认故障未修复。有用电信息采集功能的召测为供电公司侧停电；无法召测的以客户表述为准。②故障修复后24小时内再次停电。 易混淆点： 1. 易与客户反映故障处理后现场存有安全隐患或未根治故障，但不影响客户用电的情况混淆，后者派发“意见—供电服务—故障处理—处理不完善”。 2. 易与抢修人员抢修过程中离开时已向客户解释原因，客户在等待时间较长后拨打电话催办的情况混淆，后者派发催办工单	通过用电信息采集召测显示用户掉电记录判断。 用电采集系统路径：“采集管理”→“数据采集管理”→“单户召测”→“透抄数据”→“掉电记录”
				非红线： 客户报修多户故障，抢修人员现场抢修结束后，故障现象仍存在、故障未修复、抢修不彻底（恢复供电后24小时内再次停电）等问题，影响客户用电	判定要点： 1. 确认客户有投诉意愿。 2. 抢修结束后故障未修复或故障修复后24小时内再次停电。客户前期抢修工单已回复或停电信息显示已送电（合并的查看主单）。 易混淆点： 1. 易与客户反映故障处理后现场存有安全隐患或未根治故障，但不影响客户用电的情况混淆，后者派发“意见—停送电问题—故障处理—处理不完善”。 2. 易与故障停电已公告预计送电时间或客户看到抢修人员正在抢修，但客户仍对处理时间长、效率低不满等情况混淆，后者派发“意见—停送电问题—故障处理—处理时间长”。 3. 易与抢修人员在抢修过程中离开时已向客户解释原因，客户在等待时间长后拨打电话催办的情况混淆，后者派发催办工单。 4. 易与多户无电未送电，工作人员正在巡查故障原因，但客户表示看到抢修人员离开现场的情况混淆，后者应向客户做好解释工作，“咨询办结”	通过用电信息采集召测显示用户掉电记录判断。 业务支持系统路径：“客户信息查询”→“用户基本信息查询”→“用电采集信息查询”→“用户客户信息”→“受电点”→“电能表”

（续表）

一级分类	二级分类	三级分类	分类定义	业务场景	释义	研判过程
停送电投诉	抢修服务	抢修人员服务行为	抢修人员存有以下行为的服务态度问题：威胁客户，与客户发生争吵，对客户态度差、冷漠等	红线： 抢修人员在工作中（含电话服务）存在对客户诉求表现不耐烦，对客户诉求不回应、不搭理，对客户冷言冷语，使用不礼貌、不文明用语回复客户，服务中存在搪塞、推诿行为，威胁、侮辱客户，与客户争吵、谩骂等	判定要点： 1. 确认为供电公司抢修人员（含抢修外包人员）。有历史工单以历史工单认定。无历史工单的通过工作性质识别，从事电力故障抢修；或者通过现场标识识别，国家电网标识的指示牌、电力施工围挡、着装、车辆等。 2. 确认存在服务态度问题。与客户发生争吵、说脏话、骂人、语气差或其他可以判定为不文明的行为，以及发生肢体冲突等。 3. 确认符合时限要求。客户权利被侵害起 3 个月以内或 3 个月以上客户可以提供确凿证据的。 易混淆点： 1. 易与社会上（非供电公司员工）电工混淆，后者应向客户做好解释工作，“咨询办结”。 2. 易与抢修外包人员从事非供电公司委托的抢修相混淆，后者应向客户做好解释工作，“咨询办结”	1. 查询历史工单处理情况是否属非供电产权故障。 2. 判断受理录音中是否属于内部故障等非供电公司产权故障而无法处理、用户无正当理由对前期回单不认可、用户对国家或公司相关政策不认可或用户欠费未缴导致停电等供电公司未满足其不正当诉求引发相关投诉的情况，符合上述情况应以“咨询”办结
	增值服务	有偿服务	工作人员提供的有偿服务不规范、对服务质量不满意的问题	非红线： 客户反映工作人员提供有偿服务时，服务态度差、未按物价部门有偿服务收费标准收取相关费用，或收取有偿服务费后未提供正规发票	判定要点： 1. 确认客户有投诉意愿。 2. 确认属供电公司工作人员。穿着有国网标志的工作服、携带国家电网工作证或其他可证明身份的特征。 3. 确认提供有偿服务项目与知识库内容一致。 4. 确认存在违规行为。如：①有偿服务过程中态度差；②未按物价部门有偿服务收费标准收取客户费用；③收费后未向客户提供正规发票等。 易混淆点： 1. 易与社会上（非供电公司员工）电工混淆，后者应向客户做好解释工作，“咨询办结”。 2. 易与农网改造期间收费问题混淆，后者应派发“投诉—电网建设—供电设施—农网改造”	判断受理录音中是否属于内部故障等非供电公司产权故障而无法处理、用户无正当理由对前期回单不认可、用户对国家或公司相关政策不认可或用户欠费未缴导致停电等供电公司未满足其不正当诉求引发相关投诉的情况，符合上述情况应以“咨询”办结

（续表）

一级分类	二级分类	三级分类	分类定义	业务场景	释义	研判过程
供电质量	电压质量	电压质量长时间异常	多户经常出现电压高、低或电压不稳，或长期没有得到改善、处理不彻底等问题	非红线： 客户来电反映，多户长期（超过1个月）出现电压不稳，电器无法启动、灯暗、工厂设备无法使用等现象，或客户已向供电公司反映过相关问题，但电压质量再次出现异常	判定要点： 1. 确认客户有投诉意愿。 2. 确认为供电公司客户。客户能主动提供户号，或客服专员能通过户名、地址、表号等反查到户号，或确认电费交给供电公司。 3. 确认电压值异常。通过客户测量的电压值或描述的电压异常现象确定。 4. 确认反映次数达2次及以上或长期存在电压异常问题。多户长期（超过1个月）存在电压高、低、不稳或2次及以上向供电公司反映。 易混淆点： 1. 易与经过农网改造但仍存在电压质量异常混淆，后者应派发“投诉—电网建设—供电设施—农网改造”。 2. 易与因供电公司自身电网建设原因不能及时按照客户诉求提供供电电源的情况混淆，后者应派发“投诉—电网建设—供电设施—供电能力”。 3. 易与单个客户存在电压质量问题混淆，后者应派发“故障报修—电能质量故障—电压”	1. 判断客户诉求是否为多户现象。若客户无法确定或确定是单户现场，派发意见工单。 2. 同一台区客户反映此问题，在已派发投诉工单的前提下，后续60个工作日内的同一诉求派发意见工单
	供电可靠性	频繁停电	频繁停电或长期未得到改善、处理不彻底等问题	非红线： 客户反映供电公司产权区域经常停电问题，近2个月内停电次数达3次及以上	判定要点： 1. 确认客户有投诉意愿。 2. 确认为供电公司客户。客户能主动提供户号，或能通过户名、地址、表号反查到户号，或确认电费交给供电公司。 3. 确认近2个月内停电次数达3次及以上。①通过用采系统掉电记录查询停电次数（一天内允许三次三分钟内的闪停）；②客户表述清晰停电次数；③客户描述模糊，通过标准话术询问客户停电次数；④核减次数：属地单位按照公司营销部重要服务事项报备范畴的停电事件，省公司向中心开放用电采集系统经查询属于内部故障的。 4. 确认是否有同一台区投诉。系统能够识别的，24小时内同一台区已有频繁停电投诉的派发意见，并关联已派发投诉工单。 易混淆点： 1. 易与已完成农网改造但仍存在频繁停电问题混淆，后者应派发“投诉—电网建设—供电设施—农网改造”。 2. 易与因供电公司自身电网建设原因不能及时按照客户诉求提供供电电源的情况混淆，后者应派发“投诉—电网建设—供电设施—供电能力”。 3. 易与2个月内停电次数3次以下或客户无投诉意愿的混淆，后者应派发“意见—供电质量问题—供电可靠性—频繁停电”	1. 查询业务支持系统是否进行重要服务事项报备。 2. 查询用电采集系统客户掉电记录次数（一天内允许三次三分钟内的闪停）。 3. 若用户无户号，查询知识库是否属于非直供户或自管区域范围（无户号且电费未交给供电公司）。 4. 同一台区客户反映此问题，在已派发投诉工单的前提下，同一诉求派发意见工单。 业务支持系统路径：“辅助功能”→“重要服务事项报备”→“选择申请区域范围查询”。 业务支持系统路径：“客户信息查询”→“用户基本信息查询”→“用电采集信息查询”→“用户客户信息”→“受电点”→“电能表”。 知识库查询路径：“综合支撑”→“地理信息”→“非国家电网供电”→“非国家电网供电客户判定”（非直供户查询路径）。“综合支撑”→“地理信息”→“非国家电网供电”→“非国家电网供电客户判定”→“自管区域介绍”（自管小区查询路径）

（续表）

一级分类	二级分类	三级分类	分类定义	业务场景	释义	研判过程
供电质量	供电可靠性	频繁停电	频繁停电或长期未得到改善、处理不彻底等问题	非红线： 客户反映经常停电问题，停电区域不属于供电公司维护范围，但客户表示整条线路或周围多个小区均存在频繁停电问题，近 2 个月内停电次数达 3 次及以上	判定要点： 1. 确认客户有投诉意愿。 2. 确认产权。客户产权不属供电公司产权维护范围。判定方法：确认客户电费不交给国家电网供电公司。 3. 确认停电范围。线路停电导致的自维小区停电属于频繁停电范围。如客户主动提及周围小区也停电，需根据小区名称确认属于供电公司产权维护范围；客户表述不清周围小区名称，无法确认产权，但均存在经常停电问题的，派发投诉。 4. 确认近 2 个月内停电次数达 3 次及以上	该场景直接派发意见工单
电网建设	电力施工	施工人员服务行为	施工人员存有以下行为的服务态度问题：威胁客户，与客户发生争吵，对客户态度差、冷漠等	红线： 施工人员在工作中（含电话服务）存在对客户诉求表现不耐烦，对客户诉求不回应、不搭理，对客户冷言冷语，使用不礼貌、不文明用语回复客户，服务中存在搪塞、推诿行为，威胁、侮辱客户，与客户争吵、谩骂等	判定要点： 1. 确认为供电公司施工项目。经与施工人员确认为供电企业施工项目或施工现场有国网标识，包括在施工设备、作业工具、工作人员服装、安全帽、车辆等处出现的国网标识。 2. 确认发生在施工场所或施工过程中。 3. 确认存在服务态度问题。在对客户诉求表现不耐烦，对客户诉求不回应、不搭理，对客户冷言冷语，使用不礼貌、不文明用语回复客户，服务中存在搪塞、推诿行为，威胁、侮辱客户，与客户争吵、谩骂等。 4. 确认符合时限要求。客户权利被侵害起 3 个月以内或 3 个月以上客户可以提供确凿证据的。 易混淆点： 1. 易与客户自行选择的社会上有资质的施工单位或人员（非供电公司员工）混淆，后者应向客户做好解释工作，“咨询办结”。 2. 易与勘测人员混淆，后者应派发“投诉—服务投诉—服务行为—勘测人员服务态度”。 3. 易与计量人员混淆，后者应派发“投诉—服务投诉—服务行为—计量人员服务态度”。 4. 易与施工人员从事非供电公司委托的施工相混淆，后者应向客户做好解释工作，“咨询办结”	判断受理录音中是否属于内部故障等非供电公司产权故障而无法处理、用户无正当理由对前期回单不认可、用户对国家或公司相关政策不认可或用户欠费未缴导致停电等供电公司未满足其不正当诉求引发相关投诉的情况，符合上述情况应以“咨询”办结

（续表）

一级分类	二级分类	三级分类	分类定义	业务场景	释义	研判过程
电网建设	电力施工	施工人员服务行为	施工人员违反员工服务规范等有关规定的行为	红线： 施工人员酒后上岗、泄露客户信息、投诉工单未在24小时内联系客户	判定要点： 1. 确认为供电公司施工项目。经与施工人员核实确认为供电企业施工项目或施工现场有国网标识，包括在施工设备、作业工具、工作人员服装、安全帽、车辆等处出现的国网标识。 2. 确认发生在工作场所或工作过程中。 3. 确认存在违反服务规范行为。存在下列行为之一：①未履行一次告知制和首问负责制；②与客户沟通、接触（包含通话）过程中，存在酒后上岗的情况；③泄露客户信息；④投诉工单未在24小时内联系客户。 易混淆点： 1. 易与客户自行选择的社会上有资质的施工单位或人员（非供电公司员工）混淆，后者应向客户做好解释工作，“咨询办结”。 2. 易与勘测人员混淆，后者应派发“投诉—服务投诉—服务行为—勘测人员服务规范”。 3. 易与计量人员混淆，后者应派发“投诉—服务投诉—服务行为—计量人员服务规范”。 4. 易与施工人员从事非供电公司委托的施工相混淆，后者应向客户做好解释工作，“咨询办结”	判断受理录音中是否属于内部故障等非供电公司产权故障而无法处理、用户无正当理由对前期回单不认可、用户对国家或公司相关政策不认可或用户欠费未缴导致停电等供电公司未满足其不正当诉求引发相关投诉的情况，符合上述情况应以“咨询”办结
				非红线： 客户反映施工人员工作中（含电话服务）存在违反员工服务规范等有关规定的行为	判定要点： 1. 确认客户有投诉意愿。 2. 确认为供电公司施工项目。经与施工人员核实确认为供电企业施工项目或施工现场有国网标识，包括在施工设备、作业工具、工作人员服装、安全帽、车辆等处出现的国网标识。 3. 确认发生在工作场所或工作过程中。 4. 确认存在违反服务规范行为。如：①施工工具、材料乱堆乱放，造成客户经济损失或人身伤害；②借用客户物品时，未征得客户同意、用完后未先清洁或未放回原处、未向客户致谢；③工作中损坏了客户原有设施后未恢复原状或等价赔偿；④在公共场所施工未采取安全措施，在道路两旁施工时未在恰当位置摆放醒目的告示牌；⑤非口头承诺未兑现（如前期历史回单已明确答复时限、处理进度，工作人员已经给客户非口头承诺单等）等。 易混淆点： 1. 易与客户自行选择的社会上有资质的施工单位或人员（非供电公司员工）混淆，后者应向客户做好解释工作，“咨询办结”。 2. 易与勘测人员混淆，后者应派发“投诉—服务投诉—服务行为—勘测人员服务规范”。 3. 易与计量人员混淆，后者应派发“投诉—服务投诉—服务行为—计量人员服务规范”。 4. 易与施工人员从事非供电公司委托的施工相混淆，后者应向客户做好解释工作，“咨询办结”	判断受理录音中是否属于内部故障等非供电公司产权故障而无法处理、用户无正当理由对前期回单不认可、用户对国家或公司相关政策不认可或用户欠费未缴导致停电等供电公司未满足其不正当诉求引发相关投诉的情况，符合上述情况应以“咨询”办结

附表43 意见工单回复模板

一级分类	二级分类	模板填写内容
供电服务	电器赔偿	【非家用电器损坏】【家用电器损坏】 1. 处理时间(必填):20××年××月××日××时××分。2. 处理人(必填):×××部门×××(人员名字)。3. 处理经过(必填):×××。4. 处理结果(必填):×××。5. 处理依据(必填):×××。6. 客户意见(必填):认可/不认可/无法获取(增加原因说明)。7. 客户编号(必填):×××。8. 是否供电公司责任(必填):×××。9. 电器损坏原因,如突然停电、电压突然升高、设备突然起火、设备连电等(必填):×××。10. 涉及财产金额(必填):×××。11. 处理方式,如维修、赔偿等(必填):×××。12. 不予赔偿,提供支撑材料(必填):×××
供电服务	服务渠道	1. 处理时间(必填):20××年××月××日××时××分。2. 处理人(必填):×××部门×××(人员名字)。3. 处理经过(必填):×××。4. 处理结果(必填):×××。5. 处理依据(必填):×××。6. 客户意见(必填):认可/不认可/无法获取(增加原因说明)。7. 客户编号(必填):×××。8. 是否供电公司责任(必填):×××。9. 服务渠道种类(必填):×××。10. 营业点名称(必填):×××。11. 客户反映存在的问题(必填):×××。12. 如何解决,若短期无法处理的写明原因及预计处理时间,后续处理措施及时间:×××
供电服务	电力短信	1. 处理时间(必填):20××年××月××日××时××分。2. 处理人(必填):×××部门×××(人员名字)。3. 处理经过(必填):×××。4. 处理结果(必填):×××。5. 处理依据(必填):×××。6. 客户意见(必填):认可/不认可/无法获取(增加原因说明)。7. 客户编号(必填):×××。8. 接收短信手机号码(必填):×××。9. 短信更改生效日期、时间、短信更改的操作平台(必填):×××。10. 标注短信发送方(省公司发送/地市公司发送/其他公司发送)(必填):×××。11. 是否全部解绑成功,解绑的手机号,解绑的短信类型(必填):×××。12. 是否存在未收到短信、错发短信,并阐述原因(必填):×××。13. 情况属实,应明确处理措施(选填):×××。14. 情况属实,应明确未发、错发的单位责任人(必填):×××
供电业务	抄表收费	1. 处理时间(必填):20××年××月××日××时××分。2. 处理人(必填):×××部门×××(人员名字)。3. 处理经过(必填):×××。4. 处理结果(必填):×××。5. 处理依据(必填):×××。6. 客户意见(必填):认可/不认可/无法获取(增加原因说明)。7. 客户编号(必填):×××。8. 抄表周期(系统):×××。9. 抄表方式(手抄、集抄)(系统):×××。10. 电价类型(系统):×××。11. 电价电费结算方式,如预付费、后付费(系统):×××。12. 表计类型,如卡表、远程费控、本地费控(系统):×××。13. 电费缴费方式及扣款日期(系统):×××。 【银行代扣】 14. 是否存在银行代扣失败、错误(必填):×××。15. 代扣失败、错误原因,代扣机构名称(中国银行、支付宝、利安电超市等)、整改措施(必填):×××。 【催收电费】 16. 客户是否欠费,若客户欠费,需回复欠费月份、欠费金额(必填):×××。17. 发放缴费通知单、催费通知单、停电通知单的时间、位置(必填):×××。 【电价电费】 18. 是否存在电价执行错误(必填):×××。19. 电价执行标准及依据(必填):×××。20. 收取的电费计算方式、明细及依据(必填):×××。21. 差错电量的处理(必填):×××。22. 采集失败、采集错误的原因,整改措施(选填):×××。 【抄表时间】 23. 是否存在抄表周期不合理、未按规定时间抄表,并说明原因(必填):×××。 【电费退补】 24. 是否存在电费差错,整改措施(退补电费何时到账、以什么形式退还客户,无法明确时间的请做相关说明)(必填):×××。 【电费充值卡】 是否存在电费充值卡使用及购买不便等情况,情况属实应明确整改措施(必填):×××

（续表）

一级分类	二级分类	模板填写内容
供电业务	欠费停复电	1. 处理时间（必填）：20××年××月××日××时××分。2. 处理人（必填）：×××部门×××（人员名字）。3. 处理经过（必填）：×××。4. 处理结果（必填）：×××。5. 处理依据（必填）：×××。6. 客户意见（必填）：认可/不认可/无法获取（增加原因说明）。7. 客户编号（必填）：×××。8. 表计类型（系统）：×××。9. 客户欠费状态（系统）：×××。10. 停电时间（必填）：×××。 【电费充值卡】 11. 欠费停电流程（系统）：×××。12. 停电前通知客户方式（必填）：×××。 【停电实施】 13. 欠费流程的客户信息与客户实际信息比对（系统）：是否一致？14. 如不一致，是否存在错接线问题（选填）：×××。15. 是否存在错停电问题（必填）：×××
供电业务	电能计量	1. 处理时间（必填）：20××年××月××日××时××分。2. 处理人（必填）：×××部门×××（人员名字）。3. 处理经过（必填）：×××。4. 处理结果（必填）：×××。5. 处理依据（必填）：×××。6. 客户意见（必填）：认可/不认可/无法获取（增加原因说明）。7. 客户编号（必填）：×××。8. 表计厂家，生产表计的制造商（系统）：×××。9. 电表资产划分归属（系统）：×××。 【计量装置配置问题】 10. 计量装置配置是否存在问题，并说明原因及相关依据（必填）：×××。 【表计资产纠纷】 11. 表计资产的归属问题，明确资产的归属方并提供相关依据（必填）：×××。 【计量（表）箱柜破损】 12. 计量（表）箱柜是否存在破损，并说明原因及整改措施（必填）：×××。 【计量（表）箱位置不合理】 13. 计量（表）箱柜安装位置是否符合规范（必填）：×××。 【验表】 14. 明确验表结果（附验表证书），并明确客户态度及告知处理流程（必填）：×××。 【轮换、户表改造】 15. 是否提前通知客户（必填）：×××。16. 针对客户反映的户表改造收费及工程质量不合格问题提供解释说明（必填）：×××。17. 轮换、户表改造时间（必填）：×××。 【赔表】 18. 明确是否对客户提出赔表要求（必填）：×××。19. 赔表依据（必填）：×××
供电业务	业扩报装	1. 处理时间（必填）：20××年××月××日××时××分。2. 处理人（必填）：×××部门×××（人员名字）。3. 处理经过（必填）：×××。4. 处理结果（必填）：×××。5. 处理依据（必填）：×××。6. 客户意见（必填）：认可/不认可/无法获取（增加原因说明）。7. 客户编号（必填）：×××。8. 客户反映业扩报装涉及环节所需资料缺件问题的情况说明（选填）：×××。9. 业扩报装申请编号及办理地点（必填）：×××。10. 客户申请的用电性质，如低压居民、低压非居民、高压等，若是居民新装，需注明城镇或农村（必填）：×××。11. 客户行业，如农林牧副渔（必填）：×××。12. 客户申请的容量（系统）：×××。13. 业扩报装各环节流程时间，如申请、查勘、缴费、装表时间（必填）：×××。14. 业扩报装流程未完成原因，整改措施（必填）：×××

（续表）

一级分类	二级分类	模板填写内容
供电业务	业务变更	1. 处理时间(必填):20××年××月××日××时××分。2. 处理人(必填):×××部门×××(人员名字)。3. 处理经过(必填):×××。4. 处理结果(必填):×××。5. 处理依据(必填):×××。6. 客户意见(必填):认可/不认可/无法获取(增加原因说明)。7. 客户编号(必填):×××。8. 业务变更类型,客户申请的用电性质(系统):×××。9. 业务所需材料(选填):×××。10. 业务变更哪个环节出现问题(必填):×××。11. 具体申请时间(系统):×××。12. 如何处理(必填):×××
供电业务	用电检查	1. 处理时间(必填):20××年××月××日××时××分。2. 处理人(必填):×××部门×××(人员名字)。3. 处理经过(必填):×××。4. 处理结果(必填):×××。5. 处理依据(必填):×××。6. 客户意见(必填):认可/不认可/无法获取(增加原因说明)。7. 客户编号(必填):×××。8. 窃电流程编号,尚未录入系统的提供违章单号(选填):×××。9. 窃电时长(选填):×××。10. 说明违约用电处理情况(违约用电查处时间、查处方式、查处金额)(必填):×××。11. 客户意见主要是哪些(必填):×××
供电业务	营业收费	1. 处理时间(必填):20××年××月××日××时××分。2. 处理人(必填):×××部门×××(人员名字)。3. 处理经过(必填):×××。4. 处理结果(必填):×××。5. 处理依据(必填):×××。6. 客户意见(必填):认可/不认可/无法获取(增加原因说明)。7. 收费项目名称(必填):×××。8. 收费的依据,标准、出处(必填):×××。9. 收取费用问题说明(必填):×××
供电业务	新型业务	1. 处理时间(必填):20××年××月××日××时××分。2. 处理人(必填):×××部门×××(人员名字)。3. 处理经过(必填):×××。4. 处理结果(必填):×××。5. 处理依据(必填):×××。6. 客户意见(必填):认可/不认可/无法获取(增加原因说明)。7. 客户编号(必填):×××。8. 客户性质(系统):×××。9. 客户诉求业务类型,如光伏发电、e充电 App、充电桩及充电卡等(必填):×××。10. 客户诉求具体问题(必填):×××。11. 客户办理业务提供材料是否完整(必填):×××。12. 充电桩的网点名称、类型(选填):×××。13. 涉及电费问题,应回复退补金额及时间(选填):×××。14. 故障原因及后续处理方式(选填):×××
供电业务	电 e 宝业务	1. 处理时间(必填):20××年××月××日××时××分。2. 处理人(必填):×××部门×××(人员名字)。3. 处理经过(必填):×××。4. 处理结果(必填):×××。5. 处理依据(必填):×××。6. 客户意见(必填):认可/不认可/无法获取(增加原因说明)。7. 客户编号(必填):×××。8. 客户性质(系统):×××。9. 客户诉求业务类型,如业务超时限、国网电商客服人员服务态度、积分商城商品等(必填):×××。 10. 客户是否为已注册电 e 宝用户(必填):×××。 【业务超时限】 11. 是否超出公司对外承诺时限,并说明原因(必填):×××。 【积分商城商】 12. 是否存在质量问题,并说明原因(必填):×××。 【电 e 宝积分业务】 13. 是否存在积分使用和到账的问题,并说明原因(必填):×××。 【电 e 宝交费业务】 14. 客户提出的问题是否存在,提出改进措施及时间(必填):×××。 【电 e 宝账户资产业务】 15. 客户提出的资产安全问题是否存在,并说明情况(必填):×××。 【电 e 宝服务渠道】 16. 客户对相关网站及 App 提出异议,说明现状,如有改进明确改进措施(必填):×××

（续表）

一级分类	二级分类	模板填写内容
停送电问题	停电问题	1. 处理时间（必填）：20××年××月××日××时××分。2. 处理人（必填）：×××部门×××（人员名字）。3. 处理经过（必填）：×××。4. 处理结果（必填）：×××。5. 处理依据（必填）：×××。6. 客户意见（必填）：认可/不认可/无法获取（增加原因说明）。7. 客户编号（必填）：×××。8. 停电信息编号（必填）：×××。9. 停电原因（必填）：×××。 【停电时间长】 10. 明确停电开始时间至结束时间，是否存在停电时间长的问题，说明停电时间长原因及整改措施（必填）：×××。 【停电安排】 11. 明确停电开始时间至结束时间，是否严格按照停电时间执行，如未严格执行说明原因（必填）：×××。 【停送电信息发布渠道】 12. 明确现在发布渠道，如客户提出改进意见，可采纳，并明确改进时间（必填）：×××
停送电问题	故障处理	1. 处理时间（必填）：20××年××月××日××时××分。2. 处理人（必填）：×××部门×××（人员名字）。3. 处理经过（必填）：×××。4. 处理结果（必填）：×××。5. 处理依据（必填）：×××。6. 客户意见（必填）：认可/不认可/无法获取（增加原因说明）。7. 是否电力公司产权（系统）：×××。8. 停电信息编号（选填）：如是高压故障写明确。9. 停电原因（必填）：×××。 【处理不完善】 10. 故障处理过程、处理结果、整改措施（必填）：×××。 【处理不规范】 11. 故障处理过程中服务行为是否规范，如承诺事件是否兑现，确有不规范行为，提出整改措施（必填）：×××。 【处理时间长】 12. 明确故障开始和结束时间，如确存在处理时间长，请做出明确说明并提出整改措施（必填）：×××
停送电问题	增值服务	1. 处理时间（必填）：20××年××月××日××时××分。2. 处理人（必填）：×××部门×××（人员名字）。3. 处理经过（必填）：×××。4. 处理结果（必填）：×××。5. 处理依据（必填）：×××。6. 客户意见（必填）：认可/不认可/无法获取（增加原因说明）。7. 是否电力公司产权（系统）：×××。8. 明确整个服务过程是按什么规定进行处理，如确有不规范行为提出整改措施（必填）：×××
供电质量问题	电压质量	1. 处理时间（必填）：20××年××月××日××时××分。2. 处理人（必填）：×××部门×××（人员名字）。3. 处理经过（必填）：×××。4. 处理结果（必填）：×××。5. 处理依据（必填）：×××。6. 客户意见（必填）：认可/不认可/无法获取（增加原因说明）。7. 是否电力公司产权（系统）：×××。8. 现场分三个时段实测电压（必填）：×××。9. 是否存在低电压现象，如存在明确整改时间；暂时无法完成整改，有何补救措施（必填）：×××
供电质量问题	供电可靠性	1. 处理时间（必填）：20××年××月××日××时××分。2. 处理人（必填）：×××部门×××（人员名字）。3. 处理经过（必填）：×××。4. 处理结果（必填）：×××。5. 处理依据（必填）：×××。6. 客户意见（必填）：认可/不认可/无法获取（增加原因说明）。7. 是否电力公司产权（系统）：×××。8. 描述两个月内客户所在地的停电情况（必填）：××××。9. 是否存在频繁停电现象，如存在明确整改时间；暂时无法完成整改，有何补救措施（必填）：×××
供电质量问题	供电频率	1. 处理时间（必填）：20××年××月××日××时××分。2. 处理人（必填）：×××部门×××（人员名字）。3. 处理经过（必填）：×××。4. 处理结果（必填）：×××。5. 处理依据（必填）：×××。6. 客户意见（必填）：认可/不认可/无法获取（增加原因说明）。7. 是否电力公司产权（系统）：×××。8. 描述供电频率是否超标（必填）：×××。9. 如存在明确整改时间；暂时无法完成整改，有何补救措施（必填）

（续表）

一级分类	二级分类	模板填写内容
电网建设	供电设施	1. 处理时间（必填）：20××年××月××日××时××分。2. 处理人（必填）：×××部门×××（人员名字）。3. 处理经过（必填）：×××。4. 处理结果（必填）：×××。5. 处理依据（必填）：×××。6. 客户意见（必填）：认可/不认可/无法获取（增加原因说明）。7. 是否电力公司产权（系统）：×××。8. 公司资产相关电力设施及电压等级（系统）：×××。9. 明确施工地点、时间（选填）：×××。 【设备安全距离不足】 10. 供电设备现场实测距离（选填）：×××。 【供电设备位置】 11. 供电设备现场实测安全距离（选填）：×××。 【电磁辐射】 12. 环评材料及电磁辐射的安全值，现场实测（选填）：×××。 【电网建设拆迁补偿】 13. 拆迁补偿在工单注明具体补偿事项（选填）：×××。 【电网建设青苗赔偿】 14. 青苗赔偿、占地赔偿，请明确在工单注明具体赔偿事项（选填）：×××。 【民事赔偿】 15. 客户资产损失有哪些（选填）：×××。16. 如何处理，是否要求赔偿（选填）：×××。17. 对民事赔偿，应回复是否属供电方责任，若属供电方责任，应回复损失明细（选填）：×××。 【输配电设施】 18. 输配电设施现场实测安全距离（选填）：×××。 【供电能力】 19. 现场现状进行描述，并提出补救措施（选填）：×××。 【农网改造】 20. 现场现状进行措施，明确整改时间，无法近期整改提出补救措施（选填）：×××。 【废弃物清理】 21. 对电网建设后未及时清理废弃物及恢复路面、损坏物品，应回复是否属供电方责任（选填）：×××
电网建设	电力施工	1. 处理时间（必填）：20××年××月××日××时××分。2. 处理人（必填）：×××部门×××（人员名字）。3. 处理经过（必填）：×××。4. 处理结果（必填）：×××。5. 处理依据（必填）：×××。6. 客户意见（必填）：认可/不认可/无法获取（增加原因说明）。7. 责任主体（必填）：×××。 【噪声污染】 8. 噪声来源，如线路施工、用电设备（选填）：×××。9. 现场三个时段实测噪音值（必填）：×××。 【电力施工作业】 10. 施工过程中，现场是否出现不规范行为（选填）：×××
充电服务	故障处理	1. 处理时间（必填）：20××年××月××日××时××分。2. 处理人（必填）：×××部门×××（人员名字）。3. 处理经过（必填）：×××。4. 处理结果（必填）：×××。5. 处理依据（必填）：×××。6. 客户意见（必填）：认可/不认可/无法获取（增加原因说明）。7. 是否电力公司产权（系统）：×××。 【处理不完善】 8. 故障处理过程、处理结果、整改措施（必填）：×××。 【处理时间长】 9. 明确故障开始和结束时间，如确存在处理时间长，请做出明确说明并提出整改措施（必填）：×××

（续表）

一级分类	二级分类	模板填写内容
充电服务	服务渠道	1. 处理时间（必填）：20××年××月××日××时××分。2. 处理人（必填）：×××部门×××（人员名字）。3. 处理经过（必填）：×××。4. 处理结果（必填）：×××。5. 处理依据（必填）：×××。6. 客户意见（必填）：认可/不认可/无法获取（增加原因说明）。7. 客户账号（必填）：×××。8. 是否供电公司责任（必填）：×××。9. 服务渠道种类（必填）：×××。10. 客户反映存在的问题（必填）：×××。11. 如何解决，若短期无法处理的写明原因及预计处理时间，后续处理措施及时间（必填）：×××
充电服务	收费	1. 处理时间（必填）：20××年××月××日××时××分。2. 处理人（必填）：×××部门×××（人员名字）。3. 处理经过（必填）：×××。4. 处理结果（必填）：×××。5. 处理依据（必填）：×××。6. 客户意见（必填）：认可/不认可/无法获取（增加原因说明）。7. 客户账号（必填）：×××。8. 充电电价（系统）：×××。9. 电费结算，如计费错误（系统）：×××。 【充电电费退补】 10. 是否存在电费差错，整改措施（退补电费何时到账、以什么形式退还客户，无法明确时间的请做相关说明）（必填）：×××。 【车联网充电卡】 11. 是否存在充电卡使用及购买不便等情况，情况属实应明确整改措施（必填）：×××
充电服务	营业收费	1. 处理时间（必填）：20××年××月××日××时××分。2. 处理人（必填）：×××部门×××（人员名字）。3. 处理经过（必填）：×××。4. 处理结果（必填）：×××。5. 处理依据（必填）：×××。6. 客户意见（必填）：认可/不认可/无法获取（增加原因说明）。7. 收费项目名称（必填）：×××。8. 收费的依据、标准、出处（必填）：×××。9. 收取费用问题说明（必填）：×××
充电服务	充电设施	1. 处理时间（必填）：20××年××月××日××时××分。2. 处理人（必填）：×××部门×××（人员名字）。3. 处理经过（必填）：×××。4. 处理结果（必填）：×××。5. 处理依据（必填）：×××。6. 客户意见（必填）：认可/不认可/无法获取（增加原因说明）。7. 是否电力公司产权（系统）：×××。8. 公司资产相关电力设施及电压等级（系统）：×××。9. 明确施工地点、时间（选填）：×××。 【安全距离】 10. 现场实测距离（选填）：×××。 【设备位置】 11. 供电设备现场实测安全距离（选填）：×××。 【电磁辐射】 12. 环评材料及电磁辐射的安全值，现场实测（选填）：×××。 【拆迁补偿】 13. 拆迁补偿在工单注明具体补偿事项（选填）：×××。 【民事赔偿】 14. 客户资产损失有哪些（选填）：×××。15. 如何处理，是否要求赔偿（选填）：×××。16. 对民事赔偿，应回复是否属供电方责任，若属供电方责任，应回复损失明细（选填）：×××。 【设施投运】 17. 充电设施建设后长期未投运说明原因（选填）：×××。 【充电车位】 18. 现场实测车位是否合理设置（选填）：×××。 【废弃物清理】 19. 对电网建设后未及时清理废弃物及恢复路面、损坏物品，应回复是否属供电方责任（选填）：×××
充电服务	噪声污染	1. 处理时间（必填）：20××年××月××日××时××分。2. 处理人（必填）：×××部门×××（人员名字）。3. 处理经过（必填）：×××。4. 处理结果（必填）：×××。5. 处理依据（必填）：×××。6. 客户意见（必填）：认可/不认可/无法获取（增加原因说明）。7. 责任主体（必填）：×××。8. 噪声来源，如线路施工、用电设备（选填）：×××。9. 现场三个时段实测噪音值（必填）：×××